Maßgebende oder mustergültige Deutungen der Gedichte Goethes sind in dieser Sammlung nicht zu finden. Denn solche Deutungen gibt es überhaupt nicht. Die Interpreten, die hier zu Worte kommen, unterbreiten lediglich Vorschläge. Sie zeigen uns also, wie man diese Gedichte begreifen kann, nicht, wie man sie begreifen muß – und wir alle sind aufgerufen, sie aufmerksam zu lesen und auf unsere Weise zu verstehen. Der Titel *Verweile doch* ist auch als Appell an den Leser gedacht. Wer diesem Appell folgt, wird manches entdecken; und ihn wird vieles überraschen und in Erstaunen versetzen. Denn Goethes Lyrik ist immer noch und heute erst recht: eine Fundgrube, in der sich mehr verbirgt, als wir uns vorstellen können.
Aus diesem riesigen und einzigartigen Werk werden 111 Gedichte vorgelegt, berühmte ebenso wie wenig bekannte, wenn nicht gar vergessene. Ein jedes wird von einem Kenner kommentiert; es äußern sich Lyriker wie Hilde Domin, Karl Krolow, Elisabeth Borchers und Ernst Jandl, Günter Kunert und Ulla Hahn, Schriftsteller wie Wolfgang Koeppen, Golo Mann und Siegfried Lenz, Literaturhistoriker wie Benno von Wiese, Peter Demetz und Peter Wapnewski, Kritiker wie Hilde Spiel, Günter Blöcker, Joachim Kaiser sowie der Verleger Siegfried Unseld.

insel taschenbuch 1775

Goethe

Verweile doch

Johann Wolfgang Goethe
Verweile doch

111 Gedichte mit Interpretationen

Herausgegeben
von Marcel Reich-Ranicki

Insel Verlag

insel taschenbuch 1775
Erste Auflage 1997

Hinweise zu dieser Ausgabe am Schluß des Bandes
Vertrieb durch den Suhrkamp Taschenbuch Verlag
Umschlag nach Entwürfen von Willy Fleckhaus
Satz: MZ-Verlagsdruckerei GmbH, Memmingen
Druck: Nomos Verlagsgesellschaft, Baden-Baden
Printed in Germany

3 4 5 6 7 8 – 04 03 02 01 00 99

In memoriam
Hermann Burger

Inhalt

17 Vorwort

25 *An den Mond*
Thomas Anz

29 *Ein grauer trüber Morgen*
Wolfgang Koeppen

33 *Willkommen und Abschied*
Ernst Jandl

38 *Mit einem gemalten Band*
Wolfgang Leppmann

42 *Mailied*
Hilde Spiel

47 *Heidenröslein*
Peter von Matt

50 *Pilgers Morgenlied*
Klaus-Dieter Metz

55 *Rezensent*
Marcel Reich-Ranicki

59 *Das Veilchen*
Klara Obermüller

63 *Der untreue Knabe*
Peter Wapnewski

68 *Der König in Thule*
Siegfried Lenz

73 *Ganymed*
Benno von Wiese

78 *An Schwager Kronos*
Jochen Hieber

83 *Künstlers Abendlied*
Harald Hartung

87 *Herbstgefühl*
Wolfgang Leppmann

91 *Wonne der Wehmut*
Robert Gernhardt

94 *Hoffnung*
Joachim Fest

98 *Wandrers Nachtlied*
Karl Krolow

101 *Rastlose Liebe*
Werner Keller

105 *Vor Gericht*
Walter Jens

109 *An den Mond*
Gabriele Wohmann

114 *Der Fischer*
Golo Mann

118 *Grenzen der Menschheit*
Peter von Matt

123 *Gesang der Geister über den Wassern*
Peter Härtling

128 *Wandrers Nachtlied*
Walter Jens

132 *Nachtgedanken*
Harald Hartung

136 *Erlkönig*
Golo Mann

141 *Der Park*
Elisabeth Borchers

145 *Der Sänger*
Ulla Hahn

150 *Harfenspieler*
Kurt Klinger

154 *Mignon*
Peter von Matt

158 *Freudvoll und leidvoll*
Marcel Reich-Ranicki

162 *Anakreons Grab*
Peter Horst Neumann

166 *Nur wer die Sehnsucht kennt*
Gerhard Schulz

170 *Woher sind wir geboren*
Peter Wapnewski

174 *Saget, Steine, mir an*
Ulla Hahn

177 *Froh empfind ich mich*
Wolfgang Koeppen

181 *Herbstlich leuchtet die Flamme*
Wolfgang Leppmann

185 *Zünde mir Licht an*
Gerhard Kaiser

188 *Eines ist mir verdrießlich*
Werner Fuld

192 *Frankreichs traurig Geschick*
Wulf Segebrecht

196 *Hast du nicht gute Gesellschaft gesehn?*
Jürgen Theobaldy

200 *Grün ist der Boden der Wohnung*
Rudolf Jürgen Bartsch

204 *Glückliche Fahrt*
Gert Ueding

208 *Meeres Stille*
Eckhard Heftrich

212 *Philine*
Peter von Matt

217 *Nähe des Geliebten*
Eckhard Heftrich

221 *Der Chinese in Rom*
Egon Schwarz

225 *Der Schatzgräber*
Friedrich Dieckmann

230 *An Mignon*
Gerhard Schulz

235 *Natur und Kunst*
Günter Kunert

239 *Das Sonett*
Günter Kunert

243 *Dauer im Wechsel*
Werner Ross

248 *Ritter Curts Brautfahrt*
Wulf Segebrecht

253 *Nachtgesang*
Joachim Fest

257 *Was Völker sterbend hinterlassen*
Rolf Hochhuth

261 *Mächtiges Überraschen*
Helmuth Nürnberger

265 *Abschied*
Gerhard Schulz

269 *Die Liebende abermals*
Eckart Kleßmann

273 *Das Mädchen spricht*
Mathias Schreiber

277 *Der Kaiserin Becher*
Gertrud Fussenegger

281 *Gegenwart*
Siegfried Unseld

285 *Die wandlende Glocke*
Rainer Kirsch

290 *Gefunden*
Wolfgang Leppmann

294 *Eigentum*
Gabriele Wohmann

297 *Gib mir*
Werner Fuld

301 *Im Atemholen*
Werner Ross

305 *Versunken*
Helmut Koopmann

309 *Getretner Quark*
Erwin Koppen

313 *Phänomen*
Peter Rühmkorf

317 *Im Gegenwärtigen Vergangnes*
Hans Robert Jauß

322 *Selige Sehnsucht*
Gert Ueding

327 *Schenke*
Horst Rüdiger

331 *Wink*
Walter Hinck

335 *Es ist gut*
Eckart Kleßmann

339 *Hatem/Suleika*
Gerhard Schulz

344 *Suleika*
Helmut Koopmann

348 *Gingo biloba*
Peter Härtling

352 *Vollmondnacht*
Gert Ueding

356 *In einer Stadt einmal*
Hanspeter Brode

360 *Nachklang*
Renate Schostack

364 *Lesebuch*
Walter Helmut Fritz

367 *Prooemion*
Hermann Kurzke

371 *Frühling über's Jahr*
Karl Otto Conrady

376 *Um Mitternacht*
Benno von Wiese

380 *Die Jahre nahmen dir*
Werner Ross

384 *Epirrhema*
Ludwig Harig

388 *Wenn du am breiten Flusse wohnst*
Friedrich Dieckmann

392 *Im Dorfe war ein groß Gelag*
Gertrud Fussenegger

395 *Wandersegen*
Joachim Kaiser

399 *Neugriechische Liebe-Skolie*
Christoph Perels

403 *Eins und Alles*
Jürgen Jacobs

407 *An Ulrike von Levetzow*
Karl Otto Conrady

411 *Die Leidenschaft bringt Leiden*
Walter Hinck

415 *Am 28. August 1826*
Katharina Mommsen

420 *Bei Betrachtung von Schillers Schädel*
Günter Blöcker

424 *Aus den Gruben, hier im Graben*
Dolf Sternberger

428 *Gedichte sind gemalte Fensterscheiben*
Horst Bienek

432 *Sag, was könnt' uns Mandarinen*
Werner Ross

436 *Der Guckuck wie die Nachtigall*
Peter Demetz

440 *Dämmrung senkte sich von oben*
Ludwig Harig

444 *Nun weiß man erst*
Katharina Mommsen

448 *Als Allerschönste*
Hans Bender

452 *Den Vereinigten Staaten*
Walter Hinck

456 *Nicht mehr auf Seidenblatt*
Hilde Domin

460 *Dem aufgehenden Vollmonde*
Reinhard Baumgart

464 *Der Bräutigam*
Adolf Muschg

468 *Früh wenn Tal, Gebirg und Garten*
Reinhard Baumgart

471 *Ihr verblühet, süße Rosen*
Martin Lüdke

475 *Vermächtnis*
Eckhard Heftrich

480 *Lynkeus der Türmer*
Gerhard Kaiser

Anhang

485 Bibliographische Notiz

487 Alphabetisches Verzeichnis
der Überschriften und Gedichtanfänge

495 Verzeichnis der Interpreten

Vorwort

Zu den unermüdlich wiederholten Interviewfragen gehört jene nach den Büchern, die man, verbannt auf eine einsame Insel, mitnehmen möchte. Meist darf man drei Titel nennen, bisweilen sogar drei Romane, drei Dramen und drei Gedichtbände. Wie aber, wenn der Fragesteller hartnäckig darauf besteht, daß in dem kargen Gepäck Platz nur für einen einzigen Band sei? Entscheide ich mich für einen Roman? Nein, denn man kann einen genialen Roman gewiß häufig lesen, doch nicht unentwegt. Für ein dramatisches Werk? Da kommt der »Faust« in Betracht und auch eine Auswahl der Stücke Shakespeares. Indes gebe ich letztlich der Lyrik den Vorzug, und ich zweifle keinen Augenblick, welcher Poet und welche Verse mich in der Einsamkeit am besten erfreuen, belehren und trösten, ermutigen, erheitern und vergnügen würden: Goethe und seine gesammelten Gedichte.

Von allen Schätzen der deutschen Dichtung sind sie der kostbarste. Vielleicht gibt es Autoren deutscher Zunge, deren lyrisches Werk umfangreicher ist. Doch keinen gibt es, der so viele Gedichte geschrieben hätte, die bis heute lebendig, mehr noch: die herrlich sind wie am ersten Tag, keinen, dessen Poesie zarter und geistreicher, farbenprächtiger und vielseitiger wäre, nachdenklicher und temperamentvoller. Sie stammt aus allen Epochen seines Lebens: Schon der halbwüchsige Goethe schrieb Gedichte – und es sind darunter auch Meisterstücke. Noch der Achtzigjährige verfaßte Verse, und sie muten bisweilen geradezu jugendlich an.

Der unermeßliche, der überwältigende Reichtum seiner Lyrik, die Vielfalt ihrer Töne und Themen, ihrer Stoffe und Stimmungen, ihrer Motive und Melodien hat mit dem Reichtum seiner Persönlichkeit zu tun. »Der Geist des Widerspruchs und die Lust zum Paradoxen steckt in uns allen« – bemerkte er in seiner Autobiographie. Das ist, so verallgemeinert, wohl nicht richtig. Aber es gilt mit Sicherheit für ihn selber. Ob wir uns seinem Leben und Charakter zuwenden oder uns mit seinem Werk befassen, wir treffen unentwegt auf polare Spannungen und schroffe Widersprüche.

Er war ein Dichter und ein Gelehrter, ein Artist und ein Naturwissenschaftler, ein Träumer, ein Visionär und doch ein Realpolitiker. Er war ein passionierter Theoretiker und ein unermüdlicher Praktiker. Er liebte die Klarheit und verteidigte die Dunkelheit, er schätzte das Vornehme und das Aristokratische, ohne sich gegen das Plebejische und das Derbe zu sperren, ohne das Vulgäre zu verachten. Seinen Wilhelm Meister läßt er sagen: »Kurzgefaßte Sprüche jeder Art weiß ich zu ehren, besonders wenn sie mich anregen, das Entgegengesetzte zu überschauen und in Übereinstimmung zu bringen.«

Nichts Literarisches war ihm fremd, nichts Künstlerisches gleichgültig. Goethe beherrschte die unterschiedlichsten Stile, er versuchte sich in allen Formen und Gattungen, er war zu Hause in der Dichtung aller Epochen. So konsequent und erfolgreich er gegen die vielen Raubdrucke seiner Werke auch kämpfte, er selber profitierte gern und oft von den Schriften anderer: Aus dem internationalen Fundus der Poesie nahm er sich heraus, was ihm besonders gefiel und was er gerade gebrauchen konnte.

Gewiß, er war lax in Fragen des geistigen Eigentums, doch verdanken wir dieser Laxheit, die in der damaligen Zeit durchaus üblich war, Außergewöhnliches. Denn er war ein Neuerer und ein Vollender, ein Initiator und ein Konservativer, ein Experimentator und ein Traditionalist. Er wandelte sich unaufhörlich und blieb sich stets treu. Alles gaben die Götter, die unendlichen, ihm, ihrem Liebling, ganz: alle Freuden, die unendlichen, und alle Schmerzen, die unendlichen, ganz.
Aus diesen Freuden und Schmerzen entstanden seine Gedichte; die meisten waren nicht mehr und nicht weniger als poetische Improvisationen. Nie habe er aufgehört – berichtet Goethe –, »dasjenige, was mich erfreute oder quälte, oder sonst beschäftigte, in ein Bild, ein Gedicht zu verwandeln«. Das Gelegenheitsgedicht, ein solches also, das seine Anlässe aus der Wirklichkeit holt, hielt er für »die erste und echteste aller Dichtarten«. Der Titel seiner Autobiographie – »Aus meinem Leben. Dichtung und Wahrheit« – kann denn auch als Programm und Summe seines Werks gelten, zumal seiner Lyrik.
Kein Zufall ist es, daß zu den populärsten, den am häufigsten zitierten Worten Goethes jene gehören, die sein Bekenntnis zum Leben formulieren, dieses freudige und entschiedene, dieses glühende und begeisterte Bekenntnis, das, stets auf die einfachste Weise ausgedrückt, den roten Faden seiner Dichtung bildet. »Wie es auch sei, das Leben, es ist gut«, heißt es in dem Gedicht »Der Bräutigam«.

Im »Vorspiel auf dem Theater« rät die Lustige Person:

Greift nur hinein ins volle Menschenleben!
Ein jeder lebts, nicht vielen ists bekannt,
Und wo ihrs packt, da ists interessant.

Lynkeus wiederum, der Türmer, der zum Sehen geborene, der zum Schauen bestellte, läßt sein Lied mit den Versen ausklingen:

Ihr glücklichen Augen,
Was je ihr gesehn,
Es sei wie es wolle,
Es war doch so schön!

Faust schließlich ist bereit, sein ganzes Leben aufs Spiel zu setzen, ja er will sogar »gern zugrunde gehn«, wenn er zum Augenblick werde sagen können: »Verweile doch! du bist so schön!« Es sind also – das kann man gar nicht übersehen – die schlichtesten Vokabeln, die Goethe wählt, wenn er seine Zustimmung zum Leben äußert: Gut sei es, schön und interessant.

Aber warum verhält es sich so und nicht anders? Goethe bleibt uns die Erklärung nicht schuldig, er antwortet mit beinahe jedem seiner Werke. Sie alle belegen und veranschaulichen, was Suleika im »Westöstlichen Divan« sagt (»Denn das Leben ist die Liebe«), was Klärchen singt (»Glücklich allein ist die Seele, die liebt«), was der junge Goethe jauchzend verkündete:

Krone des Lebens,
Glück ohne Ruh,
Liebe, bist du!

Nicht ein Denker war er und nicht ein Philosoph, sondern vor allem ein Sänger, nicht ein Grübler, sondern – das Klischee vom tiefsinnig-schwerfälligen Deutschen wunderbar widerlegend – ein Genießer des Daseins, ein Erotiker. Schon wahr: Sein Faust will erkennen, was die Welt im Innersten zusammenhält. Doch dauert es nicht lange, und seine Wünsche sind ganz anderer Art: »Schaff mir ein Halstuch von ihrer Brust, / Ein Strumpfband meiner Liebeslust!«

Goethe selber hat genau gewußt, wo die Wurzeln seiner Poesie zu suchen sind: »Die Liebe gibt mir alles und wo die nicht ist, dresch ich Stroh« – schrieb er an Charlotte von Stein. Und im Sommer 1822 sagte der fast schon Dreiundsiebzigjährige dem Kanzler Friedrich von Müller: »Es geht mir schlecht, denn ich bin weder verliebt noch ist jemand in mich verliebt.« Das sollte nicht lange dauern: Im Sommer 1823 verliebte er sich während eines Aufenthalts in Marienbad in ein neunzehnjähriges Mädchen: Ulrike von Levetzow. Er ließ sie, die seine Enkelin hätte sein können, in aller Form um ihre Hand bitten. Man hielt diesen Wunsch für einen Scherz und einen nicht unbedingt glücklichen. Aber er meinte es ernst. Der Herzog Karl August war der Brautwerber, doch der Heiratsantrag wurde höflich abgelehnt. Auf der Rückreise nach Weimar diktierte Goethe jene »Elegie«, die wir die »Marienbader« zu nennen pflegen. Ihre letzte Strophe beginnt mit der Zeile: »Mir ist das All, ich bin mir selbst verloren.«

Thomas Mann, der Goethe wie keinen anderen bewunderte und verehrte, hat oft über diese späte Liebe nachgedacht. Er sprach von einem »grotesk erschütternden, großartig peinlichen Fall«, von der »majestätischen Zügellosigkeit und egoistischen Unersättlichkeit eines greisen Tasso« und von der »Entwürdigung eines hochgestiegenen Geistes durch ein reizendes, unschuldiges Stück Leben«.

Peinlich, egoistisch, Entwürdigung? Das sind strenge, harte Worte. Manche Zeitgenossen gingen noch weiter, sie sagten ohne Umschweife, der Alte habe sich lächerlich gemacht. Das mag schon sein, doch ziehe ich hier eine andere Vokabel vor: Zwei kurze Verse drängen sich mir auf, mit denen Goethe später, 1827, ein kleines Widmungsgedicht beendete. Er maß ihm offensichtlich keinerlei Bedeutung bei, er nahm es nicht einmal in die letzte und endgültige Ausgabe seiner Werke auf. Sie lauten: »Alle menschlichen Gebrechen / Sühnet reine Menschlichkeit.« Vielleicht hätten wir damit gleichsam die Achse seines Werks – und das zentrale Motiv seines Lebens, das einem Roman glich, einem einzigartigen. Ja, er war ein Poet der reinen Menschlichkeit. Seine Lyrik ist eine Fundgrube, in der sich mehr verbirgt, als wir uns vorstellen können.

Dieser Band bietet 111 Gedichte von Goethe, jedes wird von einem Kenner interpretiert. Es äußern sich Lyriker, Erzähler und Dramatiker, Kritiker, Essayisten und Literarhistoriker. Deutungen, die darauf bestehen, die einzig richtigen, die einzig zulässigen zu sein, sind freilich in unserer Anthologie nicht enthalten. Aber gibt es solche Deutungen überhaupt? Nein, wenn ein Gedicht gut ist, dann läßt es sich durch keinen Kommentar erschöpfen. Vielmehr werden von den Interpreten, die hier zu Worte kommen, Vorschläge unterbreitet und Angebote gemacht. Sie zeigen also, wie man diese Gedichte begreifen kann und nicht etwa, wie man sie begreifen muß. So sind wir alle aufgerufen, sie auf unsere Weise zu verstehen. Der Titel »Verweile doch« spielt natürlich auf Fausts Sehnsucht nach Glück an und verweist damit auf das Thema dieser Lyrik. Aber er ist auch in einem anderen, einem eher vordergründigen Sinne gedacht: als Appell an die Leser. Zuerst wurden die im vorliegenden Band vereinten Gedichte und Interpretationen in der Frankfurter Allgemeinen Zeitung veröffentlicht, und zwar in der seit 1974 an jedem Samstag gedruckten Rubrik »Frankfurter Anthologie«. Eben deshalb mußten wir auf Goethes längere Gedichte verzichten. Von einem Querschnitt oder einem Überblick kann also nicht die Rede sein. Nein, nicht alle seine bedeutenden Gedichte sind hier versammelt. Doch alle, die sich hier finden, sind aufschlußreich und charakteristisch und daher eben auch bedeutend. Vor allem sind sie, um es ganz altmodisch auszudrücken, schön.

Jochen Hieber danke ich für seine Mitarbeit an dieser Anthologie.

Marcel Reich Ranicki

An den Mond

Schwester von dem ersten Licht,
Bild der Zärtlichkeit in Trauer!
Nebel schwimmt mit Silberschauer
Um dein reizendes Gesicht.
Deines leisen Fußes Lauf
Weckt aus Tagverschloßnen Höhlen
Traurig abgeschiedne Seelen,
Mich, und nächt'ge Vögel auf.

Forschend übersieht dein Blick
Eine großgemeßne Weite!
Hebe mich an deine Seite,
Gib der Schwärmerei dies Glück!
Und in wollustvoller Ruh,
Säh der weitverschlagne Ritter
Durch das gläserne Gegitter,
Seines Mädgens Nächten zu.

Dämmrung wo die Wollust thront,
Schwimmt um ihre runden Glieder.
Trunken sinkt mein Blick hernieder.
Was verhüllt man wohl dem Mond.
Doch, was das für Wünsche sind!
Voll Begierde zu genießen,
So da droben hängen müssen:
Ei, da schieltest du dich blind.

Thomas Anz

Was für Wünsche

Von den Bewegungen des erotischen Begehrens und dem raschen Austausch der begehrten Objekte darf dieses Gedicht des zwanzigjährigen Goethe deshalb so offen sprechen, weil es im Spiel geschieht, im poetischen Spiel mit Wörtern. Es erlaubt den Wünschen zu sagen, was die öffentliche Redeordnung im Ernst alltäglicher Zwänge mit dem Schweigegebot belegt hat.

Vor allem in der ersten, hier abgedruckten Fassung des Gedichts aus den 1769 anonym erschienenen »Neuen Liedern« zeigen sich die erotischen Wünsche von Strophe zu Strophe unverhüllter. Der Titel »An den Mond« verbirgt sie noch ganz. Unverdächtig bleibt auch, daß der Mond als »Schwester von dem ersten Licht« angeredet wird. Denn ihn eine Schwester der Sonne (*la sœur du soleil*) zu nennen entspricht ganz den Traditionen französischer Anakreontik.

Aber die »Schwester« nimmt hier die recht real anmutende Gestalt einer anziehenden Frau an, bietet ein »Bild der Zärtlichkeit«, hat ein »reizendes Gesicht« und einen Gang, der »traurig abgeschiedne Seelen« zu wecken vermag. Später wird das Vokabular unverblümter. Die zweite Strophe spricht von »Wollust«, die dritte von »Begierde«.

Doch das Begehren richtet sich da schon nicht mehr auf die Schwester. Sie verschwindet aus dem Text. Die Wünsche wechseln ihre Richtung und ihr Objekt. Der Um-

schlag erfolgt genau in der Mitte des Gedichts. »Hebe mich an deine Seite, / Gib der Schwärmerei dies Glück!« Mit dieser sehnsüchtigen Bitte endet die erste Hälfte. Was wäre, wenn der Wunsch Erfüllung fände?
Darauf antwortet der zweite Teil. Das Verlangen, vorher nach oben gerichtet, würde sich nun nach unten wenden und hätte einen anderen weiblichen Körper im Blick. Er ersetzt die Schwester durch ein Mädchen. Die sublime »Schwärmerei« weicht einer weniger verhüllten Form von Sinnlichkeit, die hohe Sehnsucht nach »Glück« wird zur ganz irdischen Begierde. Die Perspektive des an der Seite des Mondes begehrlich hinabblickenden Mannes scheint günstig. Durch das Fenster ihres Zimmers könnte er das Mädchen »in wollustvoller Ruh« beobachten. »Trunken sinkt mein Blick hernieder. / Was verhüllt man wohl dem Mond.« Zwischen diesen beiden Versen bleibt freier Raum für Phantasien darüber, was sich dem Blick alles zeigen mag. Und die rhetorische Frage liest sich wie ein Ausdruck des Triumphes: Was hat das Mädchen vor dem Mond zu verbergen? Nichts! Auch nicht den nackten Körper. Das Ich scheint aufs neue am Ziel seiner Wünsche angelangt.
Doch die nehmen eine weitere Kehrtwendung, diesmal genau in der Mitte der dritten Strophe, mit jenem Vers, der so deutlich wie kein anderer sagt, was Thema des ganzen Gedichts ist: »Doch, was das für Wünsche sind!« Es sind die Wünsche eines Voyeurs, und die werden am Ende gewitzt entwertet. Die »Begierde«, die wirklich genießen will, braucht mehr, als der schielende Blick aus der Ferne zu bieten vermag.
Man hat Goethes Lyrik aus dieser Zeit häufig als ein unpersönliches und konventionelles Spiel eines geistreichen

Intellekts abgewertet, als »Vorspiel« nur zum »eigentlichen« poetischen Werk. Es ist freilich ein ungemein kunstvolles »Vorspiel«, das viel von den Bewegungen der Wünsche weiß, sie vorführt und damit zu verführen versteht. In den alternierenden Hebungen und Senkungen des Versmaßes gleitet das geweckte Begehren der einsamen Seele auf- und abwärts, verweilt nirgends, und seine Suche findet auch mit dem Schluß des Gedichts kein Ende.

Ein grauer trüber Morgen

Ein grauer trüber Morgen
Bedeckt mein Liebes Feld,
Im Nebel tief verborgen
Liegt um mich her die Welt.
O Liebliche Fridricke,
Dürft ich nach Dir zurück
In einem Deiner Blicke
Liegt Sonnenschein und Glück.

Der Baum in dessen Rinde
Mein Nam bei Deinem Steht,
Wird bleich vom rauhen Winde
Der jede Lust verweht.
Der Wiesen grüner Schimmer
Wird trüb wie mein Gesicht,
Sie Sehen die Sonne nimmer,
Und ich Fridricken nicht.

Bald geh ich in die Reben
Und herbste trauben ein
Umher ist alles Leben
Es strudelt neuer Wein,
Doch in der öden Laube,
Ach, denk ich wär Sie hier,
Ich brächt ihr diese traube,
Und Sie – was gäb sie mir

Wolfgang Koeppen

Leidenschaft und Abwehr

1770 war ein schönes Jahr. Nach Liebschaften in Frankfurt und Leipzig, Leidenschaft und Abwehr, war Goethe, 21 Jahre alt, ins Elternhaus zurückgekehrt und hatte sich ins Bett gelegt. Reich an Erlebnissen, zweifelte er nicht, ein Dichter und auserwählt zu sein. Eine bürgerliche Zukunft, die Sicherung der Existenz scherte ihn wenig. Er fühlte sich aus guter Familie und begünstigt. Er willigte ein, in Straßburg Jura zu studieren. Im März reiste er hin. Das Elsaß entzückte ihn, die Landschaft, die liberale und internationale Stadt. Der Student besuchte Vorlesungen der Medizin, der Literatur, der Geschichte, der Philosophie, selten die Seminare seiner Fakultät. Er lernte interessante Leute kennen, Persönlichkeiten wie Herder, hatte Zeit zu schreiben, für Phantasien und Pläne, eigentlich kein Mädchen. Er bildete sich, lernte Griechisch und konnte bald die Griechen lesen, Dichter und Denker.

Sesenheim, eine kleine Gemeinde zwei Stunden zu Pferd vor Straßburg, ein altes Pfarrhaus unter Bäumen, der Hausherr predigte brav am Sonntag in der Kirche, er liebte seine Frau, sie liebte ihn, die hatten zwei hübsche Töchter und waren gastfreundlich. Ein Freund erzählte dies Goethe; sie beschlossen, das Glück zu besuchen. Er verkleidete sich für den Ausflug als armer Theologiestudent. Er distanzierte sich von sich und von den anderen, die kennenzulernen waren. Dichtung und Wahrheit: »Es ist eine verzeihliche Grille bedeutender Menschen, gelegentlich

einmal äußere Vorzüge ins Verborgene zu stellen, um den eignen innern menschlichen Gehalt desto reiner wirken zu lassen; deswegen hat das Inkognito der Fürsten und die daraus entspringenden Abenteuer immer etwas höchst Angenehmes.« Das Angenehme geschah, er entdeckte Friederike, die jüngere der Pfarrerstöchter, bescheiden und doch sehr vorhanden, er schämte sich seiner ärmlichen Kleidung, vielleicht moralisch der Täuschung, und ritt zurück, sich umzuziehen.
Zerstreuung und Heiterkeit, Tanz und Tafelfreuden unter den Bäumen von Sesenheim: Friederike und Goethe waren in fröhlicher Gesellschaft ein glückliches Paar. Den nächsten Mai und Juni, den Frühling und den jungen Sommer verlebte Goethe in der Nähe Friederikes. Er zeichnete das alte Pfarrhaus und schien es anzunehmen. Das Jahr 1771 war aber sonst kein gutes Jahr für Goethe. Seine Dissertation »De legislatoribus – Von der Macht des Gesetzgebers« wurde von der Universität nicht angenommen. Er promovierte dann, drei Monate später, zum Lizenziaten der Rechte und nannte sich Doctor juris, es war ein Notdiplom. Schlimmer beunruhigte ihn ein Mitstrebender in der Dichtkunst: Jakob Michael Reinholz Lenz. Goethe fand ihn genial und verloren in der Gesellschaft, »als mich mein leidenschaftliches Verhältnis zu Friedrikken nunmehr zu ängstigen anfing«.
Im Pfarrhaus sprach er das Märchen von der schönen Melusine. Jeden Samstagabend darf Raimund, ihr Ehemann, die Schöne nicht sehen, die ruhig, keusch und zurückgezogen in ihrem Raum lebt, in einer erschreckenden Gestalt mit einem häßlichen schlangenahnlichen Schwanz. Der Erzähler fand den Beifall junger Leute. Erst sechs

Jahre später schrieb er die Novelle »Die neue Melusine«. Sie erinnert an das chinesische Märchen vom Oger, der seine schöne Haut vor dem spähenden Auge des Liebhabers auf ein Bügelbrett legte. Geschichten von der Angst des Bräutigams. Es schmerzt, sich von der Geliebten zu lösen. Aber wollte Goethe im Glück von Sesenheim ausharren? Der Vater rief ihn nach Frankfurt in die eingerichtete Anwaltskanzlei. Mehr lockte ein anderes Mädchen, Cornelia, die Schwester. Er verabschiedete sich von Friederike Brion und erinnerte sich später: »Als ich ihr die Hand noch vom Pferde reichte, standen ihr die Tränen in den Augen, und mir war sehr übel zu Mute.«
Der Dichter litt und befreite sich nach seiner Art. Er erlebte den grauen, trüben Morgen und das liebe Feld im Nebel tief verborgen. Ein schönes Bild und eine herzliche Lust: »O Liebliche Fridricke«. Er wünschte sich zu ihr zurück und geht weiter mit traurigem Schritt aus ihren Blicken und Sonnenschein und Glück. In der zweiten Strophe scheint alles verloren. Die Landschaft weint, und Tränen nässen sein Gesicht. Doch die dritte Strophe schenkt schon die Freuden des Herbstes. Eine Ernte ist reif, Trauben, edle Frucht und also neuer Wein. Doch in dem so lieben, empfindsamen, wunderschönen Gedicht leben die Schuldgefühle. Er träumt: »... Wär Sie hier, ich brächt ihr diese traube«. Eine Bitte um Versöhnung! Aber die letzte Zeile des Gedichtes bringt eine sehr egoistische, wohl grausame Überlegung: »was gäb sie mir?« Das war nicht das unbefriedigte Verlangen des Liebenden nach der ersehnten Hingabe der Geliebten: Friederike war ein Opfer und wehrlos. Das genügte nicht gegen die Schmeicheleien der Welt, deren Goethe sich sicher wähnte.

Willkommen und Abschied

Es schlug mein Herz, geschwind zu Pferde!
Es war getan fast eh' gedacht;
Der Abend wiegte schon die Erde,
Und an den Bergen hing die Nacht:
Schon stand im Nebelkleid die Eiche,
Ein aufgetürmter Riese, da,
Wo Finsternis aus dem Gesträuche
Mit hundert schwarzen Augen sah.

Der Mond von einem Wolkenhügel
Sah kläglich aus dem Duft hervor,
Die Winde schwangen leise Flügel,
Umsaus'ten schauerlich mein Ohr;
Die Nacht schuf tausend Ungeheuer,
Doch frisch und fröhlich war mein Mut:
In meinen Adern welches Feuer!
In meinem Herzen welche Glut!

Dich sah ich, und die milde Freude
Floß von dem süßen Blick auf mich,
Ganz war mein Herz an deiner Seite,
Und jeder Atemzug für dich.
Ein rosenfarbnes Frühlingswetter
Umgab das liebliche Gesicht,
Und Zärtlichkeit für mich – ihr Götter!
Ich hofft' es, ich verdient' es nicht!

Doch ach! schon mit der Morgensonne
Verengt der Abschied mir das Herz:
In deinen Küssen, welche Wonne!
In deinem Auge, welcher Schmerz!
Ich ging, du standst und sahst zur Erden
Und sahst mir nach mit nassem Blick:
Und doch, welch Glück geliebt zu werden!
Und lieben, Götter, welch ein Glück!

Ernst Jandl

Das schicklich verlassene Mädchen

Dichtung ist Distanzierung, und sie ist es um so zwingender, je mehr ein Erlebnis ihr Thema ist; nicht ihr Material, denn dieses ist seit eh und je Sprache, eine eigentümlich zu etwas zusammengesetzte Sprache, das nicht Sprache allein, sondern zugleich Dichtung ist, wie dieses Gedicht, »Willkommen und Abschied«, von Goethe. Er schrieb es, im Frühjahr 1771, neben anderen sogenannten »Sesenheimer Liedern«, aber so, wie es hier zu lesen ist, wurde es unter dem Titel »Willkomm und Abschied« erst 1789 erstmals abgedruckt, und es heißt erst seit 1810 so, wie es jetzt heißt. 1775 ließ Goethe die erste Fassung, noch ohne Titel, erscheinen, und am Vergleich der beiden zeigt sich, daß ein einmal Gedrucktes nicht unabänderlich für ihn feststand.

Der um fünf Jahre ältere Herder wurde der große intellektuelle Erlebnisvermittler für den einundzwanzigjährigen Goethe in Straßburg, wo er sich 1770/71 zum Abschluß seines Studiums der Rechte aufhielt, während das um zweieinhalb Jahre jüngere Mädchen Friederike Brion aus dem elsässischen Dorf Sesenheim den emotionalen Ausgleich bot, nach dem es ihn nicht minder verlangte.

Das Erlebnis als Thema dieses Gedichtes ist ein doppeltes oder nur insofern ein einziges, als man es mit »Natur« bezeichnen könnte, die außermenschliche und die menschliche, was sich auch zusammenfassen ließe als »Goethes Natur«.

Mit Bedacht – wie könnte es anders sein? – stellt der Einundzwanzigjährige seinen abendlich-nächtlichen Ritt (Sesenheim angeblich fünf Reitstunden nordöstlich von Straßburg) in derselben Länge und mit eher größerem Aufwand an Mitteln dar als das »Willkommen« und den »Abschied« zusammen, ohne in jenen ersten sechzehn Zeilen das Ziel des Rittes auch nur anzudeuten, wenngleich Herzklopfen und Tempo des Aufbruchs von der zweiten Hälfte her eine nachträgliche Motivation erfahren.

Hatte Goethe Herder eine Steigerung seiner poetischen Eigenmächtigkeit zu verdanken, woran nicht zu zweifeln ist, dann wird das hier machtvoll durch die ersten beiden Strophen bezeugt, für die der Titel nicht gilt. Rührung, wie sie das Lesen der zweiten Hälfte des Gedichtes verursachen mag, liegt außerhalb von Poesie, wenngleich nicht außerhalb ihrer möglichen Wirkung. Goethe selbst bereitet ihr durch den Jubel der letzten zwei Zeilen entschlossen ein Ende.

Dichtung ist Distanzierung vom Thema, je mehr es sich um Erlebtes handelt; vom selbst bisher Geschriebenen; schließlich von der jeweils herrschenden literarischen Konvention, hier dem Rokoko. Distanzierung ermöglicht das Schreiben überhaupt, dazu dann das Einschätzen der Wirkung im Hinblick zugleich auf Bewährtes und noch nicht Erprobtes. Die Absicht, gegenüber dem Leser, ist das Erreichen einer Art Anziehungskraft, die ihn festhält, wie es diesem Gedicht schon seit zweihundert Jahren gelingt. Diese Wirkung wurde nicht durch Götter!-Rufe erzielt, überhaupt nicht durch eine der Rufzeilen, immerhin neun, sondern durch eine Handvoll einmaliger, unnachahmlicher Wortkombinationen, ohne Furcht, es könnte durch Überspannung etwas zerreißen, wie die schroffe Figur des »aufgetürmten Riesen« beweist.

Beim Vierzigjährigen dann, der ans Werk des sprühenden Jünglings nochmals die Hand legt, tritt eine glanzlose, unauffällige zweite Zeile an die Stelle der inzwischen unerträglich juvenil gewordenen »Und fort, wild wie ein Held zur Schlacht«; eine agrammatische Kühnheit, »Doch *tausendfacher* war mein Mut«, wird frisch und fröhlich getilgt; und vor allem gilt es, das männliche Auge zu trocknen und mit Tränen schicklich das verlassene Mädchen zu zieren.

Mit einem gemalten Band

Kleine Blumen, kleine Blätter
Streuen mir mit leichter Hand
Gute junge Frühlings-Götter
Tändelnd auf ein luftig Band.

Zephyr, nimm's auf deine Flügel,
Schling's um meiner Liebsten Kleid;
Und so tritt sie vor den Spiegel
All in ihrer Munterkeit.

Sieht mit Rosen sich umgeben,
Selbst wie eine Rose jung.
Einen Blick, geliebtes Leben!
Und ich bin belohnt genung.

Fühle was dies Herz empfindet,
Reiche frei mir deine Hand,
Und das Band, das uns verbindet,
Sei kein schwaches Rosen-Band!

Wolfgang Leppmann

Ferner Ruf

Das Thema ist zeitlos, es ist die Liebe. Form und Bildersprache jedoch machen uns stutzig: so redet heute keiner mehr. Der Zephir – das wußte »man« früher, heute erfragt man es oder schlägt es nach – ist ein sanfter Wind aus Westen. Gemalte Bänder wiederum erfüllten im späteren achtzehnten Jahrhundert die Signalfunktion, die jetzt einem Blumenstrauß oder einer Schachtel Pralinen innewohnt. Man kaufte sie oder stellte sie auch selber zusammen und überreichte sie der Geliebten mit einem Kompliment oder ein paar Zeilen. Das Gedicht ist ein Musterbeispiel anakreontischer Lyrik, einer in Goethes Jugend grassierenden Mode, die nach dem Vorbild des altgriechischen Dichters Anakreon, meist unter Aufbietung von idyllisch-pastoraler Szenerie inklusive der »zuständigen« antiken Gottheiten, die Freuden der Liebe und des Weines besang. Einige nur noch in Literaturgeschichten überlebende Dichter, Männer wie Uz und Götz und der gleichfalls kaum mehr gelesene Gleim, waren ihre wichtigsten Vertreter in Deutschland. Auch Goethe übte sich eine Zeitlang in dieser Mode, so wie er später das Märchen und das Sonett und die Novelle erprobte. Er versuchte sich darin im Vorübergehen, schuf ein paar kleine Meisterwerke und wandte sich bald wieder anderem zu, was ihm näherlag: dem Drama, dem Roman, in reifen Jahren vor allem den Naturwissenschaften.

Sind diese Zeilen nun ein kleines Meisterwerk? Sie sind es, zumindest als Sinnbild jener zweiten und eigentlichen Geburt, die Dichter und Künstler erleben: des Augenblicks, in dem sie die Eierschale der Tradition und Konvention durchbrechen und zum ersten Mal als eigenständige Persönlichkeiten hervortreten. So auch hier. Die ersten drei Strophen bleiben der Tagesmode verhaftet, dem anakreontischen Rokoko. In der vierten und letzten aber streift Goethe die Konvention ab. Er verbirgt sich nicht mehr hinter Amoretten oder »guten jungen Frühlings-Göttern«, sondern spricht in eigener Regie und erwartet ein gleiches von seinem Mädchen (es war die vielgeprüfte Friederike Brion). Auch sie soll nun selber »fühlen« und ihm »frei«, also aus eigenem Entschluß, die Hand reichen in einer Geste, die, im Gegensatz zum gerade modischen gemalten Band, seit Urzeiten als Ausdruck und Unterpfand der Verbundenheit zweier Menschen gilt.

Die hier wiedergegebene, endgültige Fassung, in der die Dialektik von Tradition und Spontaneität beziehungsweise von Gesellschaft und Individuum weit stärker betont wird als in den früheren, ist den »Schriften« von 1789 entnommen. Wie der Zufall – Zufall? – es wollte, stammt sie also aus dem Jahr, in dem die Französische Revolution ausbrach. Nun ist Goethe gewiß nicht auf die Nachricht vom Bastille-Sturm hin zu seinem Schreibtisch geeilt, um an dieser oder jener Zeile etwas zu feilen. Und doch lagen die Regungen, die in der Schlußstrophe angesprochen werden, damals in der Luft.

Wirken die letzten Zeilen nicht wie Metallspäne, die sich nach einem unsichtbaren, aber um so stärkeren Magneten ausrichten? Hört man hinter ihrer gefällig dahinplätschernden Melodie nicht auch den fernen Ruf nach *Li-*

berté, Egalité, Fraternité? Nach Freiheit vom gesellschaftlichen Zwang, Gleichheit von Mann und Frau, Brüderlichkeit auch in der Liebe? Gehört das Seismographische, das Vorausfühlen und Registrieren ferner Erschütterungen, nicht zum Wesen großer Dichtung? Oder überfrachten wir nach Philologenart und -unart mit diesen Gedankengängen ein Gebilde, das viel zu zart und luftig ist, um ein solches Gewicht zu tragen?
Gleichviel: das kleine, allem Anschein nach nur belanglos-hübsche Gedicht hat es in sich. Wie vieles von Goethe läßt es einen so bald nicht wieder los.

Mailied

Wie herrlich leuchtet
Mir die Natur!
Wie glänzt die Sonne!
Wie lacht die Flur!

Es dringen Blüten
Aus jedem Zweig
Und tausend Stimmen
Aus dem Gesträuch,

Und Freud' und Wonne
Aus jeder Brust.
O Erd'! o Sonne!
O Glück! o Lust!

O Lieb'! o Liebe!
So golden-schön,
Wie Morgenwolken
Auf jenen Höhn!

Du segnest herrlich
Das frische Feld,
Im Blütendampfe
Die volle Welt.

O Mädchen, Mädchen,
Wie lieb' ich dich!

Wie blickt dein Auge!
Wie liebst du mich!

So liebt die Lerche
Gesang und Luft,
Und Morgenblumen
Den Himmelsduft,

Wie ich dich liebe
Mit warmem Blut,
Die du mir Jugend
Und Freud' und Mut

Zu neuen Liedern
Und Tänzen gibst.
Sei ewig glücklich,
Wie du mich liebst!

Hilde Spiel

Das Kosmische der Liebe

Als ich's zum ersten Mal hörte, war ich sehr jung, sieben Jahre jünger als der, welcher es mit zweiundzwanzig schrieb. Ein Schauspieler sprach, ja sang das »Mailied« so beschwingt, so selig entrückt, wie es seiner im Grunde melancholischen Wesensart nur möglich war. Wer sollte von diesem Gedicht auch nicht mitgerissen werden, zur Freude am Leben, an der Liebe, an der Natur, zur Hoffnung auf ewiges Glück. Es ist für mich gewiß, daß damals eine keineswegs schattenlose, eine grüblerische Jugend nicht nur für einen einzigen magischen Augenblick erleuchtet wurde, sondern eine andere Wendung nahm. Solche irdische Heiterkeit, solche Zuversicht konnte man empfinden, solchen Mut schöpfen allein aus dem eigenen Gefühl und einem schönen Frühlingstag. Das wußte ich nun, das wärmte mich noch wochen-, ja monatelang.

Das Gedicht auf sich einwirken zu lassen, so wie er es, vermutlich an einem Maimorgen des Jahres 1771, hingeschrieben hat, ohne nachzudenken, ohne Silben zu zählen, eine atemlose Folge von Ausrufen, aus einem Taumel und aus einem Guß – das ist eins. Ein anderes ist, seine Form und seinen Inhalt zu prüfen oder gar die Umstände genauer zu betrachten, unter denen es entstanden war. Da entdeckt man denn oder liest irgendwo, daß es sich hier um den »Höhepunkt der Sesenheimer Lyrik« handelt, um Kurzverse mit zwei Haupthebungen, wobei je zwei Verse klanglich zusammentreten, als wären es Halbverse von

Langzeilen. In der sechsten Strophe erst wird deutlich, daß Goethes panvitalische Hochstimmung durch ein Mädchen hervorgerufen worden ist, daß für ihn Natur und Seele, Landschaft und Mensch zur Einheit werden, das »Kosmische der Liebe« ihn erfüllt und entzückt.

Doch jetzt umdüstert sich unser Himmel, denn wir fragen nach der Wirklichkeit, die solcher Ekstase zugrunde lag. Es erscheint vor uns das Bild der munteren Pastorentochter »Mamsell Rikchen«, mit der einer von zwei Straßburger Studenten eine Tändelei begonnen hat. Vom Oktober 1770 bis zum August des folgenden Jahres währt die holde Verblendung, und Friederike Brion wird ein Leben lang ernst nehmen, was dem jungen Herrn Goethe aus Frankfurt als eine heftige, aber keineswegs dauernde Neigung erschienen ist. Sie ist es ja, die in ihrer Liebe »ewig glücklich« zu sein hat, während ihm durch sie vor allem zu »neuen Liedern und Tänzen« verholfen wird.

In »Dichtung und Wahrheit« meinte dazu rund vier Jahrzehnte später der Geheimrat: »Es war nicht das erste und das letzte Mal, daß ich mich in Familien, in geselligen Kreisen befand, gerade im Augenblick ihrer höchsten Blüte, und wenn ich mir schmeicheln darf, etwas zum Glanz solcher Epochen beigetragen zu haben, so muß ich mir dagegen vorwerfen, daß solche Zeiten uns eben deshalb schneller vorübergeeilt und früher verschwunden.«

Der Jusstudent spielt und scherzt, vermummt sich, spaziert frühmorgens mit Friederike durchs Land, kost mit ihr in Lauben, liest ihr und ihrer Schwester Olivie, die sich bei einem Besuch in Straßburg in »deutscher Tracht« ein wenig hausbacken ausnehmen, einen Abend lang den gesamten »Hamlet« in Wielands Übersetzung vor, fährt danach seltener nach Sesenheim und nimmt schließlich, kurz nach der Promotion am 6. August, auf einer letzten Visite Abschied von Friederike: »Es waren peinliche Tage, deren Erinnerung mir nicht geblieben ist. Als ich ihr die Hand noch vom Pferde reichte, standen ihr die Tränen in den Augen, und mir war sehr übel zu Mute.« Damit fort, in den Weltruhm. Als die ersten Bände von »Dichtung und Wahrheit« erschienen, lebte das Mädchen noch als einsame alte Jungfer in einem Dorf in Baden.

Von Goethe hat sie nie wieder gesprochen. Ach, könnte ich all das und mehr, was ich später darüber erfuhr, in mir auslöschen und dafür noch einmal den Rausch erleben, in den ich beim ersten Anhören des »Mailieds« geraten war.

Heidenröslein

Sah ein Knab' ein Röslein stehn,
Röslein auf der Heiden,
War so jung und morgenschön,
Lief er schnell es nah zu sehn,
Sah's mit vielen Freuden.
Röslein, Röslein, Röslein rot,
Röslein auf der Heiden.

Knabe sprach: ich breche dich,
Röslein auf der Heiden!
Röslein sprach: ich steche dich,
Daß du ewig denkst an mich,
Und ich will's nicht leiden.
Röslein, Röslein, Röslein rot,
Röslein auf der Heiden.

Und der wilde Knabe brach
's Röslein auf der Heiden;
Röslein wehrte sich und stach,
Half ihm doch kein Weh und Ach,
Mußt es eben leiden.
Röslein, Röslein, Röslein rot,
Röslein auf der Heiden.

PETER VON MATT

Diese unheimlichen Diminutive

Was ist das für ein zweifelhaftes und zwielichtiges Gedicht! Mögen es die Sängerknaben und Domspatzen, die gemischten und ungemischten Chöre noch so glockenrein in alle Säle flöten, ein zweifelhaftes und zwielichtiges Gedicht ist es gleichwohl. Schon mit der Vaterschaft steht es nicht zum besten. Ganz sicher ist nur, daß Goethe es 1789 in seine »Schriften« aufnahm. Ob er es fast zwanzig Jahre früher im Elsaß gefunden oder bearbeitet oder geschaffen hat, ist unklar.

Zweideutiger noch ist der Inhalt. Man zählt es zu den Liebesgedichten. Aber von Liebe ist darin nie die Rede. Das Wort kommt nicht vor. Es scheint für die zwei jungen Leute gar nicht zu existieren. Was erlebt und erlitten wird, ist Gewalt – und nicht einmal ein Mitleid hinterher. »Mußt es eben leiden«, lautet der böse Schluß, über den dann die vielen Diminutive gestreut werden, als sollte man's nicht merken. Ein Zynismus ist das, so hart wie Mephistos Satz über Gretchen: »Sie ist die erste nicht.«

Man soll nicht sagen, das sei eben volksliedhaft. Der einzige Text, der als Anregung in Frage kommt, weil er den Refrain wörtlich schon enthält, verbindet gerade mit dieser Zeile kraftvoll und eindeutig das Wort, das die Strophen Goethes sich verbieten:

> Liebstu mich, so lieb ich dich,
> Röslein auf der Heyden.

Das stammt aus dem 16. Jahrhundert, und schön benennt es die Gleichheit der Liebenden in ihrer Liebe: Keins ist dem andern untertan; keines zwingt, und keines wird gezwungen.
Von solcher erotischer Kultur weiß das »Heidenröslein« nichts. Es ist ein schauerlich barbarischer Gesang. Schönheit und Schändung sind darin gepaart, so selbstverständlich, als handelte es sich um ein Weltgesetz. Das steht außerhalb aller Humanität, mag es sich noch so sehr als ein Stück Natur erklären. Humanität, Menschlichkeit in dem enormen Sinn, den dieser Dichter diesem Wort anderswo gegeben hat, ist also mit der Natur allein nicht schon gewonnen.
Warum aber spricht man seit zweihundert Jahren mit Rührung und Entzücken von dem Gedicht? Warum läßt man so etwas die kleinen Mädchen singen? Weil man auf die ersten zwei Strophen hereinfällt. Die eine redet von lauter Freude, die andere von Schmerz und Widerstand, da muß doch wohl in der dritten die Synthesis stecken und aller Gegensatz sich aufheben in Erfüllung. So eingefleischt ist uns dieser Dreischritt, daß wir ihn unterstellen, wo er doch gerade fehlt, aufs deutlichste fehlt, wo Versöhnung eben nicht geschieht, sondern der Gegensatz sich splitternd und zerstörend verschärft.
Wäre das nicht ganz einfach an den Reimwörtern abzulesen? Die dritte Strophe kennt keine andern als die der zweiten: leiden, brechen, stechen. Nur Weh und Ach kommt noch dazu.

Pilgers Morgenlied

An Lila

MorgenNebel, Lila,
Hüllen deinen Turn um.
Soll ich ihn zum
Letzten Mal nicht sehn!
Doch mir schweben
Tausend Bilder
Seliger Erinnerung
Heilig warm um's Herz.
Wie er so stand
Zeuge meiner Wonne,
Als zum ersten mal
Du den Fremdling
Ängstlich liebevoll
Begegnetest
Und mit einem mal
Ew'ge Flammen
In die Seel' ihm warfst.

Zische Nord
Tausend schlangenzüngig
Mir um's Haupt!
Beugen sollst du's nicht!
Beugen magst du
Kind'scher Zweige Haupt,
Von der Sonne
Muttergegenwart geschieden.

Allgegenwärt'ge Liebe!
Durchglühst mich!
Beutst dem Wetter die Stirn,
Gefahren die Brust,
Hast mir gegossen
In's frühwelkende Herz
Doppeltes Leben,
Freude zu leben,
Und Mut!

Klaus-Dieter Metz

Liebesdenkmal aus Leben und Stein

Aufrecht und schlank wie ein Turm stehen die Verse auf dem Papier. Und tatsächlich ist in ihnen die Rede von einem »Turn«, aber es ist auch nur die Rede von ihm; denn ein dichter Morgennebel umhüllt das sonst weithin sichtbare Bauwerk. Doch das stört den Fremden, den Wanderer keinesfalls, gerade die Verhüllung läßt in ihm »Tausend Bilder / Seliger Erinnerung« erwachen. Der Turm wird zum Zeugen einer lieben Vergangenheit, er ist zugleich Auslöser eines belebenden, beschwörenden Morgengesangs.

Einst hat unter dem Turm eine Begegnung stattgefunden, die Herz und Seele des frühen Pilgers jetzt noch einmal reich mit Empfindungen füllt. Und selbst das unfreundliche Wetter, das alles äußere Sehen abschwächt und einschränkt, kann ihm, dem Türme stets ein Fingerzeig, Orientierungspunkt und Ziel sind, nichts anhaben. Ja, gerade der umnebelte Turm verrät Richtung, ist ganz Adresse und Botschaft »An Lila«. Er signalisiert Zugehörigkeit und Besitztum. Dein Turm, Lilas Turm ist er, nicht in einem Eigentum anzeigenden Rechtsverhältnis, vielmehr gehören Lila und Turm in der Erinnerung des Wanderers zusammen, sie sind ein Liebesdenkmal aus Leben und Stein: Am Fuß des Turmes hat die junge Frau den »Fremdling« begrüßt, hier hat sie einst seine Neigung und sein Herz für sich gewonnen.

Voller Empfindungen zieht der Wanderer weiter; denn

vom Weg abbringen läßt er sich nicht, macht den Turm nicht mehr zur Station. Das erneute, dieses Mal ganz dem inneren Auge vorbehaltene Wiedersehen bleibt unverrückbare Vergangenheit. Jetzt ist es die morgendliche Einbildungskraft, die den Pilger aufrichtet. Die Gewißheit, daß Zuneigung und Liebe nicht ortsgebunden, sondern, wenn auch unsichtbar, überall sind, bietet wie der umnebelte Turm »dem Wetter die Stirn, / [den] Gefahren die Brust!«

So flüchtig, schemen- und nebelhaft Lilas Turm auch dem Leser bleibt, hinter allem steckt ein Stückchen wirkliches Mauerwerk und ein bescheidenes Kapitel in des Dichters Biographie: Der junge Goethe verliebt sich im Frühjahr 1772 während eines Besuchs im Schloß der Landgrafen von Hessen-Homburg in das Hoffräulein Louise von Ziegler, eine junge Dame aus dem Darmstädter Kreis der »Empfindsamen«, in dem zu dieser Zeit auch Goethe als ein gern gesehener »Fremdling« verkehrt. Hier empfindet man tief die Natur, pflegt leidenschaftlich Freundschaften, vergießt sentimental Tränen, schreibt sich schwärmerisch Briefe und gibt sich enthusiastisch Namen, wie Goethes Freund, der Kriegszahlmeister Johann Heinrich Merck, im Fall der schönen Hofdame von Ziegler, da er sie auf die Farbe »Lila« (Pate steht der violette Flieder) tauft.

Der Weiße Turm, Bergfried aus dem vierzehnten Jahrhundert und heute noch Wahrzeichen des Bad Homburger Schlosses und der Stadt vor dem Taunus, ist der monumentale »Zeuge meiner Wonne«. Als der zweiundzwanzigjährige Praktikant Goethe im Mai 1772 auf seinem Weg von Frankfurt zum Reichskammergericht nach

Wetzlar auf der Chaussee nahe an Homburg vorbeikommt, gerinnt das etwa einen Monat zurückliegende flüchtige Turmerlebnis zum Gedichttext, »Pilgers Morgenlied«, zur Botschaft »An Lila«, die er dann auch aus Wetzlar dem Fräulein per Brief zukommen läßt. Viel mehr geschieht nicht.
Louise heiratet zwei Jahre danach in der Homburger Schloßkirche einen preußischen Offizier namens von Stockhausen. Für den Dichter, den Wanderer, wie er sich in dieser Zeit selbst gern bezeichnet, bleibt »Pilgers Morgenlied« ein Gelegenheitspoem und Lilas Turm eine Episode zwischen den Türmen des Straßburger Münsters und des Wetzlarer Doms, zwischen Friederike Brion und Charlotte Buff, den Sesenheimer Liedern und den »Leiden des jungen Werthers«.

Rezensent

Da hatt ich einen Kerl zu Gast,
Er war mir eben nicht zur Last,
Ich hatt so mein gewöhnlich Essen.
Hat sich der Mensch pump satt gefressen
Zum Nachtisch was ich gespeichert hatt!
Und kaum ist mir der Kerl so satt,
Tut ihn der Teufel zum Nachbar führen,
Über mein Essen zu raisonnieren.
Die Supp hätt können gewürzter sein,
Der Braten brauner, firner der Wein.
Der tausend Sackerment!
Schlagt ihn tot, den Hund! Es ist ein Rezensent.

Marcel Reich-Ranicki

Ein Gegner der Meinungsfreiheit

Alle Dichter schreiben schlechte Gedichte. Die guten Poeten unterscheiden sich von den schlechten nur dadurch, daß sie bisweilen auch *gute* Gedichte verfassen. Und wie ist es mit Goethe? Er genießt den Ruf, Deutschlands größter Lyriker zu sein. Das stimmt schon, wenn es um die Poesie geht, kann ihm keiner das Wasser reichen. Aber natürlich hat auch er, der unverbesserliche Vielschreiber, zahlreiche mäßige oder schwache Gedichte produziert, gelegentlich sogar törichte. Doch das dümmste, das seiner Feder entstammt, ist wohl das Gedicht »Rezensent«, veröffentlicht im März 1774.

Über den unmittelbaren Anlaß, der zu diesen Versen geführt hat, sind wir nicht informiert. Es mag sein, daß die Sache mit Christian Heinrich Schmid zusammenhing. Von diesem Gießener Professor der Dichtkunst und Beredsamkeit, der sich auch als Rezensent betätigte, hatte der junge Goethe offenbar keine hohe Meinung: Er sei (so in einem Brief vom 25. Dezember 1772 zu lesen) »ein wahrer Esel« und obendrein ein »Scheiskerl«. Ob nun Schmid oder ein anderer – sicher ist, daß Goethe attackiert wurde und daß er kräftig zurückschlagen wollte. Dagegen bräuchte man noch nichts einzuwenden, wenn nur der Racheakt etwas intelligenter geraten wäre.

»Da hatt ich einen Kerl zu Gast ...« Hier stock' ich schon. Warum hat jener, der hier berichtet – und wir können annehmen, daß es Goethe persönlich ist –, einen Kerl eingeladen, der einer von ihm verabscheuten Zunft angehört? Denn daß es ein Rezensent war, muß er gewußt haben. Die Selbstrechtfertigung läßt denn nicht auf sich warten: »Er war mir eben nicht zur Last ...« Eine auffallend dürftige Rechtfertigung: Seit wann lädt man jemanden, der einem nur »eben nicht zur Last« fällt, zum Essen ein? Wollte Goethe gar den Rezensenten für sich einnehmen? Es scheint, daß diesen (doch naheliegenden) Verdacht der Hinweis entkräften soll, es habe keineswegs ein besonders üppiges Mahl gegeben, sondern bloß sein »gewöhnlich Essen«.

Worüber bei Tisch geredet wurde, erfahren wir nicht, statt dessen hören wir, der Gast habe kräftig zugegriffen und sich »pump satt gefressen«, was schwerlich als Vorwurf gelten kann. Indes habe er sich wenig später zu einem Nachbarn über das, was ihm vorgesetzt wurde, ungünstig geäußert. Das ist weder schön noch höflich. Wie aber, wenn die Suppe wirklich fad war und der Braten nicht knusprig genug und der Wein ein wenig sauer? Wie also, wenn – was wir nicht ausschließen können – der Unhöflichkeit der Mangel an Gastfreundschaft vorangegangen war? Hat vielleicht der Eingeladene einen Verstoß gegen die gesellschaftliche Konvention in Kauf genommen, um die Wahrheit sagen zu können? Ist es verwerflich, die Ehrlichkeit mehr zu schätzen als die Höflichkeit?

Die Frage erübrigt sich, weil wir es mit einem Gleichnis zu tun haben, und zwar mit einem solchen, das hinten und vorne nicht stimmt. Denn Goethe hat nichts anderes im Sinn als die Kritik. Aber der Rezensent, der sich der Arbeiten eines Schriftstellers annimmt, ist nicht von diesem hierzu ausgewählt und eingeladen worden und wird nicht von ihm bewirtet. Im Gegenteil: Er ist gehalten, das, was der Autor geleistet hat, zu prüfen und zu beurteilen und seine Meinung möglichst klar darzulegen, und zwar ohne sich darum zu kümmern, ob dies dem Betroffenen gefallen werde oder nicht.

Indem Goethe seine Leser auffordert, die Rezensenten totzuschlagen, entpuppt er sich als ein Anhänger der Todesstrafe und als ein Gegner der Meinungsfreiheit; überdies ist auch der Tatbestand der Volksverhetzung erfüllt. Und warum das alles? Kaum war das Gedicht »Rezensent« gedruckt, da wurde Goethe öffentlich belehrt. Der Dramatiker Heinrich Leopold Wagner, den vor allem die Tragödie »Die Kindermörderin« bekannt gemacht hat, publizierte ein Gegengedicht, das mit den Worten endet: »Schmeißt ihn todt, den Hund! es ist ein Autor der nicht kritisiert will sein.«

Das Veilchen

Ein Veilchen auf der Wiese stand,
Gebückt in sich und unbekannt;
Es war ein herzig's Veilchen.
Da kam eine junge Schäferin
Mit leichtem Schritt und munterm Sinn
Daher, daher,
Die Wiese her, und sang.

Ach! denkt das Veilchen; wär' ich nur
Die schönste Blume der Natur,
Ach nur ein kleines Weilchen,
Bis mich das Liebchen abgepflückt,
Und an dem Busen matt gedrückt!
Ach nur, ach nur
Ein Viertelstündchen lang!

Ach! aber ach! das Mädchen kam
Und nicht in Acht das Veilchen nahm,
Ertrat das arme Veilchen.
Es sank und starb und freut' sich noch:
Und sterb' ich denn, so sterb' ich doch
Durch sie, durch sie,
Zu ihren Füßen doch.

Klara Obermüller

Das Veilchen, ein Mann

Ein Leben im Verborgenen, »gebückt in sich und unbekannt«, ein Leben, das sich verströmt in der Sehnsucht nach einer Liebe, deren Verlauf nicht zu bestimmen ist und die ihre Erfüllung, wenn überhaupt, in der Preisgabe ihrer selbst findet – das ist Frauenleben, wie es über Jahrhunderte war und so ganz noch nicht aufgehört hat. Für die durch eigene emanzipatorische Erfahrung geläuterte und durch feministische Literaturbetrachtung hellhörig gewordene Leserin ist das völlig klar: Das Veilchen – erst noch »ein herzig's«, das »die schönste Blume der Natur« sein möchte, weil es glaubt, nur so gefallen zu können, das Veilchen, das sich nichts sehnlicher wünscht, als gepflückt zu werden, und statt dessen seine Bestimmung darin findet, daß man es zertritt, dieses Veilchen ist es wert, zur lyrischen Metapher eines Frauenschicksals in der traditionellen Männerwelt erklärt zu werden.
Wenn, ja wenn das Gedicht nicht einen ganz entscheidenden Schönheitsfehler hätte: Goethes Veilchen ist, unübersehbar und unzweifelhaft, ein Mann, der Gegenstand seiner Sehnsucht »eine junge Schäferin mit leichtem Schritt und munterm Sinn« und der Busen, an den es »matt gedrückt« sich träumt, eindeutig weiblich. Die feministische Gleichung geht nicht auf: Es ist der eben noch leicht und munter einherschreitende Fuß eines Mädchens, der das zarte kleine Veilchen zertritt und es als letztes, vielleicht einziges Glück den tröstlichen Gedanken fassen

läßt: »Und sterb ich denn, so sterb ich doch durch sie...«

Entstanden ist »Das Veilchen« zu Beginn des Jahres 1774, in jener Zeit also, da Goethe sich in einer ersten großen Werkgruppe – die Hymnen gehören dazu, »Goetz«, »Clavigo« und »Werther« – der starken Eindrücke von Liebe, Leidenschaft und Schuld inne wurde, wie sie ihm in Straßburg mit Friederike Brion und in Wetzlar bei Charlotte Buff mächtig und überwältigend zuteil geworden waren. Und getreu seinem Straßburger Lehrer und Mentor Johann Gottfried Herder hat Goethe in dem kleinen Gedicht jenen »Kinderton« angeschlagen, der, so Herder, zwar »keine transzendente Weisheit und Moral« enthält, dafür aber zu gefallen weiß durch seine Leichtigkeit, mit der sich auch große Gefühle wie beiläufig und – wie im Falle des »Veilchens« – voll heimlicher Ironie vortragen lassen.

Eines der Grundthemen jener Jahre ist für Goethe die Untreue gewesen. Er hat es vielfach variiert und gebrochen, mal mehr ins Tragische, mal mehr ins Volksliedhaft-Balladeske gewandt. Im »Veilchen« nun ist es, im Gegensatz etwa zu dem nah verwandten »Heideröslein«, der liebende Mann, der verraten und von seiner Angebeteten buchstäblich mit Füßen getreten wird. Und doch meine ich, es sei erlaubt, auch hier an Friederike und an jenen so schmerzlichen und von Goethe so schuldhaft erfahrenen Abschied von Sesenheim zu denken. Es ist eine Trennung ohne ersichtlichen Grund gewesen, außer dem, den Goethe später in »Dichtung und Wahrheit« als die Angst des Jünglings vor der Leidenschaftlichkeit dieser Beziehung bezeichnet hat. »Hier war ich zum ersten Mal schuldig

geworden«, schreibt er rückblickend, »ich hatte das schönste Herz in seinem Tiefsten verwundet.«
Im »Veilchen« kehrt er, drei Jahre später, das Verhältnis um, nimmt ihm durch ironische Apostrophierungen und volksliedhafte Wiederholungen seinen bitteren Ernst und kann so vielleicht der Angst Herr werden, die er noch nach dem Abschied von seiner letzten großen Liebe, von Ulrike zu Levetzow, in die Worte faßte: »Mir ist das All, ich bin mir selbst verloren.«
Im Gedicht aus der Jugendzeit nennt er's noch Glück: »Und sterb ich denn, so sterb ich doch durch sie ...« In der kurz nach dem »Veilchen« entstandenen Ballade »Der untreue Knabe« sind die Verhältnisse dann zurechtgerückt, erleidet das Mädchen wieder jenes Schicksal, das nach ihm Gretchen und vielen anderen zuteil geworden ist, und der Mann ist wieder der Angeklagte, der sich für seine Treulosigkeit zu verantworten hat. Und vielleicht auch dafür, zu sühnen, indem er einmal durchlebt, was sonst eher Frauenschicksal ist: zertreten zu werden von dem leichtfüßigen Tritt einer unachtsamen Geliebten.

Der untreue Knabe

Es war ein Knabe frech genung,
War erst aus Frankreich kommen,
Der hatt' ein armes Mädel jung
Gar oft in Arm genommen,
Und liebgekos't und liebgeherzt,
Als Bräutigam herumgescherzt,
Und endlich sie verlassen.

Das braune Mädel das erfuhr,
Vergingen ihr die Sinnen.
Sie lacht' und weint' und bet't und schwur:
So fuhr die Seel' von hinnen.
Die Stund, da sie verschieden war,
Wird bang dem Buben, graus't sein Haar,
Es treibt ihn fort zu Pferde.

Er gab die Sporen kreuz und quer,
Und ritt auf alle Seiten,
Herüber, hinüber, hin und her.
Kann keine Ruh erreiten.
Reit't sieben Tag und sieben Nacht;
Es blitzt und donnert, stürmt und kracht,
Die Fluten reißen über.

Und reit't in Blitz und Wetterschein
Gemäuerwerk entgegen,
Bind't's Pferd haus an, und kriecht hinein,
Und duckt sich vor dem Regen.

Und wie er tappt, und wie er fühlt,
Sich unter ihm die Erd' erwühlt;
Er stürzt wohl hundert Klafter.

Und als er sich ermannt vom Schlag,
Sieht er drei Lichtlein schleichen.
Er rafft sich auf und krabbelt nach;
Die Lichtlein ferne weichen,
Irr' führen ihn, die Quer und Läng',
Trepp' auf, Trepp' ab, durch enge Gäng',
Verfallne, wüste Keller.

Auf einmal steht er hoch im Saal,
Sieht sitzen hundert Gäste,
Hohläugig grinsen allzumal
Und winken ihm zu Feste.
Er sieht sein Schätzel unten an
Mit weißen Tüchern angetan,
Die wend't sich –

Peter Wapnewski

Die einsame Zeile

Man kennt das: Da hat sich eine müßige Gesellschaft zusammengefunden, und wie von ungefähr ergibt es sich, daß einer sich versteht auf Sang und Klang, er läßt sich nicht lange bitten, greift in die Saiten der Zither, ein schmachtendes Liebeslied erst, dann aber aus dem Repertoire seiner »Balladen, Romanzen, Bänkelgesänge« ein Stücklein aus dem Gespensterreich. Der da singt, ist – listig getarnt – ein Vagabund und Räuber, aber doch edler Abstammung und – wie sich zeigen wird – eben auch edler Gesinnung. Seine Bühne aber ist das Singspiel »Claudine von Villa Bella«, von Goethe 1774 verfaßt und spürbar operettenhaften Vorbildern deutscher und romanischer Provenienz verpflichtet. Sturm und Drang, laute Kraftgestik, sentimentaler Zierat und gefühlige Naturverschwärmtheit; zwei Brüder, verliebt in das gleiche Mädchen; Mantel-und-Degen-Dramatik, Anarchie-Romantik, Blut fließt (ein wenig), – und schließlich eint alle ein Happy-End.

Die Ballade aber löst sich aus ihrem dramatischen Kontext, erscheint ab 1800 selbständig unter Goethes Gedichten (und die kleinen Abweichungen der jeweiligen Druckfassungen gehen uns hier nichts an). Die Strophen stellen sich vor im rauhen Gewande populärer und archaischer Tradition, und kunstvoll arrangierte Primitivität läßt in altertümlichen und mundartlich-lässigen Wendungen der Wortwahl und Syntax die Patina der Fremdheit aufschim-

mern. Dem gleichen Eindruck dient die Form: die althergebrachte siebenzeilige »Lutherstrophe mit Waise« (*Aus tiefer Not schrei ich zu dir...*).
»Waise«: so der bildkräftige Terminus technicus der Metrik für eine reimlose Verszeile inmitten reimender Umgebung. Hier jeweils die letzte jeder Strophe. Es klingt, als griffe die Gebärde des Gedichtes, die Pantomime der fortjagenden Handlung immer wieder ins Leere, suchte hilflos und vergebens einen Halt. Das verlassene Mädchen: Der Waisen-Vers ist die poetische Entsprechung, ist die formale Geste der Verlassenheit. Die den Partner nicht findende, die »einsame« Zeile entgrenzt das in sich gebundene Strophengefüge, assoziiert das Gebilde des Fragments.
Denn fragmentarisch scheint das Lied in der Tat zu verklingen. Als es nach fünf Strophen auf seinen schaurigen Höhepunkt hinzugesprengt ist, da bricht auf der Szene (zufolge unguter Botschaft) die Heldin Claudine zusammen – und das Gedicht ab. Das nunmehr, in seinem Handlungsgang geschlossen, der Unzulänglichkeit des Fragmentarischen entkleidet und der Gesetzmäßigkeit des Torsos anvertraut wird. Die tote Liebende, mag sie sich dem Buhlen nun zu-, mag sie sich von ihm abwenden: allemal wird er fortan bei ihr bleiben und im Totenreich lernen, was er lebend versäumte: Treue.
Die Liebe und ihr Ende. Die Treue und ihr Verrat. Die andere Welt, die der Toten, die hinübergreift in die der Lebenden und sie zu sich herabholt in das düstere Kellergewölbe der hohläugigen Knochengerüste, zum schaurigen Fest der Leichentücher. Goethes Gedicht nimmt auf, was der unselige Gottfried August Bürger im Jahre zuvor

berühmt – und was ihn berühmt gemacht hatte: die wüste Totenmoritat von »Lenore«. Goethe transponiert deren sich nahezu als Parodie seiner selbst andrängendes Schauderpathos in die aus unheimlicher Distanz geschilderte, eben auf solche Weise unmittelbar und mit magischem Reiz wirkende Trauerballade vom Buhlen, der frech genug war... Und seine Frechheit – so gerecht kann Leben im Gedicht zugehen – tödlich büßen muß.

Der König in Thule

Es war ein König in Thule
Gar treu bis an das Grab,
Dem sterbend seine Buhle
Einen goldnen Becher gab.

Es ging ihm nichts darüber,
Er leert ihn jeden Schmaus;
Die Augen gingen ihm über,
Sooft er trank daraus.

Und als er kam zu sterben,
Zählt' er seine Städt' im Reich,
Gönnt' alles seinen Erben,
Den Becher nicht zugleich.

Er saß beim Königsmahle,
Die Ritter um ihn her,
Auf hohem Vätersaale,
Dort auf dem Schloß am Meer.

Dort stand der alte Zecher,
Trank letzte Lebensglut,
Und warf den heil'gen Becher
Hinunter in die Flut.

Er sah ihn stürzen, trinken
Und sinken tief ins Meer.
Die Augen täten ihm sinken;
Trank nie einen Tropfen mehr.

Siegfried Lenz

Der Mittelpunkt der Welt

»Der König in Thule« entstand 1774. Gewiß ist es kein Zufall, daß Goethe sich mit Thule ein legendäres nördliches Reich wählte, dessen Lage von Ptolemäus etwa dort angenommen wurde, wo die Shetlandinseln liegen. Dunkler schottischer Balladenzauber oder die Überredungsmacht der Ferne werden wohl seine Wahl mitbestimmt haben. Die vorliegende Fassung ist insofern für Goethe bezeichnend, als hier, wie so oft bei ihm, der festgehaltene, der gebannte Augenblick weit über sich hinausweist und ein ganzes Lebenspanorama erschließt. Der König stirbt, auch seine Zeit muß enden, doch wir erleben keinen lakonischen Abschied von der Welt, sondern, wie es dem patriarchalischen Stil des Sterbens entspricht, einen höchst bedeutungsvollen Augenblick bilanzierter Selbsterfahrung.

»Und als er kam zu sterben, / Zählt' er seine Städt' im Reich«: Wie es die Lage verlangt, geht der König noch einmal seinen weltlichen Besitz durch, hält sich jedoch überhaupt nicht mit Erbschaftsproblemen auf – ein zumindest ungewöhnlicher Vorgang in einem Herrscherhaus –, sondern überläßt beziehungsweise »gönnt« alles bereitwillig denen, die nach ihm kommen. Das irdische Gut ist offensichtlich wertlos für ihn geworden. Was, zurückblickend auf verflossenes Leben, allein Bedeutung für ihn hat, ist ein goldener Becher, den er von seiner sterbenden Geliebten erhielt: »Es ging ihm nichts darüber...«

Dieser Becher, das ist klar, ist ein Symbol der Liebe. Bilanzierend gesteht der König sich ein, daß sie die wesentlichste Erfahrung seines Lebens ist, der kostbarste Besitz, so geheim und überwältigend, daß er nicht weitergegeben werden kann. Aber auch für Liebestreue ist der Becher ein Symbol, denn jedesmal, wenn der König aus ihm trank, erinnerte er sich an die Geliebte, und ihm »gingen die Augen über«, – Luther fand diesen Ausdruck für »weinen«. Der königliche Zecher beweinte eine Geliebte, die, wie man wohl sagen kann, nicht seines Standes war, aber wie bei Goethe anzunehmen ist, weinte der König noch über etwas anderes, nämlich über der Liebe Endlichkeit. Wie alles, ist auch sie der Zeitlichkeit unterworfen, kann nicht dauern, »letzte Lebensglut« wird von Asche gedeckt.
Bei dem standesgemäßen Sterben vor versammelter Ritterschaft demonstriert der König, worin er den Mittelpunkt der Welt erkannt hat. Diese Erkenntnis, an den Becher gebunden, ist unveräußerlich – vielleicht mißgönnt er sie sogar den andern. Vor aller Augen nimmt er einen letzten Schluck: »Und warf den heil'gen Becher / Hinunter in die Flut.« Nicht weltlichem Besitz, dem er ja leicht entsagt, sondern der Liebe erkennt er den Rang der Heiligkeit zu: ein, zumindest für damalige Zeit, heidnisch anmutendes Bekenntnis. Mit dem sinkenden Becher versinkt auch das persönliche Glück. Zeit geht zwar gleichmütig über alles hin und hebt es am Ende auf, doch vollkommen entwerten kann sie eines nicht: die in einem Augenblick gewonnene Erkenntnis, worin befristete Existenz ihre Erfüllung findet. Versöhnt durch Einsicht kann »der alte Zecher«, König Saufaus, sterben, der toten Geliebten nunmehr endgültig verbunden.

Beim Lautlesen dieser schlichten verhaltenen Hauptsätze merkt man bereits, daß Goethe die Sangbarkeit der Ballade bedachte. Ich weiß nicht, wie es kommt, doch wenn Gretchen sie singt, stellt sich jedesmal eine sonderbare Ergriffenheit ein.

Ganymed

Wie im Morgenglanze
Du rings mich anglühst,
Frühling, Geliebter!
Mit tausendfacher Liebeswonne
Sich an mein Herz drängt
Deiner ewigen Wärme
Heilig Gefühl,
Unendliche Schöne!

Daß ich dich fassen möcht'
In diesen Arm!

Ach an deinem Busen
Lieg' ich, schmachte,
Und deine Blumen, dein Gras
Drängen sich an mein Herz.
Du kühlst den brennenden
Durst meines Busens,
Lieblicher Morgenwind,
Ruft drein die Nachtigall
Liebend nach mir aus dem Nebeltal.
Ich komm'! Ich komme!
Wohin? Ach, wohin?

Hinauf! Hinauf strebt's.
Es schweben die Wolken
Abwärts, die Wolken
Neigen sich der sehnenden Liebe

Mir! Mir!
In euerm Schoße
Aufwärts!
Umfangend umfangen!
Aufwärts an deinen Busen,
Alliebender Vater!

Benno von Wiese

Umfangend umfangen

Der Titel unseres Gedichtes »Ganymed« nennt eine Figur des griechischen Mythos. Der Königssohn Ganymed war ein Jüngling von ungewöhnlicher Schönheit, den Jupiter durch einen Adler entführen ließ. Im Himmel wurde Ganymed, anstatt der Hebe, Jupiters und der anderen Götter Mundschenk.

Jedoch ist im Gedicht des jungen Goethe, um 1774 verfaßt, von der Titelfigur und ihren Schicksalen keine Rede mehr. Das Gemeinsame zwischen dem glühenden Bekenntnisgedicht Goethes und dem Mythos von Ganymed ist nur durch ein einziges Leitmotiv gegeben: den Übergang einer menschlichen Person aus der irdischen in die überirdische Sphäre.

Das ist in der Tat die zentrale Thematik des »Ganymed«. Goethe benutzt die mythische Fiktion zu einer ganz direkten Selbstdarstellung, die bereits in den ersten Zeilen mit einer intensiven Steigerung einsetzt. Der Frühling, nicht als Zustand, sondern als eigene Person, wird hier hymnisch gefeiert. Der Frühling drängt sich »mit tausendfacher Liebeswonne« an das Herz des jungen Goethe, er ist die anglühende Macht, ein Übermaß an Seligkeit, das den Menschen zu zerstören droht. Wie soll der »Arm« des Menschen solche Überfülle fassen können! Der Gegensatz scheint unüberbrückbar.

Die zweite Strophe mildert das Pathos der ersten durch die Beschreibung des empfindsamen Glückes, das der

Mensch hier erfahren darf. Es empfiehlt sich, dafür Werthers Brief vom 10. Mai nachzulesen, der in ganz ähnlicher Weise die Nähe nicht nur zum Großen, sondern auch zum Kleinen in der Natur als Rausch des Herzens beschreibt.

Da aber die ganze Natur an diesem Austausch beteiligt ist und nicht etwa nur ein einzelner auf einzelnes stößt, folgt dem »schmachtenden« Glück eine fast ans Absurde grenzende knappe Zeile »Ruft drein die Nachtigall / Liebend nach mir aus dem Nebeltal«. Die Nachtigall ist hier die Liebende, die Goethe-Ganymed zu sich ruft. Ihr Dreinrufen kommt nicht aus dem Morgenglanz des andrängenden Frühlings, es kommt aus der relativen Ferne des »Nebeltals«. Auch ihr Liebesruf verlangt die Antwort des Herzens. Eine mögliche Antwort auf das Übermächtige, von allen Seiten liebend Anstürmende wäre eigentlich nur das passive Geschehenlassen. Genau diesen von den Romantikern bevorzugten Weg schlägt Goethe nicht ein. Seine Antwort, sogar doppelt gegeben, ist ein entschiedenes »Ich komme, ich komme«. Das von allen Seiten überflutete Herz gibt das souveräne Recht auf seine eigene Person nicht preis. Zwar folgt es nicht dem Ruf der Nachtigall. Aber wohin soll er sich wenden?

Die Antwort liegt in einem doppelten Hinauf und verwandelt das Gedicht zum Schluß in Apotheose, in den Übergang vom Irdischen zum Überirdischen. Hier wird der ungeheure sprengende Anfang noch einmal überboten. Was zunächst noch ganz wirklich war, wandelt sich nunmehr in Legende. Die Woken werden zur vermittelnden Instanz zwischen Erde und Himmel, auch sie noch ein Inbegriff des alles übergreifenden Eros. Was sich der sehnenden Liebe Goethes entgegenneigt, trägt ihn sogleich empor nach aufwärts zum alliebenden Vater.

Die äußerste Verdichtung findet Goethe in der genialen Formel »umfangend umfangen«. Sie spricht den mythischen Gehalt des ganzen Gedichtes aus. Ich und All bleiben nicht getrennt, sondern der umfangende Dichter erlebt sich selbst als umfangen. So antwortet seine spontane schaffende Energie auf die ihn anglühende Welt, indem sich das Einzelwesen aufschwingt bis zur äußersten Hingabe an das hier »alliebender Vater« genannte Göttliche.

Die ganze Hymne ist nicht nur ein Naturgedicht, sondern zugleich ein Liebesgedicht. Der allgewaltig liebende Frühling, die liebende Nachtigall, der liebende Vater, selbst die Wolken, die sich der sehnenden Liebe des Menschen zuneigen, das alles schwingt nahezu in jeder Zeile mit. Allerdings ist es ein Liebesgedicht ohne menschlichen Partner. Die Liebe ist das Außerordentliche, das ans Unheimliche grenzt. Fast wird sie zu einer Droge, die ekstatische Zustände hervorruft. Das Absolute widerspricht jeder Desillusionierung. Goethe fragt nicht mehr, wer solcher Inbrunst des Sagens noch Gefolgschaft leistet oder nicht. Seine freien, zugleich verknappenden Rhythmen folgen ihrem eigenen Fluß. Wer sich dem nicht entzieht, vermag es nur zu bewundern.

An Schwager Kronos

In der Postchaise d 10 Oktbr 1774

Spude dich Kronos
Fort den rasselnden Trott!
Bergab gleitet der Weg
Ekles Schwindeln zögert
Mir vor die Stirne dein Haudern
Frisch, den holpernden
Stock, Wurzeln, Steine den Trott
Rasch in's Leben hinein.

Nun, schon wieder?
Den eratmenden Schritt
Mühsam Berg hinauf.
Auf denn! nicht träge denn!
Strebend und hoffend an.

Weit hoch herrlich der Blick
Rings ins Leben hinein
Vom Gebürg zum Gebürg
Über der ewige Geist
Ewigen Lebens ahndevoll.

Seitwärts des Überdachs Schatten
Zieht dich an
Und der Frischung verheißende Blick
Auf der Schwelle des Mädgens da.

Labe dich – mir auch Mädgen
Diesen schäumenden Trunk
Und den freundlichen Gesundheits Blick.

Ab dann frischer hinab
Sieh die Sonne sinkt!
Eh sie sinkt, eh mich faßt
Greisen im Moore Nebelduft,
Entzahnte Kiefer schnattern
Und das schlockernde Gebein.

Trunknen vom letzten Strahl
Reiß mich, ein Feuermeer
Mir im schäumenden Aug,
Mich Geblendeten, Taumelnden,
In der Hölle nächtliches Tor
Töne Schwager dein Horn
Raßle den schallenden Trab
Daß der Orkus vernehme: ein Fürst kommt,
Drunten von ihren Sitzen
Sich die Gewaltigen lüften.

Jochen Hieber

Weit hoch herrlich oder Die reine Hybris

Fünfundzwanzig Jahre alt ist Goethe gerade geworden. Er ist fest und – so hat er es später in »Dichtung und Wahrheit« gedeutet –, wenn nötig auch »gewaltsam« entschlossen, sich nicht mehr aufhalten zu lassen. Schluß also mit Zögern und Zagen, hinweg vorab mit all den »Halbverhältnissen«, die doch nur »Lebensverdruß« erzeugen. Hervorzutreten gilt es statt dessen, »so unvermutet und so kühn« wie nur möglich, Epoche gilt es zu machen unter den Menschen. Bei der Verwirklichung dieses Programms ist der junge Mann im Oktober 1774 schon ein gutes Stück vorangekommen. Sein »Götz« hatte gerade großes Aufsehen erregt, nun sind eben »Die Leiden des jungen Werthers« erschienen, die den beim Publikum vor kurzem noch völlig unbekannten Frankfurter Jungjuristen vollends zur Berühmtheit machen sollten.

Auch andere Arbeiten gingen nun zügig voran, unbeschwert wurde wieder Umgang gepflegt mit Freunden und Bekannten. Unter den »bedeutenden Männern«, denen er damals begegnet, steht Klopstock obenan. Nicht wenig schmeicheln mußte es Goethe, daß der um fünfundzwanzig Jahre Ältere, unbestritten der erste Dichter seiner Zeit, just ihn treffen und kennenlernen wollte: Klopstock machte, von Hamburg kommend, in Frankfurt Station – und ließ sich von seinem jungen Kollegen auch nach Karlsruhe begleiten. Während der Rückfahrt, *in der Postchaise den 10. Oktober 1774*, entstand in Hochgefühl und Überschwang das anmaßendste Gedicht, das er je schrieb.

Ungeheuer, was er sich da erlaubt. Kronos, den Gott, der seine Kinder verschlang, setzt er als *Schwager*, will sagen: als ordinären Kutscher auf den Bock und erteilt ihm, einem besseren Sklaven gleich, einen Befehl nach dem andern: beeil dich, sei nicht so faul, mach endlich fort. Beschwichtigend haben die Kommentatoren behauptet, Goethe habe den Vater des Zeus mit Chronos, dem Zeitengott, verwechselt. Aber wenn es denn überhaupt eine Goethesche Fehlleistung war, so ist sie höchst aufschlußreich: Mache dir die Gewaltigsten untertan, birgt sie als Botschaft wohl. Noch übertroffen werden jedenfalls die Provokationen der Prometheus-Hymne, die, aus gleichem Geist gezeugt, ebenfalls im Herbst 1774 entsteht. Denn anders als im *Prometheus* verzichtet das lyrische Ich in *Schwager Kronos* für sich auf jede mythische Maske, es spricht nur von sich selbst – und damit zugleich von der reinen Hybris, vom Größenwahn des Verfassers.

Entsprechend fallen die Bilder aus: *Entzahnte Kiefern schnattern* ist bis heute das ungewöhnlichste, frappierendste unter ihnen. Entsprechend kühn die Ellipsen und Abbreviaturen: *Weit hoch herrlich*, keine Zeit fürs Komma; *Vom Gebürg zum Gebürg / Über der ewige Geist*, unnötig die logische Folge, unwichtig das Verb. Die Kutschfahrt nach Frankfurt wird auf diese Weise emporstilisiert zur Lebensreise eines Unaufhaltsamen, der sich seine Rechte selber setzt und am Ende gebieterisch die Privilegien einfordert: Als *Fürst* imaginiert sich der junge Goethe in der Postkutsche und weiß, wie ihn die *Gewaltigen* im Orkus dereinst zu empfangen haben – erhaben sich erhe

bend. Vorab aber gedenkt er die Gipfel des gelingenden Lebens zu erreichen und das Höchste des irdischen Glücks: *Schwelle des Mädchens* ist deutlich genug.
Als Goethe sich später anschickte, wirklich zum Dichterfürsten zu werden, waren ihm solch frühe Emphasen durchaus peinlich. Für den ersten Druck im Jahr 1789 hat er die Verse gemildert, wo immer es ging, hat Kommas gesetzt, die logische Folge beachtet und Verben eingefügt. Und er hat die feudale Schlußgebärde des Gedichts verkleinert zum putzigen Idyll: *Daß der Orkus vernehme*, heißt es nun, *wir kommen. / Daß gleich an der Türe / Der Wirt uns freundlich empfange*. Nein, den Orkus-Wirt nicht. Viel lieber Hybris, rein.

Künstlers Abendlied

Ach, daß die innre Schöpfungskraft
Durch meinen Sinn erschölle!
Daß eine Bildung voller Saft
Aus meinen Fingern quölle!

Ich zittre nur, ich stottre nur,
Und kann es doch nicht lassen;
Ich fühl', ich kenne dich, Natur,
Und so muß ich dich fassen.

Bedenk' ich dann, wie manches Jahr
Sich schon mein Sinn erschließet,
Wie er, wo dürre Heide war,
Nun Freudenquell genießet;

Wie sehn' ich mich, Natur, nach dir,
Dich treu und lieb zu fühlen!
Ein lust'ger Springbrunn, wirst du mir
Aus tausend Röhren spielen.

Wirst alle meine Kräfte mir
In meinem Sinn erheitern,
Und dieses enge Dasein hier
Zur Ewigkeit erweitern.

Harald Hartung

Altes Evangelium

Er hatte den »Götz« und den »Werther« geschrieben und auch die titanischen und frommen Hymnen, wie »Prometheus« und »Ganymed«, doch war er sich weder seines Berufes noch seiner Berufung gewiß. Er hielt seine Talente wie seine Zukunft offen. »Ich werde an diesem Nachmittag zuerst den Oel Pinsel in die Hand nehmen«, schrieb Goethe im November 1774 einer Freundin. »Mit welcher Beugung Andacht und Hoffnung drück ich nicht aus, das Schicksaal meines Lebens hängt sehr an dem Augenblick.« Welche Lebensfrömmigkeit, welche Hoffnung auf die Kunst! Doch nicht bloß deshalb, weil er eine Malerlaufbahn erwog, sprach Goethe von Kunst und schrieb seine Künstler-Gedichte. Mehr als die Gestalt des Dichters bot die des Künstlers sinnlich-faßliche Wirklichkeit, den Bezug zu Schöpfer und Schöpfung. War sein menschenformender Prometheus nicht etwas wie ein gottähnlicher Bildner? War Kunst nicht Analogie zur Zeugung, *mit Göttersinn / Und Menschenhand ... zu bilden, / Was bei meinem Weib / Ich animalisch kann und muß!?*

Vom Genie und von der Natur handelte die neue Botschaft. Goethe verkündete so froh wie insistent, daß er ein Briefgedicht an den Freund Merck vom 5. Dezember 1774 mit den Zeilen eröffnete: *Mein altes Evangelium / Bring ich dir hier schon wieder.* Den Kern – die Vorstufe unseres Gedichts – isolierte er als selbständigen Text. Vielleicht weil er gerade etwas für Lavater benötigte, zu dessen Physiognomik er Silhouetten, Zeichnungen und Charakteristiken beisteuerte, setzte er keck als Titel »Lied des Phisiognomischen Zeichners« und sandte es ihm: mehr ein Verlegenheits- als ein Gelegenheitsgedicht. Erst in den »Schriften« von 1789 gab Goethe ihm die definitive Gestalt und den gültigen Titel »Künstlers Abendlied«.

Von Abend oder Nacht ist darin nicht die Rede, und doch ist es nicht ohne die Tradition von Abendliedern zu denken, darin sich die Hausgemeinschaft Gottes Schutz vor Nacht und Tod anempfahl. Freilich dankt und bittet hier ein einzelner, der Künstler, und sein Gegenüber ist nicht die Nacht, sondern die geliebte Natur. Mit einem Seufzer beginnt er, und sein Lied ist wirklich Lied, vertraute, vertrauliche Form mit dem Liebesecho Reim.

Das sprechende Ich beschwört die »innre Schöpfungskraft« als göttlichen Anruf oder Klang. Sein Verlangen gilt einem Kunstgebilde, das, gleichsam reine Natur, wie ein Gewächs den zeugenden Fingern entquillt. Was uns zum Fingerspitzengefühl verkümmerte – bei Goethe hat es noch sinnliche Konkretion. So auch all die fruchtbaren Feuchtigkeiten, heißen sie »Saft«, »Freudenquell« oder »Springbrunn«. Noch ist es Sehnsucht und fast schon Verheißung, Besitz kann es noch nicht sein. Der Genius gibt sich als Anfänger, zitternd und stotternd. Er wird ein großer Bescheidener bleiben bis in den späten Vers der »Elegie«: *Naturgeheimnis werde nachgestammelt.*

Mit der dritten Strophe kommt die Zuversicht: die Erinnerung an gehabte Erquickung löst neue Liebessehnsucht aus. Und, merkwürdig, plötzlich erscheint – noch Natur oder schon Kunst? – das Bild des aus tausend Röhren spielenden Springbrunnens. Ein Vorschein der Erheiterung, der Klärung und Vergeistigung aller Kräfte des Künstlers – bis in die Entgrenzung, die Erweiterung des Hier und Jetzt ins Ewige.

Es gebe nur eine Transzendenz, wird Gottfried Benn einmal behaupten: »die Transzendenz der schöpferischen Lust«. Goethe spricht von »innrer«, an anderer Stelle von »liebevoller« Schöpferkraft. Sein »Evangelium« ist kein Artistenevangelium. Es ist an Natur und Liebe gebunden. Das unterscheidet es von allen späteren Radikalisierungen, vom Nihilismus und vom »Olymp des Scheins«. Wir lesen Goethes »altes Evangelium« wie etwas unwiederbringlich Verlorenes.

Herbstgefühl

Fetter grüne, du Laub',
Am Rebengeländer
Hier mein Fenster herauf;
Gedrängter quellet,
Zwillingsbeeren, und reifet
Schneller und glänzend voller.
Euch brütet der Mutter Sonne
Scheideblick; euch umsäuselt
Des holden Himmels
Fruchtende Fülle;
Euch kühlet des Mondes
Freundlicher Zauberhauch,
Und euch betauen, ach!
Aus diesen Augen
Der ewig belebenden Liebe
Vollschwellende Tränen.

Wolfgang Leppmann

Das »Ach!« als Achse des Gedichts

Das Gedicht besingt den Herbst in dem elegischen Tonfall, den Nietzsche, George, Trakl, Rilke und zahlreiche andere Lyriker bei diesem Thema ebenfalls angeschlagen haben. Vokabular, Satzbau und Metrik sind nicht gerade einfach, aber auch nicht so kompliziert, daß sie das Verständnis erschwerten. Für den Schulgebrauch – eine ernüchternde Vorstellung, aber das Klassenzimmer ist der Schauplatz unserer ersten Begegnung mit Literatur – ließe sich neben dem Datum und dem Ort der Erstveröffentlichung (1775 in der Zeitschrift »Iris«) allenfalls hinzufügen, daß die Zwillingsbeere so heißt, weil sich der Fruchtknoten der Weinbeere aus jeweils zwei Fruchtblättern bildet. Goethe, kein Schreibtischpoet, wußte dergleichen schon als junger Mann.

Beim näheren Hinsehen stutzt man freilich. Zunächst über den höchst ungewöhnlichen Anfang, denn das Adjektiv »fett« evoziert alles andere als hohe Lyrik. Auffallend wirkt aber auch die alliterativ und lautmalerisch ausgearbeitete Parallele von Beeren (Trauben) und Tränen; beide sind »voll« und »quellen« beziehungsweise »schwellen«. Psychoanalytisch orientierte Leser nehmen an, Goethe habe dabei im Unterbewußtsein an die weibliche Brust gedacht. Vielleicht tat er es wirklich.

Wichtiger ist die Stimmung, aus der heraus dieses Herbstgedicht mit seinen Anklängen an das »Verweile doch« und »Stirb und werde« entstanden ist. Die Verse bezeichnen einen jener Augenblicke im Leben, in denen man, sei es bei einem Natur-, sei es bei einem musikalischen oder sonstigen tiefen Erlebnis, plötzlich von dem Gefühl überwältigt wird, Teil eines Ganzen zu sein, und zugleich die Vergänglichkeit dieses Gefühls und dieses Ganzen spürt. Dieser Einsicht, und Goethes Glauben an die Liebe als Voraussetzung jeglicher Harmonie von Mensch und Schöpfung, entspringen die (eigentlich gar nicht gerechtfertigten) Tränen. Heute würde man das gewiß um vieles kühler ausdrücken und einen Bogen sowohl um die verräterischen Tränen machen, als auch um das Goethe so teuere »hold«.

»Herbstgefühl« steht und fällt jedoch mit einem anderen Goetheschen Lieblingswort, nämlich dem »Ach!« Wie souverän konnte er auf diesem unscheinbaren Instrument spielen, was für Wirkungen konnte er ihm nicht entlokken! Allein im ersten Teil des »Faust« reicht der Bogen von »Habe nun, ach!« über »Sein Händedruck, / Und ach, sein Kuß!« bis zum Abschied im Keller: »Deine liebe Hand! – Ach, aber sie ist feucht!« So ist der Ausruf auch hier alles andere als Zufall oder Füllsel, er ist die Achse des Gedichts: Er zeigt die Peripetie an, die Stelle, an der diese Verse verinnerlicht werden, an der sie von einer Beschreibung in ein Erlebnis umschlagen.

Mit dem »Ach!« hat es bei Goethe ja überhaupt eine eigene Bewandtnis. Noch in hohen Jahren gebraucht er es gern als Chiffre für den Weg ins Innere und Eigentliche: »Er hat eine kleine, ganz liebenswürdige Angewohnheit«, schreibt zum Beispiel Lily Parthey, die Enkelin von Friedrich Nicolai, über einen Spaziergang mit Goethe im Sommer 1823 in Marienbad, »im Laufe des Gesprächs ›Ach ja!‹

einzuschieben, das durch Ton und Ausdruck eine ganze Welt von Erinnerung und Bedeutung erhält. Ich werde es nie vergessen.«

Wonne der Wehmut

Trocknet nicht, trocknet nicht,
Tränen der heiligen Liebe!
Ach nur den halbtrocknen Augen schon
Wie öde, tot ist die Welt.
Trocknet nicht, trocknet nicht
Tränen der ewigen Liebe!

Robert Gernhardt

Pein und Lust

Als Goethe diesen Sechszeiler schrieb, 1775, befand sich der Mittzwanziger – vermutlich nichtsahnend – in jener Phase seines Dichtens, die Germanisten später als die »Lili-Lyrik« klassifizieren und sorgsam von den früheren »Friederike-Gedichten« und der späteren »Lida-Lyrik« trennen sollten.

Sechs Zeilen, die kaum der nachsinnenden Interpretation bedürfen – klar wie eine Zauberformel und deutlich wie ein Gebet bannt, klagt und fordert dieses Liebesgedicht. Freilich: Nicht um erfüllte Liebe geht es, sondern um ewige, also einseitige.

So selbstgenügsam, ja selbstherrlich ist dieser Liebende, daß er kein einziges Wort an die Geliebte richtet, sondern ausschließlich die eigene Liebe beschwört, sein eigenes allumfassendes Ergriffensein, dank dessen er die Welt als unaufhörlich beredt und unendlich bedeutsam erlebt – doch halt! All das steht ja bereits im Gedicht, schöner kann man es nicht sagen, seltsamerweise aber hat es Goethe selber, vierzehn Jahre später, weniger schön gesagt.

1789, in den bei Goeschen verlegten »Goethes Schriften«, wurde »Wonne der Wehmut« erstmals veröffentlicht, und dort lauten die Zeilen deutlich anders als in der zitierten, auf eine frühe Abschrift Herders zurückgehenden Fassung:

Trocknet nicht, trocknet nicht,
Tränen der ewigen Liebe!
Ach, nur dem halbgetrockneten Auge
Wie öde, wie tot die Welt ihm erscheint!
Trocknet nicht, trocknet nicht,
Tränen unglücklicher Liebe!

Sechs Zeilen, die ich nicht ohne Wehmut lese. Das hochgemute »heilig« gestrichen und durch das erst am Ende als Ausblick und Verheißung so recht funktionierende »ewig« ersetzt! Das »halbtrockne« Auge zum »halbgetrockneten« gemacht, zur unschönen Vorstufe eines noch befremdlicheren »ganzgetrockneten«. Die »ewige« Liebe schließlich zur »unglücklichen« vergröbert, wodurch das Gedicht seine ursprüngliche Zweideutigkeit verliert: so unglücklich war der ja gar nicht gewesen, der da die Lust der Pein gefeiert, ja erfleht hatte – aber genug!
Gedichte sind keine Regierungserklärungen, und der vierzigjährige Goethe hatte vom Lieben eben derart eindeutige Vorstellungen, daß er dem Zwanzigjährigen nicht nur ins Wort, sondern geradezu in den Rücken fiel: »Liebespein verschmäht mein Herz, / Sanften Jammer, süßen Schmerz« – so beginnt sein Gedicht »Frech und froh«, 1788 geschrieben, und so endet es: »Mädchen, gib der frischen Brust / Nichts von Pein und alle Lust.«

Hoffnung

Schaff, das Tagwerk meiner Hände,
Hohes Glück, daß ich's vollende!
Laß, o laß mich nicht ermatten!
Nein es sind nicht leere Träume;
Jetzt nur Stangen, diese Bäume
Geben einst noch Frucht und Schatten.

JOACHIM FEST

Genieträume und Wirklichkeit

Dieses Gedicht verlangt keine umständliche philologische Deutung. Höchst einfach in der Form, enthält es dem Inhalt nach kaum mehr als eine Lebensweisheit, die nur durch die in der dritten Zeile eingefügte Bitte um Kraft einen subjektiven Ton gewinnt. Sein Beziehungsreiz wird erst begreifbar, wenn man die Umstände kennt, unter denen es entstand.

Goethe schrieb das Gedicht gegen Ende des ersten Weimarer Jahres. Er war damals siebenundzwanzig und hatte die zurückliegenden Monate, zusammen mit dem acht Jahre jüngeren Herzog, vor allem damit verbracht, »vom Himmel Lerchen regnen« zu lassen: mit Festen, Maskeraden, Ausritten oder Peitschenknallen auf öffentlichen Plätzen, und überall »die Miesels«. Einmal waren sie in weißen Bettlaken durch Nacht und Wind geritten, um die Leute zu erschrecken, oder hatten dem buckligen Fräulein von Göchhausen die Zimmertür zugemauert, so daß sie verzweifelt davorstand und an ihren Sinnen irre wurde. Wenn Wieland und andere Goethes Ankunft in Weimar mit dem Aufgang eines Sterns verglichen und der Doktor Hufeland von der »wunderbaren Revolution« gesprochen hatte, die das philiströse Nest »plötzlich genialisiert« habe, mehrten sich jetzt die ärgerlichen Stimmen. J. H. Voß schrieb, der Herzog und sein Günstling führten sich wie »unerzogene Jungen« auf.

Das war das Bild nach außen. Immerhin hatte Goethe

schon nach wenigen Wochen, mitten im verrücktesten Treiben, in einem Brief an den Herzog unversehens den Ton gewechselt und zu den Pflichten gemahnt. Doch war das nur ein Zwischenruf. Und selbst, als Carl August ihn in den Geheimen Rat, das vierköpfige oberste Regierungsgremium, berief, sah Goethe darin zunächst wenig mehr als eine Möglichkeit, die eigenen Launen mit gleichsam institutioneller Deckung weiterzuverfolgen. Aber zugleich und um ihn fester an Weimar zu binden, hatte der Herzog ihm vor der Stadt, unweit vom Schloß, ein kleines Haus mit einem Garten zum Park hin überschrieben, und vermutlich war es dieses Geschenk, was Goethe aus den Losgelassenheiten der ersten Zeit wieder ins Wirkliche zurückbrachte. Jedenfalls widmete er sich über Wochen der Herrichtung des Anwesens, beschnitt oder okulierte und ließ sich aus Frankfurt Schößlinge kommen. »Meine Bäume versorgen! – und werde sehr von den Mücken gestochen. Mit beschmierten Baumwachsfingern fahr ich fort«, schrieb er; und: Im Garten »immer die schönsten Tage«. Unterdessen lösten die Regierungsgeschäfte das Allotria ab. Aber mitunter überfielen ihn auch Zweifel an seiner Weltrolle, er hatte in einem Papiersack eine Menge Unfertiges mitgebracht, Faust, Egmont, Gedichte, Entwürfe, und im Innersten war ihm bewußt, daß Weimar auch eine Flucht war, er sei schon imstande, ließ er Merck wissen, »das durchaus Scheisige dieser zeitlichen Herrlichkeit zu erkennen«.

Das Gedicht drückt etwas von dieser Unsicherheit aus. Auch von der Selbstüberredung, die es kostete, sich gegen alle Genieträume auf die Seite des Alltäglichen zu schlagen. Aber die Wirklichkeit hatte auch ihr Recht, und er brach nicht nach der Art eines Dichters in sie ein. Das überließ er Lenz, der ihm nach Weimar gefolgt und eben dabei war, Pläne für ein Amazonenkorps aus so tollkühnen wie eleganten Edelhuren zu schmieden. Er selber las statt dessen Reicharts fünfteiligen »Garten-Schatz« sowie die Kursächsische Accise-Ordnung. Aber er fragte sich, ob er auf dem richtigen Wege sei, und noch geraume Zeit klangen viele seiner Äußerungen, als müsse er sich Mut zur Realität und ihren prosaischen Beglückungen machen: »Der Druck der Geschäfte ist sehr schön der Seele; wenn sie entladen ist, spielt sie freier und genießt des Lebens. Elender ist nichts als der behagliche Mensch ohne Arbeit.« Aber dann auch wieder, in einem Billett an Frau v. Stein: »Das Glück des Lebens liegt dunkel auf mir.« Deshalb hat er das Gedicht »Hoffnung« genannt.

Wandrers Nachtlied

Der du von dem Himmel bist
Alles Leid und Schmerzen stillest,
Den, der doppelt elend ist,
Doppelt mit Erquickung füllest,
Ach! ich bin des Treibens müde!
Was soll all der Schmerz und Lust?
Süßer Friede!
Komm, ach komm in meine Brust!

Karl Krolow

Die Suche nach Schutz

Weiß man nicht über Goethes Gedichte gar zuviel? Man kennt fast immer den Zeitpunkt ihres Entstehens, man weiß Bescheid über das Verhältnis von Tradition und Erneuerung, in dem die Verse stehen, man kennt die Lebensumstände des Verfassers, die auf verschlüsselte oder unmittelbare Weise in die Lyrik Eingang fanden. Mit *Wandrers Nachtlied* ist das nicht anders. 26 Jahre alt war Goethe, als das Gedicht entstand, geschrieben hat er es am 12. Februar 1776 am Hang des Ettersberges. Aber mehr wollen wir bei der Lektüre zunächst gar nicht wissen.

Ach, ich bin des Treibens müde! Offenbar an vergangene Stürme erinnert sich das lyrische Ich, mancher Unruhe wird gedacht, manchen Getriebenseins und emphatischen Schweifens. Ein Seufzer bleibt übrig davon, ein Achselzucken, ja ein Genug-Haben: *Was soll all der Schmerz und Lust?*

Wandrers Nachtlied jedenfalls ist fern von vielen Vorstellungen, die sich mit dem »jungen Goethe« verbinden und von denen wir nur schwer lassen können. Das Sturm-und-Drang-Genie, so scheint es, will in diesen Versen nur noch zur Ruhe kommen, will ruhig durchatmen, bedarf des Trostes. Wir hören dem nächtlichen Sprechen zu, einem Flüstern eher und einer Art Gebet, nach oben geschickt voll hingebender Hoffnung und voll Vertrauen gegenüber dem Unaussprechlichen.

Der du von dem Himmel bist, das heißt, über allem Treiben, über allen Empfindungen von Elend und Lust, über aller Erfahrung von Täuschung und Enttäuschung. Als *Süßer Friede* wird das Unaussprechliche namhaft gemacht und mit bittendem Drängen herbeigewünscht, als Beschwichtiger, als stiller und naher Erquicker und Retter – als unsichtbarer Begleiter zudem, der sich fortan dem sein Leben Überdenkenden offenbaren soll. Noch einmal – *Komm, ach komm* – wird ein Seufzer, dieses besondere Atmen, laut, und mit ihm wird etwas anderes möglich: Einsicht und Vertrauen in eine Einkehr, die nicht ein demütiges Sich-Bescheiden ist, sondern dem Bescheidwissen entstammt und nun voller Inbrunst und Verlangen zum Wort wird, genauer: zu einer Handvoll geflüsterter, denkbar einfacher Wörter.

Sturm und Leidenschaft erleichtern sich so. Hier hatte jemand genug und sagt es. Hier hält jemand ein auf der Suche nach jenem Frieden, der am Ende nie zu bekommen ist – jedenfalls nicht als Widerruf eines Lebens, das anders war und, nach den Augenblicken der Entspannung, auch in Zukunft anders bleiben wird. Der *süße Friede* ist auf Erden nicht zu finden.

Rastlose Liebe

Dem Schnee, dem Regen,
Dem Wind entgegen,
Im Dampf der Klüfte,
Durch Nebeldüfte,
Immer zu! Immer zu!
Ohne Rast und Ruh!

Lieber durch Leiden
Möcht' ich mich schlagen,
Als so viel Freuden
Des Lebens ertragen.
Alle das Neigen
Von Herzen zu Herzen,
Ach wie so eigen
Schaffet das Schmerzen!

Wie soll ich fliehen?
Wälderwärts ziehen?
Alles vergebens!
Krone des Lebens,
Glück ohne Ruh,
Liebe, bist du!

Werner Keller

Die Extreme berühren sich

Das Szenarium: Mit Leidenschaft geht jemand gegen die Unbilden des Wetters und die Widrigkeiten der Berglandschaft an, doch erst die nachträglich hinzugefügte Überschrift begründet, warum er sich den Elementen aussetzt, ohne daß seine Glut abkühlt. Der Anfang der zweiten Strophe muß verwirren, da die Leichtigkeit der Leiden gegen die Last der Freuden ausgespielt wird. Das Ich, das zunächst völlig in seinen Ausrufen aufgeht, gewahrt den Schmerz in jeder Herzensneigung und entdeckt für sich, was schon Platon beschrieb: daß Glück und Leid, in ihrer Tiefe empfunden, derselben Wurzel entstammen. Dennoch verwirft die Schlußstrophe die Flucht »wälderwärts«. »Alles vergebens!« – die Ellipse gesteht, daß sich das Ich seiner Liebe nicht entschlagen kann noch will und das Sollen geringe Mühe hat, das Wollen zu bekehren.
Die Liebe in ihrer Ruhelosigkeit wird sogar als »Krone des Lebens« gepriesen, die nach Jakobus 1,12 denen vorbehalten ist, die Gott lieben und, der Offenbarung 2,10 gemäß, ihm die Treue halten. Der junge Goethe war bibelfest. Seine Übertragung einer religiösen Verheißung auf den Eros zeigt, daß die von ihm mitvollzogene Säkularisierung das Sakrale zwar verweltlicht, zugleich aber das Profane heiligt: In der erotischen Liebe gipfelt die Lebensliebe, die das Dasein – »wie es auch sei« – gutheißt.
Läge nicht eine Abschrift von Herders Hand vor – »Ilmenau, 6. Mai 1776« –, wäre man versucht, die expres-

siven Strophen, die sich mit den kurz zuvor entstandenen Versen »Warum gabst du uns die tiefen Blicke« nicht messen dürfen, stilistisch dem Frankfurter Goethe zuzuschreiben. Wird dort die irdische Unerfüllbarkeit einer ganz individuellen Beziehung zu ergründen gesucht – die »Rastlose Liebe« spart die Geliebte aus und hält den intimen Ton fern, in dem Gretchen im »Urfaust« und Klärchen im »Egmont« ihre Erfahrung preisgeben, wonach Liebe und Unruhe, Freude und Leid eins sind.

Die Ode stellt leidenschaftlich die Vermischung durchfühlter Extreme dar – die Last der Liebe und die Lust am Leiden – und formuliert damit ein Erlebnis, zu dem mancher Leser eine Fußnote beitragen könnte. Als hätte der junge Autor eben Lessings »Laokoon« gelesen, wonach die große Emotion nicht zu beschreiben, sondern nur in ihrer Wirkung zu zeigen ist, wird der Liebende in seiner Getriebenheit begriffen, die zum anderen hin und zugleich von ihm fort drängt. Doch während sich die Abhängigkeit von den Gezeiten des Gefühls anfangs in puren Interjektionen entlädt, diszipliniert der kalkulierende Kunstverstand bereits in der zweiten Strophe den eruptiven Aktionismus und setzt die Pindar abgelauschte dreistufige Gliederung durch: Die »Synthese« der Schlußstrophe gleicht die spannungsvollen Extreme aus, die die polare Ganzheit des Lebens bedingen, die Goethes Wirklichkeitssinn nie unterschlägt.

Der junge Goethe hat wie niemand vor ihm im deutschen Sprachraum die Liebe seliggesprochen, die Sinne gegen Normen und Konventionen in ihre Rechte eingesetzt und den verklärenden Eros in der zustimmenden Natur wiedergefunden, die Verwirrungen zu entziffern hilft und eine unbegrenzte Freiheit verspricht. Wie wenige vor ihm entdeckte er aber auch die Gefährdung, den Preis der unbedingten Leidenschaft, die »so eigen« Schmerzen schafft. Das Gedicht, in dem der Autor seine Schmerzensfreuden bejaht, doch seine Zerrissenheit notdürftig verbirgt, indem er sie als geläufige Erfahrung ausgibt, ist ein frühes Zeugnis seiner Liebe zu Charlotte von Stein, einer verheirateten, der Sitte und Sittlichkeit ihrer Zeit verpflichteten Frau, die weder seinem ruhelosen Drängen noch ihrem Gefühl ganz traute, die ihn bildete, anzog und abwies und vor der er ein Jahrzehnt später »südwärts« floh, als die »rastlose Liebe« mit der Hoffnung auf Erfüllung auch von ihrem dichterischen Vermögen verloren hatte.

Vor Gericht

Von wem ich's habe, das sag' ich euch nicht
Das Kind in meinem Leib,
Pfui speit ihr aus die Hure da!
Bin doch ein ehrlich Weib.

Mit wem ich mich traute das sag ich euch nicht
Mein Schatz ist lieb und gut,
Trägt er eine goldne Kett am Hals,
Trägt er einen strohernen Hut.

Soll Spott und Hohn getragen sein
Trag' ich allein den Hohn,
Ich kenn' ihn wohl, er kennt mich wohl,
Und Gott weiß auch davon.

Herr Pfarrer und Herr Amtmann ihr
Ich bitt laßt mich in Ruh,
Es ist mein Kind und bleibt mein Kind,
Ihr gebt mir ja nichts dazu.

Walter Jens

Die Beschuldigte als Richterin

Ein provokantes Plädoyer, aggressiv und selbstbewußt, gelassen und von der Demut einer Frau bestimmt, die, mit Gott, dem Liebsten und ihrem Kind vereint, alle großen Hänse der Welt, den Sachwalter der Religion so gut wie den Vertreter des Staats, in die Schranken fordert. Eine Verrufene stellt die Gebote der Liebe gegen das Sittengesetz des Staats, um, derart gerüstet, dem Ansinnen obrigkeitsstaatlicher Inquisition zu trotzen.

Umkehrung aller Werte: Die Hure mit dem Schandbalg im Bauch – ein ehrliches Weib. Der Kindsvater – ein lieber Schatz, einerlei, ob er mit der Goldkette prunkt oder einen Plebejerhut trägt. Arm oder reich, einerlei: Hauptsache, wir sind uns gut – so wird die Wendung im allgemeinen verstanden. Es könnte freilich auch sein, daß das *oder* im Sinne von *und* zu verstehen ist: Mit dem Kettchen *und* der Krone, einmal so und einmal so gewandet, mit und ohne Geld ist mein Schatz mir lieb, der Kerl von einem Mannsbild, dessen Namen ich nicht preisgebe. In dem Fall wäre der Kettchen- oder Hütchen-Träger eine und dieselbe Person: brechtscher Anarchist und Edelmann, Königssohn und Desperado – vertraut und gut. Das Mädchen aus dem Volk, geschwängert und ehrlos, hält Gerichtstag über Pfaffen und Bürokraten, verweigert die Auskunft, kündigt Gehorsam, stellt das Recht auf Selbstverwirklichung gegen den auf Triebunterdrückung und Liebesverzicht abzielenden Sittenkodex der Gesellschaft.

Volkslied und Bänkelsang, ein Hauch von Heine und Brecht (»Ich kenn' ihn wohl, er kennt mich wohl, und Gott weiß auch davon«) – der siebenundzwanzigjährige Goethe geht weit über den larmoyant moralisierenden Tonfall hinaus, in dem zu seiner Zeit das Problem der unehelichen Mutter behandelt wurde. Gretchen hat in der Figur des vor Gericht auftretenden Mädchens eine selbstbewußte Schwester gefunden – ein Mädchen, das den Spott der ganzen Welt in Kauf nimmt, weil sie einen Mann liebt und ein Kind von ihm hat und weil sie stolz auf beides ist.

Da zählt das Private, Geheime und nur Gott Offenbare mehr als Öffentlichkeit und Gesellschaft; da gilt Liebe viel und sogenannte Unschuld wenig; da wird nicht geklagt und die Verlassene herausgekehrt, sondern da bekennt sich eine zu dem, was sie tat, und nennt es gut und einem ehrlichen Weib wohl anstehend. Lächerlich, gegenüber dem Vertrautsein zwischen zwei Menschen, der Schematismus moralischer Normen; albern, verglichen mit dem Liebsten – einerlei, ob er die goldene Kette oder den strohernen Hut trägt, das Geschmeide oder die Krone aus Bast ... lächerlich Pfarrer und Amtmann, die, aller individuellen Attribute bar, nichts weiter als »Herren« sind.

Oben und unten, die Welt der Standespersonen und der Bezirk der kleinen Leute, hören auf, Positionen in einem festen Ordnungsgefüge zu sein. Die Herbeizitierte wird zur Richterin, und die Behörde erhält ihren Platz auf der Anklagebank. Johann Wolfgang Goethe, ein auf Emanzipation der Unterdrückten bedachter Jurist, hält, in einem Plädoyer der Ausgestoßenen, der Herrschaft seiner Zeit und deren Ideologen den Spiegel vor ... im Gedicht,

wohlgemerkt, im lyrischen Traktat. Nicht in der Realität, nicht als Beamter.
Befragt, ob er an der Todesstrafe für Kindsmord festzuhalten gedenke, schloß sich der Dichter der Ballade »Vor Gericht« und des Dramas »Faust« den Ausführungen seiner Kollegen im Geheimen Conseil, der Herren von Fritsch und von Schnauß, in jeder Weise an: er trete, so eine Notiz vom November 1783 (sieben Jahre nach dem Gedicht publiziert), den Votis der beiden anderen Conseils-Mitglieder bei, indem er erkläre, »daß auch nach meiner Meinung räthlicher seyn mögte die Todtesstrafe beyzubehalten«.
So einfühlsam sich der Poet G. in die Lage einer unehelichen Mutter hineinversetzte, einerlei, ob sie, in »Vor Gericht«, ihr Kind behalten möchte oder es, im »Faust«, getötet hat, so gnadenlos argumentierte der Staatsmann, Exzellenz von G. Zwei Seelen wohnten, ach, in seiner Brust.

An den Mond

Füllest wieder Busch und Tal
Still mit Nebelglanz,
Lösest endlich auch einmal
Meine Seele ganz;

Breitest über mein Gefild
Lindernd deinen Blick,
Wie des Freundes Auge, mild
Über mein Geschick.

Jeden Nachklang fühlt mein Herz
Froh und trüber Zeit,
Wandle zwischen Freud' und Schmerz
In der Einsamkeit.

Fließe, fließe, lieber Fluß!
Nimmer werd' ich froh,
So verrauschte Scherz und Kuß,
Und die Treue so.

Ich besaß es doch einmal,
Was so köstlich ist!
Daß man doch zu seiner Qual
Nimmer es vergißt!

Rausche, Fluß, das Tal entlang,
Ohne Rast und Ruh,
Rausche, flüstre meinem Sang
Melodien zu!

Wenn du in der Winternacht
Wütend überschwillst,
Oder um die Frühlingspracht
Junger Knospen quillst.

Selig wer sich vor der Welt
Ohne Haß verschließt,
Einen Freund am Busen hält,
Und mit dem genießt,

Was von Menschen nicht gewußt,
Oder nicht bedacht,
Durch das Labyrinth der Brust
Wandelt in der Nacht.

Gabriele Wohmann

Kann Ihnen der Mond noch nützen?

Auf Gemütsergebnisse bedacht, sind mir die Gedichte am ergiebigsten, mit denen ich mich sofort verständigen kann. An dieses Goethe-Gedicht will ich anhänglich bleiben, und damit auch an Situationen. Es ist nicht leicht, von einem Vater zu erzählen, der auf Spaziergängen die »Urworte orphisch« und, um uns zu erheitern, das »Sendschreiben an Merck« zitierte, und auch »An den Mond«, vielleicht von »Busch und Tal« angeregt. Man konnte ihn aber immer unterbrechen, sogar mit Gelächter, wenn er mal nicht weiterkam: so bildeten wir die ihm unentbehrlichen Anführungszeichen, und nur in deren Umrahmung hat er ja Goethe mit in den Wald genommen. Wenn dieser Vater sich doch auf die Depot-Wirkung bei uns Kindern verließ, so hatte er recht.

Die Anwendbarkeit von »An den Mond« liegt in jeder Zeile wie ein Angebot zur verwandten Empfindung. Es ist ein Liebesgedicht. Unartikulierte Liebesschmerzen aller Anonymen können sich in der Gefühlsgeschichte zwischen Goethe und der Freifrau von Stein unterbringen.

Der Mond wird angeredet! Was »von Menschen nicht gewußt« »in der Nacht wandelt«, wird beschworen: nur diejenigen Gedichte, die aus dem zuerst ganz persönlichen Blick auf den zuerst ganz privaten Ausschnitt Welt sich in die Rätselhaftigkeit des Irrationalen vorwagen, die zu diesem Zweck die Himmelsrichtung wählen, den Mond zum

Beispiel, die ein Menschengefühl transzendieren, nur diese Gedichte ziehen bei mir.
Aus der »Liebsten« der ersten Fassung (zwischen 1776 und 1778 geschrieben) wurde zehn Jahre später in der Endfassung der »Freund«, »des Freundes Auge mild«.
Es spricht ja für Goethes Gedicht, daß man seiner nicht nur an den Krankenlagern der Liebeskummerpatienten bedarf. Mein Vater bewies es mir: ein unverworrener Mann ohne heimliche Gefühlsmißwirtschaft. Ziemlich immun bin ich gegen autobiographische Mutmaßungen: hat Goethe beim Bild vom Fluß die Ilm assoziiert, in der sich Christel von Laßberg am 17. Januar 1778 ertränkte? Wenn es stimmt, daß eine erste Niederschrift schon 1774 entstand, was dann mit dieser Lebenslaufparallele, in der, wie meistens beim autobiographiebesessenen Interpretieren, sich kaum unterdrückte Schuldzuweisungen aufspielen möchten? Es scheint ja so verlockend, die Genies in ihrem Alltag bei irgendeinem Mißbrauch zu ertappen.
Zu Frauen war er gar nicht so nett, dieser Goethe, und auf das dunkle Kapitel Entfremdung, zwischen ihm und Charlotte, hat er mit »dunklen« Reimen geantwortet, schnell offenbar aus der Rolle der Privatperson mit Gefühlspflichten in die des Dichters mit Kunstverantwortung schlüpfend. Ich halte mich nicht mit dem feministischen Vorwurf auf, Goethe habe plagiativ eine »An den Mond«-Variante der Charlotte (von ihr »meine Fassung« genannt) für seine letzte Fixierung ausgebeutet. Der »Nachklang«, das ist aber Charlottes Wort-Fund.
Schönes Hin und Her der Inspiriertheiten! Ging Goethe eine Melodie des Zürcher Komponisten Keyser im Kopf herum, oder fand er nachträglich, daß die einfache stro-

phenförmige Musik gut passe, und dachte er sich sein Gedicht denn als Lied? Spätestens jetzt fällt mir Franz Schubert ein, durch dessen Vertonung überhaupt das Gedicht mir erst jederzeit abrufbar ist, und Höchstdosis der Schmerz- und Glückszufuhr, auf jedem beliebigen Bahnsteig, in jeder Unlustverfassung als Ausweg zu benutzen, Schubert, den Goethe abwies und mit dessen Hilfe ich »Gefild« und »Nebelglanz« gar nicht erblicken muß: die Innenabbildung genügt. Von Schubert unterstützt, schaue ich mir meinen Goethezeit-Mond auch bei Hochdruckwetter im Tageslicht an. Das erregt meinen leisen Verdacht gegen mich, macht mich staunen über eine Tante, mehr eine Freundin, die sogar als Berufsmusikerin sich lieber vor der Musikzutat drückt, weil sie das Gedicht ohne jede selbständige Kunstleistung der Melodie schon grenzgängerisch genug liebt.
Und kann denn ausgerechnet Ihnen der Mond irgendwie nützen? werde ich gefragt. Es beschädigt ja den Mond dieses Gedichts gar nicht, daß Astronauten ihn abgestapft haben. Der Mond ist diese mit uns sympathisierende Anrede-Figur geblieben, immer dann, wenn wir mit ihm nicht nur den naturwissenschaftlich untersuchten Erdtrabanten meinen, sondern über unsere liebeschmerzvolle Endlichkeit in der sehnsuchtmachenden Unendlichkeit, in der er uns zuleuchtet, nicht zu verzagen versuchen.
Wie schön ist allein der Titel! Und womit soll man in der literarischen Gegenwart die therapeutische Sanftheit herstellen, die in der Unbefangenheit dieser Goetheschen Art, »dunkel« zu reimen, versteckt ist? Die einzige Imitation, die sich nicht verbietet, ist angesichts dieses Meisterwerks das stille Nachvollziehen, ist ein Genuß, so epigonal wie möglich.

Der Fischer

Das Wasser rauscht', das Wasser schwoll,
Ein Fischer saß daran,
Sah nach dem Angel ruhevoll,
Kühl bis ans Herz hinan.
Und wie er sitzt und wie er lauscht,
Teilt sich die Flut empor;
Aus dem bewegten Wasser rauscht
Ein feuchtes Weib hervor.

Sie sang zu ihm, sie sprach zu ihm:
Was lockst du meine Brut,
Mit Menschenwitz und Menschenlist,
Hinauf in Todesglut?
Ach! wüßtest du, wie's Fischlein ist
So wohlig auf dem Grund,
Du stiegst herunter, wie du bist,
Und würdest erst gesund!

Labt sich die liebe Sonne nicht,
Der Mond sich nicht im Meer?
Kehrt wellenatmend ihr Gesicht
Nicht doppelt schöner her?
Lockt dich der tiefe Himmel nicht,
Das feuchtverklärte Blau?
Lockt dich dein eigen Angesicht
Nicht her in ew'gen Tau?

Das Wasser rauscht', das Wasser schwoll,
Netzt' ihm den nackten Fuß;
Sein Herz wuchs ihm so sehnsuchtsvoll,
Wie bei der Liebsten Gruß.
Sie sprach zu ihm, sie sang zu ihm;
Da war's um ihn geschehn:
Halb zog sie ihn, halb sank er hin,
Und ward nicht mehr gesehn.

Golo Mann

Das feuchte Weib

Wer ist das »feuchte Weib«? Eine Gestalt im Wasser, Nixe, Sirene, die ihre »Brut« retten, dem Fischer sein Handwerk legen will? Ist sie das Wasser selber? Offenbar beides: das Element, flüchtig zur Figur geworden, ohne das wir nicht leben können und das uns den Tod bringen kann. Von solcher Doppelheit handelt in seiner Urform schon das Gedicht »An den Mond«, welches ja auch ein Gedicht an den Fluß ist:

Wenn in öder Winternacht
Er vom Tode schwillt
Und bei Frühlingslebens Pracht
An den Knospen quillt ...

»Der Fischer« weiß weder von Fluß noch von Bergsee oder Meer; nur von rauschendem, schwellendem Wasser. In den ersten Versen verrät das Weib noch rationale Tücke. Danach ist's nur noch verlockende Beschreibung: die liebe Sonne, der Mond, der Himmel, alle drei mit dem Wasser vertraut. Und weiter: »dein eigen Angesicht«. Noch einmal das Narziß-Motiv; im »Erlkönig« nur angedeutet, hier ausgesprochen, und zwar zuletzt, als die gefährlichste Versuchung. Wie alt es ist! Die Römer hatten es von den Griechen, wie auch einen Verwandten des Narziß, einen Knaben namens Hylas.
An zwei Distichen des spätrömischen Dichters Ausonius erinnere ich mich.

Der erste:

Sehet den schönen Hylas, letaler
Freuden gewärtig,
Wie, in die Wasser verlockt, sein
Sterben er lüstern genießt ...

Im folgenden die todbringenden Küsse der Nixen. Bei Goethe keine Küsse, nur Sprechen und Singen. Jedoch:

Sein Herz wuchs ihm so sehnsuchtsvoll
Wie bei der Liebsten Gruß.

Sein eigen Angesicht und Sonne und Mond und Liebe, untrennbar. Das Ende, »Halb zog sie ihn, halb sank er hin«, eine jener glückhaft dämonischen Prägungen des Dichters, die der bestimmten Situation gelten und auch des Menschen Schicksal allenthalben. Wie mancher ging halb »gezogen«, halb bei freiem Willen ins Verderben; in unseren dreißiger Jahren, so hörte ich, sogar eine ganze Nation, ein ganzer Kontinent.
An Frau von Stein schreibt Goethe gelegentlich eines Selbstmordes in seiner Nähe: »... Diese einladende Trauer hat was gefährlich Anziehendes wie das Wasser selbst, und der Abglanz der Sterne des Himmels, der aus beiden leuchtet, lockt uns ...« Da hätten wir die Keimzelle des Gedichtes, wenn wir eine brauchen. Fragte man den Poeten, was denn das »feuchte Weib« bedeute, wurde er ungeduldig und antwortete: Es sei das Element und weiter gar nichts.

Grenzen der Menschheit

Wenn der uralte,
Heilige Vater
Mit gelassener Hand
Aus rollenden Wolken
Segnende Blitze
Über die Erde sä't,
Küss' ich den letzten
Saum seines Kleides,
Kindliche Schauer
Treu in der Brust.

Denn mit Göttern
Soll sich nicht messen
Irgend ein Mensch.
Hebt er sich aufwärts
Und berührt
Mit dem Scheitel die Sterne,
Nirgends haften dann
Die unsichern Sohlen,
Und mit ihm spielen
Wolken und Winde.

Steht er mit festen,
Markigen Knochen
Auf der wohlgegründeten,
Dauernden Erde;

Reicht er nicht auf,
Nur mit der Eiche
Oder der Rebe
Sich zu vergleichen.

Was unterscheidet
Götter von Menschen?
Daß viele Wellen
Vor jenen wandeln,
Ein ewiger Strom:
Uns hebt die Welle,
Verschlingt die Welle,
Und wir versinken.

Ein kleiner Ring
Begrenzt unser Leben,
Und viele Geschlechter
Reihen sich dauernd
An ihres Daseins
Unendliche Kette.

PETER VON MATT

Selbstbewußte Demut

Ein Unterwerfungschoral? Eine Hymne der Kapitulation? Die Klassik auf dem Weg zur Fügsamkeit? Im Jahrzehnt der Revolution ein Kniefall vor der Hierarchie?
Die Frage muß gestellt werden. Denn allzu selbstverständlich hat das deutsche Obrigkeitsdenken die Klassik weit über ein Jahrhundert lang zum Arsenal der eigenen Parolen erniedrigt und daraus bezogen, was an Maximen des Gehorsams und der Liebedienerei von Fall zu Fall gebraucht wurde, als daß hier vergessen werden dürfte, zu was allem die poesiegesättigten Untertanen schließlich ja und amen sagten, »kindliche Schauer / Treu in der Brust«.
Ein Unterwerfungschoral also doch? – Nur wenn man die triste Tradition der Vereinfachungen weiterführt.
Das Gedicht gilt allgemein als Gegenzug zu den lyrischen Verlautungen eigengesetzlicher Subjektivität, zum ungezügelten Ich der Kronos- und Prometheus-Hymnen und zur erotischen Ekstase des Ganymed. Gegenzug sicher, aber ob dieser Gegenzug als eine Aktion der Selbsterziehung begriffen wird – »der Dichter geht in sich« – oder als eine nochmalige Erweiterung des seelischen Erfahrens, darin trennt und entscheidet sich die Deutung. Prometheus steht zum Ich dieser Strophen nicht wie die Hybris zur Bußfertigkeit, sondern – um ein lebenslanges Ordnungsbild Goethes zu gebrauchen – wie das Einatmen zum Ausatmen. Eine Polarität bildet sich hier ab und nicht

ein Reifungsprozeß. In der mythischen Demut, die sich unter Gottes Donnern neigt, steckt jener mythische Trotz als ihre Bedingung.
Kniefall und Auflehnung setzen einander gegenseitig voraus. Nur so nämlich wird das »Ganze« gewonnen, um das es diesem Dichter zuletzt immer geht. Man muß zuschauen, wie dem Gedicht, das den Menschen so gebieterisch in die Schranken weist, die Zeichen der Ganzheit und Fülle eingewoben sind. Die vier großen Strophen stehen unter der Signatur der vier Elemente: Feuer, Luft, Erde, Wasser. Von jedem ist der Mensch bedrängt, durch jedes muß er hindurch wie die Liebenden in der »Zauberflöte«. Aber indem er erfährt, wo er niemals hinreicht, wird ihm zugleich das Ganze schrittweise zugemessen, genauer: mißt er sich selbst dieses Ganze in Ruhe zu.
Denn der da spricht und Schranken setzt, ist nicht der alte Gott, sondern der Mensch. Wohl erinnert der Anfang an Blitz und Donner und die »dicke Wolke« auf dem hohen Sinai, aber hier diktiert kein Vatergott über alle Köpfe hin die Gebote, sondern aus der Erfahrung des zugemessenen Ganzen heraus – »was der ganzen Menschheit zugeteilt ist«, heißt es im »Faust« – zieht der Mensch eigenhändig den Kreis seiner Existenz. Die grandiose erste Strophe, von der das ganze Gedicht poetisch lebt und deren Echo bis heute durch die deutsche Lyrik geht, zielt also nicht auf das unmündige Subjekt, sondern feiert die erfahrungsfähige Person, die den Schrecken aushält, die Schwäche und Gewißheit der Vernichtung, und die gerade darüber ihrer selbst gewiß wird.
Der vielumrätselte Schluß steht unter der Signatur des Rings, des ältesten Zeichens der Vollkommenheit. Das

Bild entspringt aus dem Gedanken an das Allerflüchtigste, die Wellenkreise um den Wassertropfen, und biegt hinüber in die Vorstellung des ganz Dauerhaften, der Kette des Daseins. Einatmen und Ausatmen auch hier.

Gesang der Geister über den Wassern

Des Menschen Seele
Gleicht dem Wasser:
Vom Himmel kommt es,
Zum Himmel steigt es,
Und wieder nieder
Zur Erde muß es,
Ewig wechselnd.

Strömt von der hohen,
Steilen Felswand
Der reine Strahl,
Dann stäubt er lieblich
In Wolkenwellen
Zum glatten Fels,
Und leicht empfangen
Wallt er verschleiernd,
Leisrauschend,
Zur Tiefe nieder.

Ragen Klippen
Dem Sturze entgegen,
Schäumt er unmutig
Stufenweise
Zum Abgrund.

Im flachen Bette
Schleicht er das Wiesental hin,
Und in dem glatten See
Weiden ihr Antlitz
Alle Gestirne.

Wind ist der Welle
Lieblicher Buhler;
Wind mischt vom Grund aus
Schäumende Wogen.

Seele des Menschen,
Wie gleichst du dem Wasser!
Schicksal des Menschen,
Wie gleichst du dem Wind!

Peter Härtling

Botschaft an Charlotte

Am 12. September 1779 reiste Goethe zusammen mit Herzog Karl August in die Schweiz. Es hatte Ärger bei Hof gegeben, und die Beziehung zu Charlotte von Stein beunruhigte ihn. Er floh, wie so oft, um zu sich zu kommen. Von Charlotte verabschiedete er sich erst kurz vor dem Aufbruch, nachdem er sie in ihrem Schlößchen in Kochberg besucht und ins Tagebuch eingetragen hatte: »Das erst mahl dass mirs da wohl war, doch kann ich mich noch nicht mit dem Ort noch der Gegend Befreunden. Was es ist weis ich nicht.« Das wollte er auch nicht wissen. Er stürzte davon, stürzte sich in ein unvermittelt anberaumtes Reiseabenteuer.

Es war eine ihm eigene Bewegung: Er wendete sich ab und ließ sich mitreißen. Nicht, um zu vergessen. Das konnte er nie. Doch er wollte, was ihn bedrängte und fortdrängte, mit neuen Bildern und Erfahrungen beantworten, sich für eine Weile von einer Liebe befreien, die ihm noch nicht zur Last, aber gewiß lästig geworden war.

Erhaben war das keineswegs. Nur wüßte ich ohnehin keine Existenz, in der sich Erbärmliches und Großes so selbstverständlich verquicken, in der Lebensflucht und Lebenslust so nah beeinanderstehen. Reisen haben ihn stets verwandelt. Er brauchte sie, fuhr gleichsam aus der Haut und nahm aufatmend, voller Neugier, auch das Geringste wahr. Geradezu arglos richtete er sich im Unvertrauen ein.

Am 9. Oktober fand die Reisegesellschaft Unterkunft bei dem Pfarrer von Lauterbach. Wie es seine Gewohnheit war, trug er, ehe er zu Bett ging, die Eindrücke des Tags ins Tagebuch ein, schrieb Briefe. An Lavater, den Freund, auf den er sich freute, hatte er schon geschrieben; nun berichtete er Charlotte: »Über das Münstertal wodurch wir gekommen sind hab ich ein eigen Papier geschrieben die Gegenstände darin sind sehr erhaben aber proportionierter zu dem Begriff der menschlichen Seele als wie die gegen die wir näher rücken, gegen das Übergroße ist und bleibt man zu klein.«

Eindrücke und Empfindungen, die er, ganz unvergleichlich, in dem einzigen Gedicht bündelt, das er während dieser Reise schrieb: »Gesang der Geister über den Wassern.« Eine Botschaft an sie, die er, erlöst unterwegs, noch für sich bewahren wollte.

Welche Geister singen da? Hier erscheinen sie ihm zum ersten Mal. Viel später, im zweiten Teil des »Faust«, wird er sie durch die »jüngeren Engel« rufen lassen. Und die Umgebung, in der das geschieht, kommt dem Leser wie eine flüchtige und dennoch tiefe Erinnerung an die stäubenden Wasser in Lauterbrunn vor: »Nebelnd um Felsenhöh' / Spür ich soeben / Regend sich in der Näh' / Ein Geisterleben.«

Allerdings werden die Geister des Staubbachs, des Wasserfalls, nicht als »selige Knaben« sichtbar. Unsichtbar singen sie von dem, was sie seit je wissen. Ihre Stimmen tönen wesenlos, damit die Wesen, von denen sie reden, nur sich selbst erfahren, ihre Wahrheit.

In dem stürzenden, gischtenden Wasser hat der Reisende, der Flüchtende ein Gleichnis für seinen Zustand gefunden. Ihn trieb eine Geschichte, die er sich nicht weiterzuerzählen wagte, ihn erfüllten Gefühle, deren Übermacht er fürchtete: »Des Menschen Seele / Gleicht dem Wasser: / Vom Himmel kommt es, / Zum Himmel steigt es, / Und wieder nieder / Zur Erde muß es, / Ewig wechselnd.« Auch im Lebens-Lauf kommt nichts zur Ruhe. Die Hindernisse, die Empfindungen, die Gestalten und Erwartungen wechseln. Lieblich stäuben. Unmutig schäumen. Endlich in der Tiefe, im »flachen Bette«, wird dem Wasser als »glatter See« vom Wind und der Seele vom Schicksal mitgespielt. »Seele des Menschen, / Wie gleichst du dem Wasser! / Schicksal des Menschen, / Wie gleichst du dem Wind!«

Kurz nachdem Goethe Charlotte kennengelernt hatte, widmete er ihr ein Gedicht, das so begann, als hätte er schon den Geistern im Münstertal gelauscht: »Warum gabst du uns die tiefen Blicke, / Unsere Zukunft ahnungsvoll zu schaun.« In dem »Gesang« aber, den er von der Reise mitbrachte, gab er seine erfahrene Ohnmacht preis. Ob sie begriff? »Gegen das Übergroße ist und bleibt man zu klein.« Alles, was wir fühlen, was wir sind, hängt von Gesetzen ab, die wir nicht formulieren. Weiß der See, wann der Wind kommt? Genau zehn Jahre danach trennten sich Goethe und Charlotte von Stein.

Wandrers Nachtlied

Über allen Gipfeln
Ist Ruh',
In allen Wipfeln
Spürest du
Kaum einen Hauch;
Die Vögelein schweigen im Walde.
Warte nur! Balde
Ruhest du auch.

Walter Jens

Bleistift und Bretterwand

Das hochberühmte, scheinbar simple und verständliche Gedicht gibt Rätsel auf. Probleme über Probleme, beginnend mit der Überschrift. Lasse ich sie fort, dann rekonstruiere ich die Fassung, die Goethe am 6. September 1780 mit Bleistift auf eine Bretterwand schrieb. Die Bretterwand im Oberstübchen des zweistöckigen Jagdhauses auf dem Kickelhahn oberhalb Ilmenau. Schreibe ich hingegen über die Verse die Titulatur »Ein Gleiches«, dann folge ich der zweiten, von Goethe autorisierten Ausgabe seiner Werke, in der, 1815, das Gedicht »Wandrers Nachtlied« (»Der du von dem Himmel bist«) von dem thematisch *gleichen* Achtzeiler »Über allen Gipfeln ist Ruh« begleitet wurde.
Bleistift- oder Druckfassung: Der Leser muß sich entscheiden. Mögen die Worte gleich sein – die vorgegebene Rezeptionsweise ist grundverschieden. Bleistift und Bretterwand: Da sehen wir einen jugendlichen Wanderer bei der Arbeit, der, verliebt und entzückt, seiner Charlotte von Stein den Sonnenuntergang im Thüringer Wald, die »reine und ruhige Gegend« und eine Naturregion beschreibt, wo der Poet Gelegenheit findet, allem Verworrenen in der Tiefe fern unten, dem »Klagen« und »Verlangen« der Menschen zu entgehen.
Bleistift und Bretterwand: Das erinnert, zum zweiten, an den großen Augenblick der Wiederholung, den 27. August 1831, an dem der Zweiundachtzigjährige, begleitet

von Rentamtmann Johann Christian Mahr, die Kickelhahninschrift rekognoszierte (unter der ein irreführendes, die Goetheforschung jahrzehntelang irritierendes Datum stand: »Den 7. September 1783«) – nüchtern und im Persönlichen nur wenig berührt, dafür zu mancherlei philosophischen Betrachtungen über naturhaft Dauerndes und menschlich Ephemeres angeregt – so wie es sein mehr vom Bergbau als von subjektivem Sentiment zeugender Brief an Freund Zelter, geschrieben am 4. September 1831, beweist.

Erwägungen von Fragen der Geologie, kühles Bedenken naturwissenschaftlicher Probleme als Hilfskonstruktionen, die ein alter Mann entwirft, um seiner Ergriffenheit im Zeichen des Mottos *o vanitas vanitatum* Herr zu werden? Die Notizen des Amtmanns Mahr könnten eine solche Vermutung belegen: »Goethe überlas diese wenigen Verse und Thränen flossen über seine Wangen. Ganz langsam zog er sein schneeweißes Taschentuch aus seinem dunkelbraunen Tuchrock, trocknete sich die Thränen und sprach in sanftem, wehmütigem Ton: ›Ja, warte nur balde ruhest du auch!‹.«

Ein Todesgedicht also, in der Weise des alten Goethe mit viel Bewegung, ja, unter Tränen zu lesen: so haben es Generationen von Gymnasiallehrern die Schüler gelehrt. (Die Geschichte des Poems ist in Wulf Segebrechts vortrefflicher Dokumentation, 1978 bei Hanser erschienen, Station für Station zu verfolgen.) Bleistift und Bretterwand: Die Leseidylle trügt. Das falsche Datum, aber auch die Möglichkeit, daß Goethe sein vermeintlich augenblicksbestimmtes Gedicht von einem Zettelchen abschrieb, weisen den Betrachter in Gebiete, wo nicht Sentimentalität, sondern Nüchternheit angemessen ist – und die Überschrift in der Ausgabe 1815 tut es erst recht. Wandrers Nachtlied, Teil II. Der Bitte (»Süßer Friede, komm, ach komm in meine Brust«) folgt die selbst gegebene Antwort: Friede stellt sich ein, sobald der Mensch die Rolle erkennt, die ihm im Rahmen der Naturevolution zugemessen ist. Himmelsruhe über dem Gestein, dem Primitivsten und Fernsten. Beinah-Schweigen über dem Näheren und Entfalteteren, der Flora. Verstummen des wiederum Näheren, abermals Entwickelteren, der tierischen Kreatur. Diese Stufenfolge zu durchschauen bedeutet für das Nächste und Differenzierteste, den Menschen als Gipfel der Schöpfung und, konkret, als reflektierendes Subjekt, seine Bestimmung im Ausfächerungsplan der Natur zu erkennen und damit dem Objektiven und Gewußten die Überzeugungskraft eines persönlichen Bekenntnisses zu geben. Dem kühlen Diagnostizieren zu Beginn (»Über allen Gipfeln ist Ruh«) folgt am Schluß, nach dem durchmessenen, vom Es zum Ich führenden Weg, die entschiedene Hinnahme des Gesetzes, das Verstummen, Schweigen und Ruhe verlangt und derart »alles Leid und Schmerzen stillet«.

Wandrers Nachtlied, Teil II, also: auf diese Weise *will* das Gedicht gelesen sein – und *kann's* doch nicht. Bleistift und Bretterwand, die Niederschrift in der Holzhütte und das Rekognoszieren der Inschrift, ein halbes Jahrhundert darauf, bleiben, zumindest als romantische Beigabe, für den Leser in Geltung.

Nachtgedanken

Euch bedaur' ich, unglücksel'ge Sterne,
Die ihr schön seid und so herrlich scheinet,
Dem bedrängten Schiffer gerne leuchtet,
Unbelohnt von Göttern und von Menschen:
Denn ihr liebt nicht, kanntet nie die Liebe!
Unaufhaltsam führen ew'ge Stunden
Eure Reihen durch den weiten Himmel.
Welche Reise habt ihr schon vollendet!
Seit ich weilend in dem Arm der Liebsten
Euer und der Mitternacht vergessen.

Harald Hartung

Heilig-öffentliches Geheimnis

Seit alters sind die Sterne den Liebenden Zeugen und Garanten ihres Gefühls. Sie scheinen mächtig, aber fern. Sie leuchten, aber nicht zu sehr – nicht stärker jedenfalls als die Liebe selbst. Man wünscht sie zu sich herab oder entrückt den geliebten Menschen zu ihnen empor. Teilnehmend kann man sie nennen oder fühllos schelten. Goethe findet in diesem kleinen Gedicht eine weitere Möglichkeit: er bedauert die Sterne.

Das macht sich nicht leicht, aber gut. Acht Zeilen wendet der Dichter dazu auf – um sie in zweien zu übertrumpfen: Sieg des Mikro- über den Makrokosmos, Sieg der Liebe über die Ordnung. Zu bedauern sei die Sternenordnung, weil ihr eines fehlt: die Liebe – so Goethes Argument. Griechisch ist die Vorstellung von den Horen, die den Sternenreigen durch den Himmel führen. Griechisch aber auch die Auffassung, daß ohne den gliederlösenden Eros alle Natur seelenlos bleibt. Spricht aus Goethe, wenn er die Liebe aufs Menschliche beschränkt, eine *moderne* Weltsicht? Oder ist nicht Rhetorik im Spiel? Liebes-Rhetorik – ein schalkhaftes Kompliment an die geliebte Frau, das Welten bemüht und Welten aufhebt?

Wie immer: gegen die kosmische setzt der Liebende seine eigene Zeitrechnung, sein persönliches Datum. Das »seit« markiert den Einschnitt, doch über Zeit und Dauer wird er weniger deutlich. Wie lang ist das schon her? Und ist es überhaupt schon vergangen? Das sind Fragen, die ihm ge genstandslos geworden sind. Vergangen ist nichts, kann nicht sein, denn er hat vergessen: nicht bloß Sterne und Mitternacht, sondern Zeit überhaupt. Denn alle Liebe *ist* Ewigkeit, könnte man in Abwandlung eines berühmten Wortes sagen. Das Partizip Präsens behauptet sein Recht auf Dauer. Statt »weilend« setzt eine frühere Fassung, deutlicher, bestimmter, »bleibend«. Aber die Schwebe von »weilend« ist diskreter und schöner. Bleiben wir bei ihr.

Ob »bleibend« oder »weilend« – der Klang ist gleich. Die trochäischen Verse bedürfen keines Reims. Sie laufen – Trochäus heißt Läufer – über die gleißenden ei-Klänge auf ihr Ziel zu: von Reihen und Reise auf Bleiben oder Weilen in jener Geborgenheit, die Vergessen schenkt. In seinem »Lob der Vokale« bestimmte Ernst Jünger das »ei« als »Laut der heiteren Zauberei und der glänzenden Geheimnisse« und meinte, seine strahlende Wirkung trete gegen das »e« besonders hervor. Also gegen die Sterne wie gegen das Vergessen.

Vergessen meint hier weder Betäubung noch Regression. Der sich hier seine »Nachtgedanken« macht, weiß, daß und was er vergißt. Er bleibt Herr seiner Gedanken, er kann mit ihnen spielen. Vielleicht hat er auch noch nicht wirklich vergessen, sondern möchte es tun? Er, Goethe, der das Gedicht Frau von Stein zudenkt und ihr am 20. September 1781 schreibt: »Was beyliegt ist dein. Wenn du willst so geb ich's in's Tiefurter Journal und sage es sey nach dem Griechischen.«

So geschah es. Das Gedicht erschien im 6. Stück des handschriftlich verbreiteten Freundeszirkulars unter dem Titel »Nach dem Griechischen«. Übers Griechische von Ton und Auffassung kein Wort. Aber warum diese Mystifikation? Man muß an die Regeln von Goethes Verhältnis zu Frau von Stein erinnern. Man könnte fast sagen: an den *Pakt*. Also an die Disziplin, die zu üben der Liebende versprochen hatte. Hier – und nur hier, im Gedicht – »weilte« er in dem Arm der Liebsten. Er hatte sich, ohne um Erlaubnis gefragt zu haben, hineingeträumt, hineingedichtet. Hier, auf dem Höhepunkt seiner Liebe zu Charlotte, entrückte er die geliebte Frau einmal nicht zu den Sternen, sondern versuchte die Sterne zu vergessen. Und da er schon nicht vollig vergessen konnte, wollte, durfte, gab er Zeugnis im Gedicht von seinem heilig-öffentlichen Geheimnis.

Erlkönig

Wer reitet so spät durch Nacht und Wind?
Es ist der Vater mit seinem Kind;
Er hat den Knaben wohl in dem Arm,
Er faßt ihn sicher, er hält ihn warm.

Mein Sohn, was birgst du so bang dein Gesicht? –
Siehst, Vater, du den Erlkönig nicht?
Den Erlenkönig mit Kron und Schweif? –
Mein Sohn, es ist ein Nebelstreif. –

»Du liebes Kind, komm, geh mit mir!
Gar schöne Spiele spiel ich mit dir;
Manch bunte Blumen sind an dem Strand;
Meine Mutter hat manch' gülden Gewand.«

Mein Vater, mein Vater, und hörest du nicht,
Was Erlenkönig mir leise verspricht? –
Sei ruhig, bleibe ruhig, mein Kind;
In dürren Blättern säuselt der Wind. –

»Willst, feiner Knabe, du mit mir gehn?
Meine Töchter sollen dich warten schön;
Meine Töchter führen den nächtlichen Reihn,
Und wiegen und tanzen und singen dich ein.«

Mein Vater, mein Vater, und siehst du nicht dort
Erlkönigs Töchter am düstern Ort? –

Mein Sohn, mein Sohn, ich seh' es genau:
Es scheinen die alten Weiden so grau. –

»Ich liebe dich, mich reizt deine schöne Gestalt;
Und bist du nicht willig, so brauch ich Gewalt.« –
Mein Vater, mein Vater, jetzt faßt er mich an!
Erlkönig hat mir ein Leids getan! –

Dem Vater grauset's, er reitet geschwind,
Er hält in Armen das ächzende Kind,
Erreicht den Hof mit Müh und Not;
In seinen Armen das Kind war tot.

Golo Mann

Die Urballade

Die deutsche Urballade. Es konnte ihr Gleichrangiges folgen; Besseres nie. Es mochte Gedankenreicheres, Feineres, Italienisch-Hellenischeres kommen, von Goethe selber (Die Braut von Korinth) und von anderen, aber jenem nicht Vergleichbares. Trotzdem ist es die einzige Ballade Goethes, welche der Referent nicht hersagen könnte. Warum? Man käme ins Singen. Warum? Wegen der Schubertschen Komposition. Melodie und Wort haben sich derart vereinigt, daß sie nie mehr voneinander zu scheiden sind; was für die Melodie spricht und das Wort auch. Denn zum Singen war es im Ursprung schon gemeint, wie alle aus dem Volk kommende oder wie hier den Volkston nachvollziehende rhythmisierte, gereimte Erzählung.
Vier Stimmen: des Vaters, des Kindes, des Elben und der Nacht. Die Nacht zum Klingen zu bringen fällt dem Tondichter leichter als dem Dichter, der über keine »Begleitung« verfügt. Nun, Goethe brauchte das nicht:

> Schon stand im Nebelkleid
> die Eiche,
> Ein aufgetürmter Riese, da,
> Wo Finsternis aus dem Gesträuche
> Mit hundert schwarzen Augen sah.

Da ist's der junge Liebhaber, der zu Pferd durch die Düsternis jagt, dem Dorf der Geliebten zu, und an den schwarzen Augen der Nacht seine Freude hat.

Anders Stimmung und Stimmen im »Erlkönig«. Die des Vaters: fest, vernünftig, beschützend. Die des Kindes angstvoll von Anfang an und immer geänstigter bis zum höchsten Punkt, der auch schon das Ende ist. Die des Elben hell, verführerisch, dem Knaben eine Landschaft versprechend, die mit der windenden Herbstnacht kontrastiert: die bunten Blumen am Strand, die güldenen Gewänder der Mutter, die Königstöchter singend, tanzend, einwiegend.

Warum hört der Vater nicht Erlkönigs leise Versprechungen? Warum sieht nicht auch er Erlkönigs Töchter, wie der Knabe sie sieht, am düsteren Ort – und nicht am hellen Strand zwischen bunten Blumen? Angst ist einsam. Daß der Vater zu vernünftig brav ist, um anderes zu sehen als die grauen Weiden, muß die Angst des Kindes noch steigern. »Mein Vater, mein Vater« – er hat ihm ja getraut bisher und bleibt nun unverstanden.

Der Verführer kennt sein Handwerk. Die Verse geraten ins Springen, wo er beginnt; Daktylen, ungefähr, anstatt Jamben. Was er anbietet, sind des Kinderverführers gewöhnliche Versprechungen: gar schöne Spiele. Wes Geschlechts ist er? Des männlichen doch wohl, König, nicht Elfenkönigin. Und hat Töchter und liebt den Knaben. Und das sagt er zuallerletzt, nachdem sein versuchendes Geflüster nichts fruchtete: Liebeserklärung und Gewaltanwendung sind eines. Das »jetzt faßt er mich an!« hat etwas Indezentes, steigert das vorhergehende »Willst, feiner Knabe, du mit mir gehn«. Das Indezente verbindet sich mit dem Mörderischen, und beides zusammen bricht nun auch des Vaters Standfestigkeit. Wo ist noch Verlaß, wenn auf ihn keiner mehr ist?

Der Eingeweihte könnte argumentieren: Es war alles nur ein Fiebertraum des Knaben, todkrank schon, als der Vater ihn aufs Pferd hob. Was er träumt, ist kindlicher Narzißmus, die Lust und die Angst, verführt zu werden. Das Gegenargument: Wir wissen doch, welcher Überlieferung Goethe Motiv und Namen verdankte: urig-nordischer Überlieferung, ihm dargebracht durch Herders aus dem Dänischen übertragenes »Erlkönigs Tochter«, welches gleichfalls mit einem anderen Wort als »tot« nicht enden kann.

Da geht es um der Elbe-Prinzessin banale Eifersucht: Weil Herr Olaf nicht mit ihr tanzen will, weil er morgen früh Hochzeitstag hat, tut sie ihm einen Schlag auf sein Herz, noch immer fühlt er solchen Schmerz. Sie hob ihn bleichend auf sein Pferd: Reit heim zu Deinem Fräulein wert ... Von dort also hat er es her; ob ihm bewußt war, wie er den Ritt durch die Nacht steigerte und verfeinerte durch den Traum des Kindes oder, als der Volksdichter, der er hier war, selber an den Erlkönig glaubte, das muß offenbleiben.

Der Park

Welch ein himmlischer Garten entspringt aus Öd' und aus Wüste,
Wird und lebet und glänzt herrlich im Lichte vor mir.
Wohl den Schöpfer ahmet ihr nach, ihr Götter der Erde!
Fels und See und Gebüsch, Vögel und Fisch und Gewild.
Nur, daß euere Stätte sich ganz zum Eden vollende,
Fehlet hier ein Glücklicher, fehlt euch am Sabbat die Ruh.

Elisabeth Borchers

Selbst noch am siebten Tag

Welch ein himmlischer Garten – und schon wissen wir, was gemeint ist. Es bedarf nicht der kleinsten Erläuterung, der geringsten Überlegung, des leisesten Zweifels. Es bedarf nicht einmal der Kenntnisse oder Erkenntnisse, nur einer fernen, sehr fernen Erinnerung. Die ferne Erinnerung ist das zurückliegende Unerreichbar-Gewordene, jener Traum im Traum, aus dem wir hervorgegangen sind, den wir verlassen haben, um wirklich zu werden, um Wirklichkeit wirklich zu machen, um unserer Sehnsucht willen, Hand anzulegen, wie es der Schöpfer tat, als er Wort und Licht erschuf und uns ein Weniges seiner Fähigkeiten überließ, aus Öd und aus Wüste eine Nicht-Öde und eine Nicht-Wüste zu machen. So haben wir uns von Generation zu Generation seit Millionen von Jahren ans Werk gemacht und haben eine Wirklichkeit geschaffen, einmalig unter den Sternen. Wir Begnadeten, wir Unermüdlichen, wir Schöpfungssüchtigen haben uns sämtlicher Mächte bedient, nicht nur der guten, wir haben selbst mit den bösen paktiert im Rausch der Erfindungen. Die einen sind prächtig gelungen, die anderen bis zur Entstellung mißlungen, in diesem Jahrtausende währenden Rausch, der antrieb und immer noch treibt. Denn etwas gibt es doch, irgendwo muß es doch etwas geben, dessen Erschaffung uns noch nicht gelungen ist, an das wir uns, wenn auch ungenau, erinnern, eine Art Schönheit, eine Art Herrlichkeit, für die wir, auf der Suche danach, das

Wort Glückseligkeit erfunden haben. Wir haben die Welt bewohnbar gemacht, nicht nur mit Hütten und Häusern, wir haben, was wild ist, gezähmt, haben gefangen, was fliegt, wir haben Festungen errichtet gegen das wütende Meer, das vor uns war, haben Gipfel erklommen, die für keines Menschen Fuß bestimmt sind, wir sind ins Erdreich hinuntergestiegen, haben Gestirne und die Tiefen des Meeres erobert, haben Türme erbaut, mächtige Gräber, Dome, Schlösser, Paläste, reich, steinreich – und wir haben Gärten erdacht, ja Gärten, hängende, liegende, fließende Gärten, die einem Zauberwort auf der Spur sind, das die Erinnerung ahndet, versteckt und unsichtbar wie ein Herz. Irgend etwas gab es doch, ungebändigt und zahm, ein Ort aus Glück und Seligkeit, den der schöpfungssüchtige Mensch verlassen hat. So wäre dies ein Ausweg. Inmitten der verdinglichten Welt, dieser Nicht-Wüste und Nicht-Ödnis: ein Garten, ein Aufatmen, ein Park, ein Zauber, vor dem wir fassungslos stehen, eine Pracht mit den Mitteln einer Schöpfung, die nicht die unsere ist, mit Farben, die nicht wir erdacht haben, mit einem Licht, das in jeder kleinsten Schattierung schon vor uns war, mit Wohlgerüchen – ein himmlischer Garten, die Nachahmung eines Wortes, das Eden heißt, überliefert von einer fernen Erinnerung. Und weiter noch, weiter geht es, ins unermeßlich Vorstellbare: Die Quellen werden zum Quell ewiger Zeit. Die Menschen werden schön wie nie zuvor, die Liebe führt sie in die Täler der Sanftheit, und der Duft ihrer Kleider ist wie der Duft des Libanon. Halt. Das ist Literatur, künstliches Werk. Denn den Menschen widerfährt nicht, daß sie das Eden vollenden. Weil ihnen das Glück fehlt, das Glück eines einzigen Menschen. Dieser Mensch fehlt, dem das Glück widerfährt, ohne Unglück zu sein, ohne Betrübnis, Enttäuschung, Schmerz, Angst, Vergänglichkeit, Ende. Und weil es ihn nicht gibt, ist der Mensch ohne Ruhe. Ruhlos ist er am ersten Tag, am zweiten, am dritten, am vierten, am fünften, am sechsten Tag, und er sucht bei Tag und Nacht. Selbst noch am siebten Tag und gibt keine Ruh. Dies unterscheidet ihn. Und kein Weg führt zurück.

Der Sänger

Was hör' ich draußen vor dem Tor,
Was auf der Brücke schallen?
Laß den Gesang vor unserm Ohr
Im Saale wiederhallen!
Der König sprachs, der Page lief;
Der Knabe kam, der König rief:
Laßt mir herein den Alten!

Gegrüßet seid mir, edle Herrn,
Gegrüßt ihr, schöne Damen!
Welch reicher Himmel! Stern bei Stern!
Wer kennet ihre Namen?
Im Saal voll Pracht und Herrlichkeit
Schließt, Augen, euch; hier ist nicht Zeit,
Sich staunend zu ergetzen.

Der Sänger drückt' die Augen ein
Und schlug in vollen Tönen;
Die Ritter schauten mutig drein,
Und in den Schoß die Schönen.
Der König, dem es wohlgefiel,
Ließ, ihn zu ehren für sein Spiel,
Eine goldne Kette holen.

Die goldne Kette gib mir nicht,
Die Kette gib den Rittern,
Vor deren kühnem Angesicht
Der Feinde Lanzen splittern;

Gib sie dem Kanzler, den du hast,
Und laß ihn noch die goldne Last
Zu andern Lasten tragen.

Ich singe, wie der Vogel singt,
Der in den Zweigen wohnet;
Das Lied, das aus der Kehle dringt,
Ist Lohn, der reichlich lohnet.
Doch darf ich bitten, bitt' ich eins:
Laß mir den besten Becher Weins
In purem Golde reichen.

Er setzt' ihn an, er trank ihn aus:
O, Trank voll süßer Labe!
O, wohl dem hochbeglückten Haus,
Wo das ist kleine Gabe!
Ergeht's euch wohl, so denkt an mich,
Und danket Gott so warm, als ich
Für diesen Trunk euch danke.

Ulla Hahn

Schmeicheleien reinsten Wassers

Wenn ich erkläre, von jedem Gedicht mehrere Fassungen herzustellen, und meine Lesereisen mache, weil ich Geld verdienen muß, sind meine Zuhörer nicht selten enttäuscht, ja verprellt. Schuld daran ist Goethe und besonders ein Gedicht wie »Der Sänger«. Wieso? Wir lesen eine spannende Ballade mit einer überraschenden Volte, vollendet in der Form, angelehnt an Luthers Choral »Aus tiefer Not schrei ich zu dir«, mit Kreuzreim, Paarreim und einer schwungvollen Weise an jedem Strophenende, die im Zeilensprung die pathetische Gebärde zusammenfaßt und steigert. Das Gedicht kommt im mittelalterlichen Gewande daher und hat doch die Vorstellungen, wie ein Dichter zu sein habe, bis auf den heutigen Tag geprägt.
In der ersten Strophe sprechen noch der König, die Macht, die Gesellschaft: sie lassen bitten. Dann gehört die direkte Rede allein dem Sänger, der seinen Auftritt vor der Macht dazu nutzt, unverblümt zu sagen, was er denkt: Schmeicheleien reinsten Wassers. Er drückt beide Augen zu und läßt das Herzblut quillen, bis der Mund ihm übergeht. Was Wunder, daß dem König Kratzfuß und Kunstgenuß Gold wert sind. So weit, so üblich. Doch dann geschieht das Überraschende: Der Sänger lehnt das Honorar für die künstlerische Darbietung ab. Merkwürdig. Mit diesem Sänger kann etwas nicht stimmen. Jubelte doch bereits kein Geringerer als Walther von der Vogelweide: *Ich han min lehen, al die werlt, ich han min lehen!* Der größte

mittelhochdeutsche Dichter schämte sich keineswegs seiner Erleichterung, materieller Sorgen ein für allemal enthoben zu sein; so lange sei er ohne sein Verschulden arm und daher voll bittrer Worte gewesen, daß ihm der Atem stank. Nichts davon bei Goethes Phantasieprodukt. Sein Sänger weist mit großer Geste das große Geld zurück. Wortgewaltig und höfisch gewandt vollbringt er in der vierten Strophe das Kunststück, sich von der feinen Gesellschaft abzusetzen und einzuschmeicheln zugleich. Das Publikum in und vor dem Gedicht wartet begierig auf eine Begründung. Steht hier ein verkleideter König vor seinesgleichen wie in der »Ballade«, prüft ein Götterbote den König auf Freigebigkeit? Ach nein. Es folgen die berühmten Zeilen, die geflügelten Worte der Strophe fünf, Zeile eins bis vier. Ein zwitscherndes Gefäß der Musen für die Mußestunden gebildeter Stände, ohne festen Wohnsitz und Altersversorgung, jederzeit für einen guten Tropfen zu haben, bescheiden und anmaßend, aber immer hübsch manierlich im prächtigen, gesellschaftlichen Rahmen bleibend: der deutsche Dichter.

Goethe war vierunddreißig Jahre alt, als er 1783 dieses Gedicht schrieb, das 1795 in den »Lehrjahren« zuerst gedruckt wurde. Er hatte mit dem »Götz von Berlichingen« wegen allzu vieler Raubdrucke ein finanzielles Fiasko erlitten, das durch den Erfolg des »Werther« wieder ausgeglichen wurde; über beides läßt er sich in Briefen und Notizen hingebungsvoll aus. Als Sechsundzwanzigjähriger folgt er dann der Einladung des achtzehnjährigen Herzogs Carl August von Weimar; als er den »Sänger« schreibt, ist er bereits zum Wirklichen Geheimen Rat avanciert mit 1400 Talern Jahresgehalt, das sind 400 Taler mehr, als

Textor, sein Großvater mütterlicherseits und höchstbezahlter Beamter Frankfurts, je bezog. An der Jenaer Universität, der Goethe später als Kulturminister vorstand, erhielt der außerordentliche Professor Hegel 100, der ordentliche Professor Schiller 200 Taler jährlich.
Die Ballade »Der Sänger« ist ein Gedicht des Wirklichen Geheimen Rats. Der »Knecht der Verhältnisse« (Börne) dichtete sich damit seine Sehnsucht nach dem reinen, freien Dichterleben vom Leibe, kompensierte so sein eigenes Verhalten, als es seinem Ideal nicht standhielt. Kaum jemand ging bewußter mit Geld und guten Worten um als Goethe. »Die doppelte Buchführung«, rühmt er, »ist eine der schönsten Erfindungen des menschlichen Geistes, und ein jeder guter Haushalter sollte sie in seiner Wirtschaft einführen.« Allein im »Sänger« nimmt er von der Ur- bis zur Druckfassung über zehn Änderungen vor; Goethe ist für seine lebenslangen sorgfältigen Überarbeitungen und die strenge Auswahl seiner Gedichte bekannt. Bekannt auch, daß er mit Verlegern ums Honorar zu feilschen verstand wie kein zweiter und daß er als erster – und nur für sich! – ein Copyright für seine Schriften durchsetzte, sogar bis fünfunddreißig Jahre nach seinem Tod. Goethe war nicht nur der größte Dichter, er machte zudem das größte Buchgeschäft seiner Zeit: auch das war »Lohn, der reichlich lohnet!« Es ist der ewige alte Widerspruch zwischen Dichtung und Wirklichkeit. Wird die Ballade, wird ihr Verfasser dadurch geringer? Nein. Dieser Fall beweist nur einmal mehr, wie töricht es ist, die Ebenen zwischen Fiktion und Realität zu verwischen. Hüten wir uns, für bare Münze zu nehmen, was die Dichter sagen. Geben wir sie ihnen. Das ist seliger.

Harfenspieler

Wer nie sein Brod mit Tränen aß,
Wer nie die kummervollen Nächte
Auf seinem Bette weinend saß,
Der kennt euch nicht, ihr himmlischen Mächte!

Ihr führt ins Leben uns hinein,
Ihr laßt den Armen schuldig werden,
Dann überlaßt ihr ihn der Pein:
Denn alle Schuld rächt sich auf Erden.

Kurt Klinger

Das Schicksalslied einer Seele

Als ich, vierzehnjährig vielleicht, dieses Gedicht zum ersten Mal las, kannte ich die »Lehrjahre« noch nicht, aber ähnlich wie Wilhelm Meister war auch mir so, als sei ich auf fast nicht zulässige Weise in einen anderen, mir bisher verschlossenen Raum eingedrungen und etwas Fremdes, dem ich mich gleichwohl mit kindlicher Zudringlichkeit verwandt glaubte, nehme vor mir Gestalt an, freilich nicht die Gestalt, die ich später im Roman geschildert fand.
»Mein« Harfenspieler war kein »guter Alter«, sondern knochig, von Hunger gezeichnet, seine Haare starrten vor Schmutz, er war in Fetzen gekleidet, seine Augen waren schwarz, weder sanft noch zornig, sondern hoffnungslos erloschen. Er saß auf dem nackten Boden wie jemand, der sich nur deshalb aufrecht hält, weil er zu stolz ist, tot umzufallen. Eine Harfe habe ich nicht gesehen. Es gab keine Harfe – sie wäre ganz unsinnig und unbrauchbar gewesen, denn die Verse wurden nicht von diesem ausgemergelten und zugrundegerichteten Menschen rezitiert; sie entstanden, während ich sie las, in mir selbst (oder kamen gleichsam von überall her) und ließen warnend das Opfer einer inhumanen, hoffärtigen Weltordnung im Augenblick seiner tiefsten Verzweiflung als Ankläger vor mir erscheinen, stellvertretend für Millionen andere.
Was für ein geheimnisvolles Gedicht: das Schicksalslied einer Seele, die sich keine Zukunft mehr schaffen kann, weil schuldlose Schuld und schuldige Unschuld, die Ver

weigerung von Glück, das Ausbleiben auch der allerkleinsten Ermutigung zu lastend geworden sind; der Gesang eines Genius der Verlassenheit (»Auch vernehmet im Gedränge / Jener Genien Gesänge« ist Goethes Motto zu den Liedern aus »Wilhelm Meisters Lehrjahre«), der den Zuhörer überzeugen möchte, daß es auch für ihn nur einen Fluchtweg in die Freiheit gebe: den Verzicht auf Leben, die Selbstaufgabe, den Frei-Tod.
Doch hinter dieser »poetischen Maske« steht eine Botschaft entgegengesetzten Charakters, ein Gedicht im Gedicht, und verwandelt die Worte so radikal, daß »mein« Harfenspieler zwangsläufig die Gestalt einer der Weggewiesenen und Weggeworfenen aus den Slums und Verschleppungslagern von heute annehmen mußte. Dieses Gedicht im Gedicht will die »himmlischen Mächte« und ihre irdischen Vollstrecker, die sich anmaßen, Schicksal zu spielen, von ihren eingebildeten Göttersitzen gestürzt sehen, und es bezichtigt die Privilegierten, die keine kummervollen Nächte kennen, die noch nie ihr Brot unter Tränen hinuntergewürgt haben, die Ahnungslosen, die Ignoranten der Mitschuld am Elend der Welt. Unverhüllt tritt die prometheische Seite des jungen Goethe zutage: der umschaffende Wille, ein Menschengeschlecht zu formen, das sich, der »himmlischen Mächte« nicht achtend, den Weg zur Lebensfreude freikämpft.
Und doch sind diese beiden Gedichte, die so widersprüchliche Emotionen auslösen, ein einziges – Goethe hat sie zu einem untrennbaren Ganzen ineinander gedacht. Wäre das Harfnerlied nur ein Gedicht des Aufruhrs, gewissermaßen ein vorweggenommener Brecht, wäre es nicht unvergeßlich; wäre es bloß Wortmelodie der klagenden

Schicksalsergebenheit, würde es dem Leser nicht ins Gewissen dringen. Da es mit angespannter Kargheit die äußersten Möglichkeiten des menschlichen Reagierens auf die Bedingungen der Existenz zusammenfaßt, bleibt es gültig, gerade und besonders auch für jene, die es nicht kennen.

Mignon

Kennst du das Land? wo die Citronen blühn,
Im dunkeln Laub die Gold-Orangen glühn,
Ein sanfter Wind vom blauen Himmel weht,
Die Myrte still und hoch der Lorbeer steht,
Kennst du es wohl?
Dahin! Dahin
Möcht' ich mit dir, o mein Geliebter, ziehn!

Kennst du das Haus? Auf Säulen ruht sein Dach,
Es glänzt der Saal, es schimmert das Gemach,
Und Marmorbilder stehn und sehn mich an:
Was hat man dir, du armes Kind, getan?
Kennst du es wohl?
Dahin! Dahin
Möcht' ich mit dir, o mein Beschützer, ziehn!

Kennst du den Berg, und seinen Wolkensteg?
Das Maultier sucht im Nebel seinen Weg;
In Höhlen wohnt der Drachen alte Brut;
Es stürzt der Fels und über ihn die Flut.
Kennst du ihn wohl?
Dahin! Dahin
Geht unser Weg! o Vater, laß uns ziehn!

Peter von Matt

Gefährliche Vollkommenheit

Dieses Lied, heißt es im Roman, habe ursprünglich anders ausgesehen. In Mignons eigener Sprache, einem »gebrochenen, mit Französisch und Italienisch durchflochtenen Deutsch«, sei es nur teilweise verständlich gewesen, unzusammenhängend auch, aber unvergleichlich in der »Originalität der Wendungen«. Die Übersetzung habe das nur »von ferne nachahmen« können.

Der Hinweis ist wichtig, auch wenn es diese Urform natürlich nie gegeben hat. Sie ist Romanfiktion. Keiner hat da je etwas übersetzt. Hingegen trifft es zu, daß das Gedicht geordneter erscheint, als es ist. Eine vordergründige Regelmäßigkeit scheint ihm wie aufgesetzt. Sie verliert sich, wenn man weiterfragt, weicht bald einmal einer bedrohlichen Mehrdeutigkeit. Das Lied ist Inbegriff deutscher Lyrik und könnte doch in jedem Lehrbuch der Rhetorik stehen, so geplant sind seine Parallelen und Repetitionen, so gebaut ist das dreifache Anwachsen der Fragen – auf die keine Antwort folgt, sondern die weiße Stelle im Druckbild –, so genau gesetzt ist jedesmal der Schluß.

Wir wissen auch, wie Mignon das Lied gesungen hat. »Das ›Kennst du es wohl?‹ drückte sie geheimnisvoll und bedenklich aus«, die Schlußverse aber »bald bittend, dringend, treibend, hastig und vielversprechend«. Ginge es nur um eine Italienreise, was sollte da die gärende Mischung der Gefühle? Und was sollte jene geisterhafte Lücke im Druckbild?

Ein Liebesgedicht ist das, und dann noch mehr. Es setzt mit erotischen Bildern ein. Mignon, das unentwickelte, in sich selbst zurückgedämmte Wesen, entwirft mit der Landschaft der ersten Strophe eine verschlüsselte Vision von sich als einer reifen, liebesbereiten Frau, die ihres Geliebten gewiß ist. Die halluzinative Sinnlichkeit des zweiten Verses wirft ein Licht auf jenes Wort »vielversprechend« im zitierten Satz. Auch der Myrte kommt hier der antike Sinn zu. Sie ist die Pflanze Aphrodites, der keuschen Artemis verhaßt, und bedeutet Leidenschaft und das Ende der Jungfräulichkeit. Daneben, männlich genug, der Lorbeer.

Die dritte Strophe steht dazu in einem dramatischen Bezug. Sie bringt gehäuft Bilder der Initiation, jener gefährlichen Rituale, über die man in archaischen Gesellschaften die Rechte der Erwachsenen gewinnt. Wie dort die Jugendlichen durch ein Ungeheuer kriechen müssen, das sie symbolisch verschlingt, wie sie in Wasser getaucht, durch Feuer geschickt, der pfadlosen Wildnis ausgesetzt werden, so baut sich hier der Weg über den Gotthard als ein großes Szenar der zweiten Geburt auf. Mignon wünscht und sucht diesen Durchgang, hinüber in ein neues Dasein.

Aber dieses neue Dasein ist zuletzt mehr und etwas anderes als das erfüllte, sinnlich bewegte Frauenleben. Und entsprechend ist das ganze Gedicht mehr und etwas anderes als nur ein Liebesgedicht. Was Mignon will, ist eine Vollkommenheit, die auf einmal da ist, ganz und unveränderbar, eine stehende Vollendung, die Werden und Wandlung, Gestaltung und Umgestaltung ausschließt. Alles soll gleichzeitig sein: Blüte und Frucht, Natur und

Kunst, Leib und Stein, Himmel und Erde. Die Gesetze des umfassenden Werdens sind aufgehoben in einer glänzenden, todesstillen Ruhe.

So groß ist Mignons Leiden, daß der Traum von einer Erlösung sie über alles Leben hinausträgt. Gut, daß der Mann, dem sie das Lied singt, schwer von Begriff ist.

Freudvoll und leidvoll

Freudvoll
Und leidvoll,
Gedankenvoll sein,
Langen
Und bangen
In schwebender Pein,
Himmelhoch jauchzend,
Zum Tode betrübt;
Glücklich allein
Ist die Seele, die liebt.

Marcel Reich-Ranicki

Die schwebende Pein

Der Missetäter heißt Beethoven. Denn durch seine (übrigens herrliche) Vertonung wurde dieses Gedicht fast unmerklich der deutschen Lyrik entzogen. Aus dem zarten und intimen Lied eines liebenden Mädchens hat er den effektvollen Auftritt einer Primadonna gemacht. Nur der Anfang ist schlicht, dann aber treibt die verhältnismäßig opulente Orchesterbegleitung – zumal das Crescendo vor den Worten »Himmelhoch jauchzend« – das Ganze ins Hochdramatische: Aus dem Klärchen-Lied wird fast eine Fidelio-Arie. Doch die das summt und singt, ist nicht eine Heroine, sondern des Grafen Egmont naiver Bettschatz.

So hat Beethovens Musik den Text Goethes zugedeckt, wenn auch, zugegeben, auf erhabene Weise.

Seitdem ist es üblich, dieses Lied lediglich als einen Bestandteil des Trauerspiels »Egmont« und nicht als ein selbständiges Gedicht zu behandeln: Es gehört nicht zum Kanon der deutschen Poesie, es findet sich, soweit ich sehe, nur selten in Lyrik-Anthologien, es wird von den Herausgebern der Schul-Lesebücher hartnäckig ignoriert. Aber er ist, jedenfalls für mich, das schönste, das vollkommenste erotische Gedicht in deutscher Sprache.

Goethes Worte – es sind insgesamt nicht mehr als 23 – beschreiben einen Gemütszustand von außergewöhnlicher Labilität. Ihn charakterisieren extreme Schwankungen – zwischen »freudvoll« und »leidvoll« bis hin zu dem

Gegensatz von höchstem Lebensgefühl und tiefster Niedergeschlagenheit, wenn nicht Verzweiflung.
Bezieht sich die Formulierung »Himmelhoch jauchzend, zum Tode betrübt« auf jemanden, der an einer psychischen Krankheit leidet? Wollte Goethe das Bild eines manisch-depressiven Menschen skizzieren? Nicht unbedingt. Wir haben es jedoch mit einem insofern krankhaften oder zumindest scheinbar krankhaften Fall zu tun, als die raschen und heftigen Schwankungen zwischen Euphorie und Melancholie, von denen hier die Rede ist, keinen rationalen Grund haben. Gleichwohl wird, was sie auslöst, deutlich benannt – allerdings erst mit dem letzten Wort des Gedichts: Es geht um die Liebe.
Zwischen den beiden Gegenüberstellungen – der nachdenklich gemäßigten und der extrem gesteigerten, bei der es keinen Platz mehr für die Vokabel »gedankenvoll« gibt – verweist Goethe auf das Element, das zu diesen polaren Spannungen und Schwankungen gewiß beiträgt, ja sie offenbar verursacht: die Angst.
Indes heißt es am Ende: »Glücklich allein ist die Seele, die liebt.« Glücklich trotz der schwebenden Pein? Nein, nicht trotz, sondern eben dank der unentwegten Furcht, das Einzigartige, das kaum Faßbare könne so plötzlich zu Ende gehen, wie es begonnen hat. Nur derjenigen Liebe, die auch gefährdet, also unsicher ist, verdankt der Mensch das höchste Glück. Die Angst erscheint somit nicht bloß als eine unvermeidbare Begleiterscheinung der Liebe, sondern als ihr Fundament und ihre Voraussetzung.
Aber wen hat Klärchen im Sinn? In Goethes frühen erotischen Gedichten hören wir immer von einem Partner, von dem Objekt der so intensiven Zuneigung. Klärchen hinge-

gen spricht ausschließlich von sich selber, von ihrer eigenen Liebe. Die Frage, wem dieses Gefühl, das die Zurechnungsfähigkeit des Individuums unzweifelhaft beeinträchtigt, denn eigentlich gilt, wird bewußt ausgespart: Es ist, verstehen wir, eine belanglose Frage. Denn der Gott, man kann es schon bei Plato lesen, ist nicht beim Geliebten, sondern beim Liebenden. Anders ausgedrückt: Die Fähigkeit zu lieben ist ungleich größer und höher als die Gabe – oder sollte man sagen: Gnade? –, geliebt zu werden. Auch darauf deutet dieses prägnante Gedicht hin.

Goethe, haben wir gelernt, wollte wissen, was die Welt im Innersten zusammenhält. Das ist schon richtig. Doch noch mehr, so will es scheinen, interessierte und irritierte ihn die Liebe: Er empfand das Leben erotisch. So hatte er denn auch die Kühnheit zu verkünden: »Da wo wir lieben / Ist Vaterland.«

Anakreons Grab

Wo die Rose hier blüht, wo Reben um Lorbeer sich schlingen,
Wo das Turtelchen lockt, wo sich das Grillchen ergetzt,
Welch ein Grab ist hier, das alle Götter mit Leben
Schön bepflanzt und geziert? Es ist Anakreons Ruh.
Frühling, Sommer und Herbst genoß der glückliche Dichter,
Vor dem Winter hat ihn endlich der Hügel geschützt.

Peter Horst Neumann

Wunschbild des glücklichen Dichters

Diese Verse sind 1785 entstanden, fünf Jahre nach »Über allen Gipfeln ist Ruh«, und durch mehr als das eine Wort »Ruh« sind diese beiden Gedichte verbunden – sie gehören zusammen wie ein Wunsch und seine Erfüllung. Freilich ist die Erfüllung nicht etwa Goethe, dem Wandrer des »Nachtlieds«, sondern vor zweieinhalbtausend Jahren einem anderen, glücklicheren Dichter zuteil geworden – eine Erfüllung über jedes Maß der erfüllbaren Wünsche hinaus: leidgeschütztes Leben, Sterben zur rechten Zeit, ein Ruheort in Schönheit und im Gedächtnis der Menschen.

Zwar blieb dem historischen Anakreon, der immerhin Goethes eigenes Sterbealter erreicht haben soll, der Winter des Lebens durchaus nicht erspart. Das Gedicht aber weiß es anders und besser, und es beschreibt den vergessenen Ort seiner Ruh so unbeschreiblich schön und genau, daß für die Dauer von sechs Versen auch nicht der leiseste Zweifel besteht.

Nicht Menschen haben den Hügel »bepflanzt und geziert«, sondern »alle Götter«, und nicht mit Emblemen der Trauer, sondern schön »mit Leben«. Kein Grab ist weniger Grab als dieses, und deshalb wird hier auch nicht gefragt, *wessen*, sondern »*welch* ein Grab« dies wohl sei. Und falls es denn eines ist, so ist es ein Wunschgrab, vielleicht die sublimste Variation des alten Motivs vom Grab in Arkadien, »Et in Arcadia ego«.

Das Gedicht ist ein Epigramm. Aber es muß den Ort, als dessen Be-Zeichnung und »Inschrift« es sich versteht, erst selbst erschaffen und dann identifizieren. So geben die ersten dreieinhalb Zeilen zunächst die Pictura, das Bild. Durch den Parallelismus der Satzglieder (4mal »wo«) entsteht in der Mitte der Hexameter eine Zäsur. Delikat ist die Zeilenverschlingung zwischen »Leben« und »schön«, bevor der Fragesatz endet und als Antwort der Name des griechischen Dichters erscheint. Es folgt die Seligsprechung des Toten, deutlich abgehoben als Spruch – ein Epigramm im Epigramm.
Aber weshalb Anakreon? Was deutet hier auf ihn hin? Alles. Ein Kenner seiner Lieder hat dieses Wunschgrab geziert, stellvertretend für »alle Götter«. Mit der *Rose*, die Anakreon einst als »der Musen liebste Pflanze« besang. Mit den *Reben* des Dionysos, deren Lob den Meister des Trinklieds unsterblich machte. Sie schlingen sich um den *Lorbeer*, das Sinnbild dichterischer Inspiration und ewiger Jugend, den Baum des Apoll. Und beide zusammen, Lorbeer und schlingende Rebe, sind dasselbe alte Weisheitssymbol der Vermittlung wie Stab und Schlange. Dann die *Turteltaube*: Anakreons Briefträgerin der Liebe; von Aphrodite selbst will er sie gegen ein Lied eingetauscht haben. Schließlich das *Grillchen*: die »Weise, Zarte, Dichterfreundin«, die »ohne Fleisch und Blut Geborne«, die »leidenlose Erdentochter« aus einem Gedicht, das Goethe 1781 übersetzte (»An die Cicade«).
Muß man dies alles wissen? Ja, um der Bewunderung und der Freude willen – sie können grenzenlos sein, etwa beim Wiederhören dieser Verse in einem Lied Hugo Wolfs.
Mit jener »anakreontisch« genannten, lebenslustig-ver-

spielten Geselligkeitspoesie der Aufklärungszeit, in deren Konventionen sich auch der junge Goethe einmal übte, hat »Anakreons Grab« nur noch eines gemein: das Wunschbild vom »glücklichen Dichter«. Goethe wußte sehr wohl, daß das Paradigma neuzeitlichen Dichtertums nicht der glückliche, sondern der unglückliche Dichter ist. Er war eben dabei (seit 1780/81), dieses Paradigma in der Figur des Torquato Tasso zu gestalten. Im Epigramm von 1785, ein Jahr vor seiner Flucht nach Italien, suchte er nach dem Gegenbild. Er träumte sich ins friedlichste aller Länder, ins schönste Nirgendwo, und fand nur ein Grab, aber »welch ein Grab«.

Mignon

Nur wer die Sehnsucht kennt,
Weiß, was ich leide!
Allein und abgetrennt
Von aller Freude,
Seh ich ans Firmament
Nach jener Seite.
Ach, der mich liebt und kennt;
Ist in der Weite.
Es schwindelt mir, es brennt
Mein Eingeweide.
Nur, wer die Sehnsucht kennt,
Weiß, was ich leide!

Gerhard Schulz

Libretto der Liebe

Diese zwölf Verse sind eines der berühmtesten Gedichte deutscher Sprache. Musik hat sie in die Welt getragen – sie sind sechsundfünfzigmal vertont worden, darunter von Beethoven, Zelter, Schubert, Schumann, Loewe, Wolf und, auf russisch, Tschaikowski. Schon dem Roman »Wilhelm Meisters Lehrjahre«, in dem sie 1795 zuerst gedruckt wurden als ein Duett von Mignon und dem Harfner, war eine Komposition von Johann Friedrich Reichardt beigegeben. In der Urfassung des »Meister« und später in den Werkausgaben hat Goethe die Verse allein für Mignon bestimmt.

Der große Ruhm fordert zur Frage nach der Anziehungskraft des Gedichts heraus. Was zum Beispiel wäre sein Schicksal gewesen, wenn es nicht in Goethes Roman, sondern allein, abgetrennt und anonym in irgendeinem »Taschenbuch zur Aufmunterung vaterländischer Talente« erschienen wäre? Wüßten wir heute noch von ihm?

Manches Kritische läßt sich gegen die Verse einwenden. Kapitulieren nicht die ersten zwei Zeilen vor jeder Anstrengung zum Sagen und Mitteilen, was doch die eigentliche Funktion der Sprache sein sollte? »Jene Seite« am Firmament ist eine recht kryptische Bezeichnung, so kryptisch wie der Hinweis auf denjenigen, der »liebt und kennt« und in »der Weite« ist, statt daß er in »die« Weite ging, wie das grammatisch zu erwarten wäre. Die brennenden »Eingeweide« erklärt zwar das Grimmsche Wör terbuch als biblischen Ausdruck für das »innerste Herz«, aber auch 1795 gehörte das nicht mehr zu jenem poetischen Sprachschatz, mit dem ein junges Talent auf ernste Aufmerksamkeit und Aufmunterung hätte zählen können.

Dieses Gedicht ist jedoch nie unbefangen gelesen worden. Es war von Anfang an ein Gedicht Goethes aus dem Munde einer Romanfigur, die zwischen Mythos und Realität schwebt und wohl die eigentümlichste Gestalt ist, die Goethe je geschaffen hat. Mignon, der »Liebling«, ist das zwitterhafte Kind zweier tief in Eros und Religion verstrickter Geschwister, eines Mönches und einer Schwärmerin.

Damit aber verändert sich das Verständnis der Worte. Aus dem leeren Kreisen um Liebe und Sehnsucht entsteht der Charakterzug eines bereits in seinen Ursprüngen verstörten Wesens. Sprachliche Archaik wird doppelsinnig und die Sprödigkeit des Ausdrucks annehmbar für die Asylantin auf deutschem Boden. Denn Mignon stammt aus dem Süden, wo – vierundachtzigmal vertont – die Zitronen blühn, und »jene Seite« am Firmament ist nichts anderes als diese Himmelsrichtung. Ist sie es wirklich?

Über den Geliebten findet sich kein Wort in Text und Kontext. Ist er ein Mensch oder eher ein *Deus absconditus* als Pate ihrer Ursprünge, ein Gott, der sich in der leeren Weite verbirgt? Goethes Mignon, diese zarte und unheimliche Gestalt, ist Kind eines Glaubens, dessen Ordnung durch die Liebe, aus der es hervorging, zerbrochen wird. Von den Leiden dieser Liebe spricht ihr Lied. Das Gefühl der Leere und der Verwirrung gehört dazu wie das Verlangen nach Stützen im Archaischen. Damit aber werden diese zwölf Verse Zeugnis jenes großen historischen Wandels in der Zeit ihrer Entstehung, als aus dem Geiste der Religion die Psychologie hervorging, für die in einem wissenschaftlichen Zeitalter der Mensch nur noch um seiner selbst willen da ist. Goethes Gedicht gehört, mit anderen Worten, zu jener Elite des Außerordentlichen, Originellen, Neuen, die allein in der Kunst überlebt.

Zu dem Triumph des Gedichts über die Zeit hat freilich noch etwas anderes beigetragen: In ihm wird zugleich die zeitlose Trance der Liebenden Gestalt, jener Zustand, in dem sie den Außenstehenden immer als verwirrt, vage, in sich selbst kreisend oder wohl auch banal erscheinen. Worte, die an die Logik einer Sprache gebunden sind, haben für einen solchen Zustand nur den Wert eines Librettos, das der Musik bedarf. Als Lied hatte Goethe deshalb auch die Verse von vornherein gedacht.

An Charlotte v. Stein

Woher sind wir geboren
  Aus Lieb.
Wie wären wir verloren
  Ohn Lieb.
Was hilft uns überwinden?
  Die Lieb.
Kann man auch Liebe finden?
  Durch Lieb.
Was läßt nicht lange weinen?
  Die Lieb.
Was soll uns stets vereinen
  Die Lieb.

PETER WAPNEWSKI

Bestrickende Einfalt

Sechs Verse, und jeder von ihnen eine Frage (gleichviel, mit welchem Zeichen interpungiert). Sechsmal die eintönig-einhellige Antwort: »Lieb«. Wahrlich ein Liebes-Gedicht. Es findet sich in einem Brief an Charlotte von Stein. Geschrieben in Weimar und an einem Tag im Juni 1786. Keine gleichgültige Zeit- und Ortsangabe, denn nur wenige Monate später – am 3. September – wird Goethe aufgebrochen sein, wird er von Karlsbad aus die vor jedermann, auch den Nächsten, sorgfältig verheimlichte Reise nach Italien angetreten haben, die ganz deutlich das Zeichen einer Flucht trägt und die auf ihre Weise den Prozeß einer mystischen Wiedergeburt bedeutet.
Den Versen an Charlotte geht im Brieftext der Satz voraus: »Liebe mich denn es steht geschrieben. Woher sind wir gebohren (...)«. Es steht geschrieben: Die Berufung gilt einer Schrift allegorisch-mystischen Inhaltes: »Christiani Rosencreutz chymische Hochzeit«. Ihr Verfasser ist Johann Valentin Andreae, ein lutherischer Theologe aus dem Schwäbischen; gedruckt zu Straßburg 1616, und 1781 neu aufgelegt.
Die Zeilen nun, die Goethe seinem Brief an Charlotte anvertraut und die er einführt, als seien sie ein Zitat, sind zufolge behutsamer und doch wirkungsmächtiger Änderungen in ihrer bestrickenden Einfalt durchaus sein Eigentum. Was vor allem damit zusammenhängt, daß in Goethes kürzend konzentrierender Version das Wechselspiel

von Frage und schematischer Antwort den Charakter einer Gebetsformel, eines Glaubensbekenntnisses annimmt: der Refrain in seiner Repetitionsmechanik und insistierenden Monotonie als Ausdruck einer unbezweifelten erosgegründeten Heilsgewißheit.
In Andreaes »Chymischer Hochzeit« geht es wortreicher und eindrucksärmer zu. Da singen die Nymphen eine Kantate in sieben Strophen, deren zweite, dritte und vierte jenes Frage-Antwort-Spiel vorbildet, das Goethe auf die Hälfte des vorgegebenen Volumens reduziert – und damit seine Ausdruckskraft potenziert. Der zweite Satz der Kantate lautet:

Wer hat uns bracht das Leben?
  Die Lieb.
Was hat Gnad wider geben?
  Die Lieb.
Waher seind wir gebohren?
  Auß Lieb.
Wie wären wir verlohren?
  Ohn Lieb.

Goethe nimmt sich also die Verse der zweiten Hälfte, übergeht den dritten – pietistisch-didaktisch belehrenden – Kantaten-Satz und überführt sie in das Material von Andreaes vierter Strophe:

Was thut diß überwinden?
  Die Lieb.
Kan man auch Liebe finden?
  Durch Lieb.

Wa lest man gut Werck scheinen?
  In Lieb.
Wer kan noch zwey vereinen
  Die Lieb.

Der pädagogische Unterweisungskatalog der Nymphen und seine dogmatisch ins Allgemeine, nämlich in Richtung auf gute Werke und frommes Tun weisende Tendenz wird in Goethes Hand zu einem innigen Zweigesang, zu einer Liebeshuldigung an den einen Menschen. Die Reimwörter behält er bei – bis auf jenes »scheinen«, das er zugunsten der Tränen tilgt, die auf den persönlichen, den privaten Bereich verweisen; und wo die Nymphen undeutlich »noch zwey« sich »vereinen« lassen, da gilt für Goethe der direkte Gestus des Liebesschwurs: Die Liebe wird »uns stets vereinen«.

Das war so wahr empfunden und gesagt, wie Gefühle wahr empfunden und gesagt sein können. Als er wiederkehrt aus Italien nach Weimar, dort ankommt am 18. Juni 1788, ist Goethe ein anderer. Und der Name Charlottes verbleicht vor dem Christianes. »Was hilft uns überwinden? Die Lieb.« Was aber hilft uns, die Liebe zu überwinden? Und den Schmerz der verlorenen Liebe?

Saget, Steine, mir an

Saget, Steine, mir an, o! sprecht, ihr hohen Paläste!
Straßen, redet ein Wort! Genius, regst du dich nicht?
Ja, es ist Alles beseelt in deinen heiligen Mauern,
Ewige Roma; nur mir schweiget noch Alles so still.
O! wer flüstert mir zu, an welchem Fenster erblick' ich
Einst das holde Geschöpf, das mich versengend erquickt?
Ahn' ich die Wege noch nicht, durch die ich immer und immer,
Zu ihr und von ihr zu gehn, opfre die köstliche Zeit?
Noch betracht' ich Kirch' und Palast, Ruinen und Säulen,
Wie ein bedächtiger Mann schicklich die Reise benutzt.
Doch bald ist es vorbei; dann wird ein einziger Tempel,
Amors Tempel nur sein, der den Geweihten empfängt.
Eine Welt zwar bist du, o Rom; doch ohne die Liebe
Wäre die Welt nicht die Welt, wäre denn Rom auch nicht Rom.

Ulla Hahn

Liebend erkennen

Im Anfang war das Wort. Hier aber schweigt die Stadt, die ersehnte, berühmte verschweigt sich. Und ihr Schweigen macht den Fremden so einsam, daß er anhebt, mit den Steinen zu sprechen, sie auffordert, flehentlich: »Straßen, redet ein Wort!« Denn er weiß: diese »heiligen Mauern« reden seit Ewigkeiten mit tausend Zungen, warum jetzt nicht einen Moment lang mit einer zu ihm?

Menschenleer ist ihm die Stadt voller Menschen, weil nicht »eine Stimme flüstert mir zu« in all dem Stimmengewirr. Die Augen schweifen umher, »Kirch und Palast, Ruinen und Säulen« setzen ihm wohl die Beine in Bewegung, doch das Herz liegt träge hinter den Rippen. Goethe will nicht als »bedächtiger Mann« nur die Menge des Gewußten und Wissenswerten vermehren, sondern seine ganze Person. Dazu jedoch muß nicht allein der Blick, vielmehr zuerst das Herz entzückt sein. Dann kann der Dichter die Stadt im biblischen Sinne erkennen, ihre Existenz bejahen, zur Seele der Dinge vordringen, »das Heilige« in »Ruinen und Säulen« erfahren. Nicht allein die räumliche, sondern die seelische Seßhaftigkeit muß aufgegeben werden, nicht nur aus seinem Haus, aus sich selbst heraus muß der Dichter gehen, um dem Unbekannten zu begegnen.

Goethe weiß, dies geschicht, wenn wir lieben. Daher braucht er »das holde Geschöpf«, wer auch immer es sei, das ihm hilft, außer sich zu geraten, um sich ganz und gar hineinversetzen zu können in das außer ihm Liegende, in die Geliebte, die Stadt, die Welt. Liebe wird erlebt als Drang zur Vollendung, als unaufhörliche Sehnsucht, über sich hinauszugehen, die eigenen Grenzen zu öffnen, mehr Welt und Wirklichkeit zu erfahren, als es dem einzelnen selbst möglich ist.

Ist die Liebe mithin nur Mittel zum Zweck? Nein. Sie ist vielmehr Mittel und Zweck, Weg und Ziel in einem, Liebes- und Welterfahrung bedingen einander. Nur liebend erkennt der Dichter die Welt, nur erkennend vermag er zu lieben.

Die Geliebte verstellt ihm dabei nicht den Blick auf die Welt, sie erhellt ihn, weil sie ihn nicht festhält: »zu ihr und von ihr ... gehn« will der Dichter, aber auch »immer und immer«. Goethe sucht eine Bindung seines Gefühls, nicht seiner Person, keine Flucht aus der fremden Welt, sondern einen Fluchtpunkt in ihr: »Amors Tempel«. Daher muß die Geliebte nicht stets gegenwärtig sein, sie ist allgegenwärtig. Denn Liebe ist kein Gefühl, das in der Nähe der Geliebten entflammt und mit der Entfernung verlöscht, sondern ein ständiger Strom, der sich über die Welt ergießt und den Liebenden sicher trägt, wo er auch geht. »Amors Tempel« umfängt, überwölbt alle Tempel der Welt.

Goethe will weder in der Geliebten aufgehen noch sich selbst in ihr finden; er sucht und findet nicht in der Geliebten, nein, durch die Geliebte die Welt. Eine solche Liebe macht nicht blind, sie öffnet die Augen, die Sinne, jedem, der liebt.

Froh empfind ich mich

Froh empfind ich mich nun auf klassischem Boden begeistert;
Vor- und Mitwelt spricht lauter und reizender mir.
Hier befolg' ich den Rat, durchblättre die Werke der Alten
Mit geschäftiger Hand, täglich mit neuem Genuß.
Aber die Nächte hindurch hält Amor mich anders beschäftigt;
Werd ich auch halb nur gelehrt, bin ich doch doppelt beglückt.
Und belehr' ich mich nicht, indem ich des lieblichen Busens
Formen spähe, die Hand leite die Hüften hinab?
Dann versteh' ich den Marmor erst recht; ich denk' und vergleiche,
Sehe mit fühlendem Aug', fühle mit sehender Hand.
Raubt die Liebste denn gleich mir einige Stunden des Tages,
Gibt sie Stunden der Nacht mir zur Entschädigung hin.
Wird doch nicht immer geküßt, es wird vernünftig gesprochen;
Überfällt sie der Schlaf, lieg' ich und denke mir viel.
Oftmals hab' ich auch schon in ihren Armen gedichtet,
Und des Hexameters Maß, leise mit fingernder Hand,
Ihr auf den Rücken gezählt. Sie atmet in lieblichem Schlummer,
Und es durchglühet ihr Hauch mir bis ins Tiefste die Brust.
Amor schüret die Lamp' indes und denket der Zeiten,
Da er den nämlichen Dienst seinen Triumvirn getan.

Wolfgang Koeppen

Die fünfte Elegie

Johann Wolfgang von Goethe, ein eben ernannter Adliger im besten Mannesalter, durch Ortswechsel kühn und froh, schrieb in der strengen, der klassischen Form der Klage, der Elegie, einen Hymnus auf die Stunde des Glücks, der einzigen, wie er, als Greis sein Leben wägend, dann wehmütig meinte.
Hinter ihm lagen zehn Jahre Weimar, vor diesen die behüteten im Bürgerhaus, das Gretchen, das schöne Kind von 1764, die Mitschuldigen und die Gekrönten von Frankfurt, die geküßten und verlassenen Mädchen der Lehrjahre, bevor sie ins Buch kamen, ein gelöstes Verlöbnis mit Geld und Besitz und der Unfreiheit, die sie schenken, all die ihres Atems beraubten Gefährten des Sturm und Drang, ein lyrischer Überschwung, die Inbrunst der Weltnahme, der widerborstige Götz, ein Werther, dessen Ruhm vor den Heranwachsenden verblaßte in des Dichters Schweigen, er war ein hervorragender Chef der Finanzdirektion eines Kleinstaates, geschäftig hin und her, kassierte Orden und die Nobilität, pflegte eine zu lange währende Liebschaft im Salon einer Dame, quälte Iphigenie in Prosa, die Anfänge des Faust, des Egmonts wurden in einem Dezennium nicht weitergebracht. Tasso floh den Spiegel, in dem er sich nicht wohl fand.
Angekommen in Rom, empfand er große Freude, ein Traum erfüllte sich, er konnte nur sagen: »Ich bin hier.« Schlicht oder triumphierend? Er dankte herzlich dem

Himmel. Es war der Olymp. Er schrieb in sein Tagebuch: »Ich fange nun erst an zu leben und verehre meinen Genius.«
Tischbein zeichnete Goethe, wie er aus dem Fenster seiner Stube auf den Corso blickte. Ein geschmeidiger Rücken, fast in der Spannung eines Aktes. Tischbein berichtet an Lavater: »Goethe ist ein wirklicher Mann, wie ich in meinen ausschweifenden Gedanken ihn zu sehen mir wünschte.«
Goethe erkannte die Weltstadt. Sie inspirierte ihn. Sie stand auf lateinischem Grund. Die Luft knisterte elektrisch. Es war New York mit Ruinen. Venedig war Vorspiel, Station auf der Reise, liebliche, schmutzige Nymphen im Schatten enger Gassen, eine Einübung. Rom ist Erfüllung. Der Dichter schwärmt nicht ins Ungefähr. Er langt zu. Die Seele ja. Aber erst nun der Leib. Der Marmor ist anzufassen. »Dann versteh ich den Marmor erst recht.«
Goethe liest wieder die Alten, die Erzväter, die Weisen des Lichts, die in Weimar nicht mehr zu ihm gesprochen hatten. Catull, Properz, Ovid. Wollüstige Paradiese. Er taucht ein in die Mythen. Sie sind sein Jungbrunnen. Kraft schenken die Götter. Goethe plant eine »Erotica Romana«. Er dichtet. Er malt. Er zeichnet Nackte. Er modelliert. Er beobachtet den Karneval, schreibt eine große Reportage. Die Iphigenie fließt in Versen, Egmont erfüllt sein Schicksal. Goethe stirbt nicht. Er liebt.
Er liebt und sieht sich in den Nächten doppelt beglückt. Glück des Leibes, Glück der Sinne, Glück des Geistes, Glück des Schattens. Oftmals hat er schon in den Armen des geliebten Mädchens gedichtet »und des Hexameters

Maß leise mit fingernder Hand ihr auf den Rücken gezählt«. Die Elegien ein Bett, ein Boot, ein Luftschiff, ein Wortstrom des Entzückens wird fortgesetzt, trägt ihn heim. Er schreibt seinem Herzog: »Ich habe mich in dieser anderthalbjährigen Einsamkeit selbst wiedergefunden; aber als was? – als Künstler.«
Im Park von Weimar wartet die Blumenbinderin, die Fabrikarbeiterin, wie ihre bösen Zungen sie nennen werden: Christiane! Der römische Amor hat sie Goethe in den Weimarer Weg gestellt. Ein Geschenk. Die Götter haben den Dichter nicht entlassen. Die großen, die mutigen Jahre von Weimar beginnen.

Herbstlich leuchtet die Flamme

Herbstlich leuchtet die Flamme vom ländlich geselligen Herde,
Knistert und glänzet, wie rasch! sausend vom Reisig empor.
Diesen Abend erfreut sie mich mehr; denn eh' noch zur Kohle
Sich das Bündel verzehrt, unter die Asche sich neigt,
Kommt mein liebliches Mädchen. Dann flammen Reisig und Scheite,
Und die erwärmte Nacht wird uns ein glänzendes Fest.
Morgen frühe geschäftig verläßt sie das Lager der Liebe,
Weckt aus der Asche behend Flammen aufs Neue hervor.
Denn vor andern verlieh der Schmeichlerin Amor die Gabe,
Freude zu wecken, die kaum still wie zu Asche versank.

Wolfgang Leppmann

Erlebte Klassik

Die neunte ist eine der kürzesten und einfachsten der Römischen Elegien (ursprünglich, und genauer »Erotica Romana« genannt), die Goethe nach der Rückkehr aus Italien im Winter 1788 niederschrieb. Man braucht nicht Absolvent eines humanistischen Gymnasiums zu sein oder einen Kommentar zur Hand zu haben, um diese Zeilen zu genießen. Das einzige Fremdwort, das aus der »naiven«, harmonisch und hermetisch in sich ruhenden kleinen Szene hinausweist in die Welt der Bildung, ist ein auch uns noch vertrauter Göttername: der des Amor.

Ausgespart ist hier jeder spezifische Bezug auf die Antike oder die Ewige Stadt, auf den Deutschen Dichter oder seine römische Freundin. Daß sie anderswo unter dem Namen Faustine erscheint, ist so nebensächlich wie der Umstand, daß wir in ihr die (in Gedanken nach Rom versetzte) junge Christiane Vulpius zu sehen haben als die Frau, der der ganze Gedichtzyklus auf den Leib geschrieben, wenn nicht dem berühmten Zitat zufolge »leise mit fingernder Hand ... auf den Rücken gezählt« wurde. Aber gerade weil diese Elegie dem Anschein nach die am wenigsten »römische« ist, zählt sie zu den echtesten; sie ist tatsächlich klassisch und nicht, wie so manches aus Goethes und seiner Zeitgenossen Feder, bloß klassizistisch.

Klassisch ist vor allem die Behandlung, die das Thema in Goethes Händen erfährt. Eine der großen Erfahrungen des Lebens, die Liebe, wird hier von einem Zeitgenossen

von Boucher und Fragonard, aber auch von Mozart und Wieland in einem ganz anderen – die Germanisten der Vorkriegszeit nannten ihn oft »heidnisch« – Geist geschildert: ohne Schlüpfrigkeit, wie etwas Selbstverständliches. Genauer gesagt ist es die Vorfreude auf den Liebesakt, die zur Darstellung kommt in Umkehrung des lateinischen Sprichwortes, welches besagt, daß nach dem Koitus alle Kreatur traurig sei. Hier handelt es sich um das Gegenteil, um die Erwartung, mit der der Mann dem nächtlichen Besuch der Geliebten entgegensieht.
Obwohl Goethe im Versmaß seinen Vorgängern Catull und Properz verpflichtet bleibt, hat er diese Erwartung doch oft genug selbst erlebt und hier so geschildert, daß trotz der antikisierenden Distichen jegliche Spannung zwischen antik und modern schwindet. Da paßt jede Silbe und sitzt jedes Wort, von »ländlich gesellig« zur Kennzeichnung des Herdes bis zur Wiedergabe der zischenden Flamme durch die Lautmalerei der zweiten Zeile, von dem quasi-expressionistischen Zwischenruf »wie rasch!« bis zur Metapher »Lager der Liebe«, wo ein minderer Dichter das moderne und mondäne »Bett« gebraucht hätte. Sehen wir das Mädchen nicht förmlich vor uns, wie es sich behutsam von der Seite des schlafenden Mannes löst, das Kleid überstreift, das Haar aufsteckt und sich am Herd zu schaffen macht? Um danach auch den Geliebten zu neuer Glut anzufachen, denn sie hat ja die »Gabe des Amor«?
In der Hand eines solchen Dichters »sprechen« bei Zyklen, also Gedichtfolgen, selbst die Übergänge. So auch hier. Blickt man nämlich von der zehnten, mit »Alexander und Cäsar und Heinrich und Friedrich, die Großen, / Gäben die Hälfte mir gern ihres erworbenen Ruhms. /

Könnt' ich auf *eine* Nacht dieses Lager jedem vergönnen« einsetzenden Elegie zurück auf diese neunte, also von der Historie zurück zur Idylle, dann schätzt man erst recht die Art dieses Mädchens, das sozusagen wertfrei und völlig auf das Hier-und-Jetzt bezogen agiert. Denn sie ist nicht stolz auf ihren Liebhaber oder eifersüchtig auf eine Rivalin oder traurig, daß der Morgen angebrochen ist, sie ist lediglich: »geschäftig«.

Für sie, wie für den Goethe von 1788/89, ist die Liebe tatsächlich das Natürlichste von der Welt.

Zünde mir Licht an

Zünde mir Licht an, Knabe! – »Noch ist es hell. Ihr verzehret
Öl und Docht nur umsonst. Schließet die Läden doch nicht!
Hinter die Häuser entwich, nicht hinter den Berg, uns die Sonne!
Ein halb Stündchen noch währt's bis zum Geläute der Nacht.« –
Unglückseliger! geh und gehorch'! Mein Mädchen erwart' ich.
Tröste mich, Lämpchen, indes, lieblicher Bote der Nacht!

Gerhard Kaiser

Vom Schließen der Fenster

Ein Zwiegespräch zwischen einem liebenden Mann und dem Knaben, der ihm dient, von leise ironischem Reiz: Der Liebende verhält sich kindisch, indem er die Herankunft der Liebesnacht dadurch zu beschleunigen sucht, daß er die Fensterläden schließen und die Lampe entzünden läßt. Die Lampe, sonst dazu da, den Tag künstlich zu verlängern, heißt ihm »lieblicher Bote der Nacht«. Der Knabe hingegen, statt auf dieses Spiel mit der Zeit einzugehen, rät vernünftig, Öl und Docht zu sparen, Schatten und Abenddämmerung zu unterscheiden. Der Liebende nennt ihn darauf in heiterer Übertreibung »unglückselig«. Weil der Knabe verständnislos ist, wird das Lämpchen zum Gesprächspartner und Tröster.

Leicht, wie die Verse hingesprochen sind, ist in diesem Augenblicksbild des kurzen Wortwechsels ein großes Thema berührt. Während gemeinhin die Menschen sich unglückselig wähnen, weil im unaufhaltsamen Verrinnen der Zeit »Öl und Docht« ihres Lebens sich verzehren – eine Metapher von ehrwürdigem Alter –, ist dem Liebenden derjenige ein »Unglückseliger«, der ihm die Zeit verlängern will.

In der Sehnsucht nach dem Liebesaugenblick klingt damit eine uralte Erfahrung des Menschen an: Daß die Liebesvereinigung, der höchste Augenblick des Lebens, auch ein kleiner Tod ist – Selbstaufgabe, lustvolles Dahinschwinden. So doppelwertig ist auch das Schließen der Fensterläden. Der Liebesaugenblick schließt alle Welt aus, indem die Liebenden füreinander die Welt werden. Davon kann der Knabe nichts wissen, und doch stellte es sich *in ihm* insgeheim dar. Denn mit dem Lämpchen in der Hand spielt er in die Gestalt des fackeltragenden Amor hinüber, und sein Gegenbild, der Genius mit der erloschenen, gesenkten Fackel, ist der Tod, wie die Antike ihn darstellte und wie die Aufklärung ihn, als versöhnliches Bild des Entschlafens, der Schreckfigur des Knochenmannes entgegenhielt.

Die antikisierende Anspielung findet sich in antikisierenden Versen. Es sind Distichen – je ein Hexameter, von einem Pentameter gefolgt. Die strophenlose Reihung von Distichen heißt Elegie, und in der großen lateinischen Lyrik der Antike ist die Elegie die Gattung, in der die Liebesleidenschaft sich ausspricht, vor allem die Liebesklage. Die Elegie ist eine relativ strenge Form und wird deshalb – wie das Sonett – von Goethe im Sturm und Drang nicht verwandt. Als Klassiker hat er hingegen die Elegie programmatisch aufgegriffen in den »Römischen Elegien« (1788/90; veröffentlicht 1795), denen unser Gedicht angehört. Nun ist ihm die »gebildete« Form ein Mittel, das leidenschaftliche Gefühl durch sprachliche Bändigung zu objektivieren und damit das Stilisierungsmoment der Dichtung gegenüber dem Erlebnisanspruch zu betonen.

Eines ist mir verdriesslich

Eines ist mir verdrießlich vor allen Dingen, ein andres
Bleibt mir abscheulich, empört jegliche Faser in mir,
Nur der bloße Gedanke. Ich will es euch Freunde gestehen:
Gar verdrießlich ist mir einsam das Lager zu Nacht.
Aber ganz abscheulich ist's, auf dem Wege der Liebe
Schlangen zu fürchten und Gift unter den Rosen der Lust;
Wenn im schönsten Moment der hin sich gebenden Freude
Deinem sinkenden Haupt lispelnde Sorge sich naht.
Darum macht mich Faustine so glücklich, sie teilet das Lager
Gerne mit mir und bewahrt Treue dem Treuen genau.

Reizendes Hindernis will die rasche Jugend, ich liebe
Mich des versicherten Guts lange bequem zu erfreun.
Welche Seligkeit ists! wir wechseln sichere Küsse,
Atem und Leben getrost saugen und flößen wir ein.
So erfreuen wir uns der langen Nächte, wir lauschen,
Busen an Busen gedrängt, Stürmen und Regen und Guß.
So erscheinet uns wieder der Morgen, es bringen die Stunden
Neue Blumen herbei, schmücken uns festlich den Tag.
Gönnet mir, o Quiriten! das Glück, und jedem gewähre
Aller Güter der Welt erstes und letztes der Gott!

Werner Fuld

Seligkeit in Ängsten

So glücklich war er nie zuvor und später nur selten. An einen Freund schrieb er aus Rom: »Ich finde hier die Erfüllung aller meiner Wünsche und Träume. Mit jedem Tag scheint die Gesundheit des Leibes und der Seele zu wachsen, und ich habe bald nichts als die Dauer meines Zustandes zu wünschen.« Daraus wurde nichts, und Goethe wußte das bereits, als er seiner erschöpft schlafenden Faustina die Hexameter zärtlich auf den Rücken zählte.

Die inständige Bitte der beiden Schlußzeilen, zumal in der feierlichen Anrufung der römischen Bürger als Quiriten, sie mögen ihm dieses Glück gönnen, zeigt schon die ängstliche Gewißheit, daß es nicht von Dauer sein könne. Da hilft auch das für Goethes Verhältnisse selten verschwenderische Geschenk nichts, was er jetzt als das A und O aller irdischen Güter erfahre, die Liebe nämlich, solle durch die Gunst des Gottes Amor, der hier buchstäblich das letzte Wort hat, jedem zuteil werden. Dieses Geschenk ist ein Opfer, so großzügig aus Angst vor der nachrömischen Einsamkeit.

Sie bestimmt insgeheim den Grundton dieses Gedichtes; alle anderen Ängste erscheinen neben ihr nur als lästige Widrigkeiten. Die erste Hälfte der Elegie zählt diese auf, und zwar deshalb so ungewohnt laut und ärgerlich, um jene beharrlich leise Stimme im Hintergrund zu übertönen. Daß ihn die Einsamkeit im Bett so verdrießlich anmutet, ist keine Erfahrung, die der Geheimrat aus Weimar

mitgebracht hat; die doppelten Freuden geteilten Bettes kannte er noch nicht – ohnehin wäre sein schmaler Schragen im Gartenhaus dafür ganz ungeeignet gewesen.
Erst mit Faustina hat der neununddreißigjährige Dichter das Glück irdischer Liebe erlebt. Sie hieß tatsächlich so und war die früh verwitwete Tochter eines Gastwirts. In der XV. Elegie schildert Goethe wirklichkeitsgetreu, wie er sie in der Osteria alla Campana, einem Stammlokal der deutschen Künstlerkolonie, zum erstenmal traf. Nicht jede Nacht freilich konnte sie der Obhut ihrer Onkels entkommen, und Goethes Ärger, die neugekannten Freuden schon wieder zu missen, war beträchtlich: Sein Hausgenosse Tischbein hat ihn gezeichnet, wie er »das verfluchte zweite Kissen« aus dem vorbereiteten Bett wirft.
An Weimarer Verhältnisse mußte ihn auch das zweite Ärgernis erinnern, das ihm Faustina ersparte: Er hatte ja bei allen Tändeleien mit den Dorfmädchen den entscheidenden letzten Schritt immer aus Angst vor einer Ansteckung vermieden. Bei der Rückkehr würde ihn die Furcht vor dem »Gift hinter den Rosen der Lust« wieder einholen; mit Faustina hingegen kann er »sichere Küsse« tauschen. Die junge Frau war ihm nicht nur treu, sie besaß für ihn auch einen weiteren, deutlich ausgesprochenen Vorteil: Ihr fehlte jenes die Jugend reizende Hindernis, die Jungfräulichkeit, die zu überwinden Goethe so unbehaglich und unbequem war, daß er es noch gar nicht versucht hatte.
Die größte Glückserfahrung seines Lebens und die bittere Angst vor dem unweigerlichen Verlust hat Goethe in dieser Elegie vereint. Der Ausruf »Welche Seligkeit ists!« klingt nicht triumphal, sondern schon wie der vorwegge-

nommene Seufzer des Greises, der am Ende seines großen Lebens bekannte, nur in Rom wirklich glücklich und ein Mensch gewesen zu sein.

Frankreichs traurig Geschick

Frankreichs traurig Geschick, die Großen mögen's bedenken;
Aber bedenken fürwahr sollen es Kleine noch mehr.
Große gingen zu Grunde: doch wer beschützte die Menge
Gegen die Menge? Da war Menge der Menge Tyrann.

Wulf Segebrecht

Goethes Mengenlehre

Daß Goethe »kein Freund der Französischen Revolution« gewesen ist, hat sich allmählich herumgesprochen. Doch warum er »die Revolutionen haßte«, ist nach wie vor umstritten, in Ost und West, bei Konservativen und Progressiven, unter denen, die ihn für sich in Anspruch nehmen wollen, und denen, die sich an ihm ärgern.

Nur einen der Gründe für seine Revolutionsphobie führt Goethe in dem Venetianischen Epigramm über »Frankreichs traurig Geschick« an: Es ist die befürchtete Tyrannei der Masse als Folge der Revolution. Sie kann, aufs Ganze gesehen, gefährlicher sein als die Herrschaft der »Großen«. Dafür liefert die Entwicklung in Frankreich, also die Perversion der Revolution zur Schreckensherrschaft, dem Dichter das Beispiel:

Frankreich hat uns ein Beispiel gegeben, nicht daß wir es wünschten
Nachzuahmen, allein merkt und beherzigt es wohl.

So lautete die erste Fassung des Epigramms. Sie erschien 1795 in Schillers Musenalmanach. Goethes Mengenlehre hatte sich noch nicht entfaltet; der epigrammatische Appell richtete sich unterschiedslos an alle Deutschen, die in den französischen Zuständen ein abschreckendes Beispiel sahen.

Ein paar Jahre später ersetzte Goethe das zweizeilige durch das vierzeilige Epigramm. Nun wendet er sich an zwei gesellschaftliche Gruppen: an die »Großen« und an die »Kleinen«, an die Herrschenden und an die Beherrschten. Beide, so meint er, hätten Veranlassung, die Folgen der Französischen Revolution zu bedenken; doch die »Kleinen« haben mehr zu verlieren und Schlimmeres zu gewärtigen als die »Großen«: Die gehen zugrunde, sie verlieren ihre Vorrechte, ihren Besitz und unter Umständen ihr Leben. Das ist schlimm für sie. Schlimmer aber ist es für die Menge der »Kleinen«. Denn sie verliert mit den »Großen« zugleich den notwendigen Schutz vor der Schreckensherrschaft der Masse. Die Menge muß also vor sich selber geschützt werden, vor der willkürlichen, gewaltsamen und unbegrenzten Befriedigung ihrer Bedürfnisse und Ansprüche, damit es nicht zur Massenhysterie und zum Massenwahn kommt: zur Tyrannei der Menge.

Diesen Schutz der Menge vor sich selbst könnten die »Großen« übernehmen, wenn sie nicht ihrerseits dazu neigten, ihre Macht zu mißbrauchen; jedoch: »Es ist der Welt nicht gegeben, sich zu bescheiden; den Großen nicht, daß kein Mißbrauch der Gewalt stattfinde, und der Masse nicht, daß sie in Erwartung allmählicher Verbesserungen mit einem mäßigen Zustande sich begnüge« (Goethe 1824 zu Eckermann). Deshalb ist eine Verbesserung des gesellschaftlichen Zustandes weder durch die Eliminierung der »Großen« noch durch die Unterdrückung der »Kleinen« zu erreichen. Die gesellschaftlichen Gruppen sind vielmehr aufeinander angewiesen, auch in der notwendigen Auseinandersetzung. Nur so können die Teile ihre unterschiedlichen Funktionen innerhalb des Ganzen verantwortungsvoll und kontrolliert wahrnehmen.

Man sieht: Goethes Mengenlehre ist nicht etwa nur auf die Verhältnisse im absolutistischen Fürstenstaat zugeschnitten; sie gilt in demokratischen Zeiten nicht weniger. Denn Machtmißbrauch, Gruppenegoismus, Anpassungsbereitschaft und Anspruchsdenken der »Menge« setzen sich auch in Mehrheitsentscheidungen durch und schaffen tyrannische Verhältnisse, solange es sich nicht jeder zur Aufgabe macht, dem Schutzbedürfnis derer gerecht zu werden, die er überstimmt.

Hast du nicht gute Gesellschaft gesehn?

Hast du nicht gute Gesellschaft gesehn? Es zeigt uns dein Büchlein
Fast nur Gaukler und Volk, ja was noch niedriger ist.
Gute Gesellschaft hab' ich gesehn, man nennt sie die gute,
Wenn sie zum kleinsten Gedicht keine Gelegenheit gibt.

Jürgen Theobaldy

Vermischtes

Sein Wunsch, original zu sein, hat kaum je die Offenheit beeinträchtigt, mit der er sich von anderen inspirieren ließ. Zwei Jahre nach den »Römischen Elegien« von 1788 ist dem Vierzigjährigen erneut die Lyrik der Antike Quelle und Anregung. Das Herz bleibt weit: Zur Gelassenheit, mit der Goethe anderes gelten läßt, kommt die Souveränität, mit der er bei einem Dichter holt, von dem sich andere distanzieren. In seinen »Fragmenten« lobt Friedrich Schlegel an Martial das, »was catullisch scheinen könnte«. Ein neulateinischer Dichter namens Naugerius verbrennt gar jedes Jahr ein Exemplar von Martials Epigrammen, »aus zu eklem Geschmack«, wie Goethe berichtet und darauf antwortet: »Wirfst du das Silber hinweg, weil es nicht Gold ist? Pedant!«

Bescheidung spricht hieraus nicht. Die »Venezianischen Epigramme« zeigen Goethe als frechen, selbstgewissen Dichter, der von den Göttern verlangt, was ihm zusteht, und der weiß, daß er fast alles schon bekommen hat. Das elegische Versmaß wird unter seiner Feder gestisch und wirkt frisch wie ein Sommermorgen über den von Kanälen umspielten Plätzen, leicht wie das Plätschern der Wellen gegen den Stein. Noch einmal bannt Goethe das Vordrängende dieser klassischen Form und macht sie schmiegsam für Reisenotizen, spontane Regungen, blitzhafte Einfälle und alltägliche Beobachtungen.

Die Ungehaltenheit, die der Dichter als Reaktion auf die

Epigramme erwartet, ist kunstvoll durchgebildet. Das betonte »fast«, mehr noch das betonte »ja« steigern die lauernde Eingangsfrage beinahe bis zum Ausbruch der Entrüstung. Die Spannung zum Metrum entsteht nicht, indem eine schwach betonte Silbe eine Hebung mildert. Umgekehrt! Die regelhafte Betonung verstärkt den Gestus des Verses, ohne daß er zu klappern beginnt. Erst im zweiten Verspaar nimmt sich der Ton in die lässig unaufgeregte Antwort zurück. Das erzeugt eine weitere, diesmal das ganze Gedicht umschließende Spannung. Der sonst steigende Hexameter und der melodisch fallende Pentameter heben den Ton gemeinsam, um ihn im folgenden Distichon gemeinsam zu dämpfen.
Goethes Venedig ist nicht das der Paläste, Scuolen und Kirchen, sondern das des fauligen Lagunenwassers, der Spelunken und der Frauen, die nicht zur guten Gesellschaft gehören und die beim Kaffee »geschäftig« werden. Die Epigramme entpuppen sich als Erwiderung auf die »Römischen Elegien«, sie spiegeln den Gegensatz des christlich-kaufmännischen Venedig zum heidnisch-klassischen Rom. »Rein und unrein« wollen sie sein, denn Goethe tut die Unterscheidung als kunstfremd ab. Die Eindrücke und Reflexionen sollen sich mischen wie die Zutaten zu einem »artig Gastmahl«. Sinnliche Genüsse werden nicht vom Eros geadelt, sondern jenseits der guten Gesellschaft manchmal auch gekauft: Venedig ist eine Händlerstadt. Und Dichter »sündgen« nur leicht.
Auf martialische Weise streitbar und aufklärerisch wendet sich das »Büchlein« dem Niedrigen zu, den Zeitereignissen und religiösen Bräuchen. Sowenig wie ein rasender Revolutionär rechnet ein betrügerischer Fürst zur guten

Gesellschaft. Goethe kehrt sich im Epigramm von ihr ab, er sucht das Ganze und findet das Gute im Unguten. »Nun, es bekomm euch nur wohl.« Ich sehe ihn über einen sonnenbeglänzten Platz schlendern und in den Schatten einer Gasse tauchen, wo in der Spelunke die Gaukler sitzen und vielleicht Bettine wartet. »Dichten ist ein lustig Metier«; und die Zechinen gehen ihm fort.

Grün ist der Boden der Wohnung

Grün ist der Boden der Wohnung, die Sonne scheint durch die Wände,
Und das Vögelchen singt über dem leinenen Dach;
Kriegerisch reiten wir aus, besteigen Schlesiens Höhen,
Schauen mit gierigem Blick vorwärts nach Böhmen hinein.
Aber es zeigt sich kein Feind – und keine Feindin, o bringe,
Wenn uns Mavors betrügt, bring' uns Cupido den Krieg!

Rudolf Jürgen Bartsch

Goethes schlesische Campagne

Sommer 1790. Die preußischen Armeen verstärken ihre schlesischen, die österreichischen ihre böhmischen Bastionen. Doch aus dem Krieg wird nichts. Ehe Goethe, seinem Herzog folgend, bei der Hauptarmee in der Grafschaft Glatz eintrifft, haben sich die beiden Mächte in der Konvention zu Reichenbach, unweit des Eulengebirges, geeinigt. Mars – oder Mavors – muß kapitulieren, und der Schlingel Cupido hat Ladehemmung. Es wird indessen so lange weiter biwakiert, bis Wien die Ratifizierung meldet. Gelegenheit für Goethe, allein ins Gebirge zu reiten.

Den Eindrücken dieser Tage verdankt sich das übermütige Feldlager-Epigramm, dessen erste Fassung der Autor am 21. August aus Breslau an Herder schickt. Später korrigiert er es, macht aus »Schlesien« metrumgetreuer »Silesien«, so wie er zuvor selbstkritisch den »mutigen Blick« zum »gierigen Blick« mutieren ließ, und nimmt es so in seine gesammelten Gedichte auf. Hatte er im ersten Brief an Herder – elf Tage vorher – noch von Schlesien, »diesem zehnfach interessanten Lande«, geschwärmt und gefunden, »daß es ein sonderbar schönes, sinnliches und begreifliches Ganzes macht«, so heißt es jetzt, die Zeltlaune der ersten beiden Verse kassierend: »Ich sehne mich nach Hause: ich habe in der Welt nichts mehr zu suchen.« Sehnsucht nach Christiane also und nach seinem acht Monate alten »Bübchen«.

Ich vermute, daß ihm auch die täglichen Festlichkeiten lästig wurden, mit denen sowohl Breslaus Kaufmannschaft als auch die um den »Friedensstifter« Friedrich Wilhelm II. versammelten Fürsten einander überbietend aufwarteten. Vielleicht auch fühlte er sich in seiner Arbeit über die vergleichende Anatomie, die er gerade unter den Fingern hatte, gestört. Jedenfalls flieht er am Morgen seines einundvierzigsten Geburtstages aus der Stadt in die Berge. Nach drei Tagen meldet er sich aus Landeshut (Brief an Fritz von Stein).

Dem Wink des Herzogs folgend eilt Goethe vorzeitig zurück, um mit ihm den Bergbau in Oberschlesien zu besichtigen. Schon am 4. September finden wir die beiden, geführt von Graf Reden, dem Direktor der schlesischen Bergwerke, in der Friedrichshütte bei Tarnowitz. Versehen mit diesem Datum steht Goethes Unterschrift im Gästebuch der Knappschaft, und zwar unter jenen Versen, mit denen er Lokalgrößen noch posthum gegen sich aufbringen sollte: »Fern von gebildeten Menschen, am Ende des Reiches, wer hilft euch / Schätze finden und sie glücklich zu bringen ans Licht? / Nur Verstand und Redlichkeit helfen, es führen die beiden / Schlüssel zu jeglichem Schatz, welchen die Erde verwahrt.«

Goethe sieht noch Tschenstochau, Krakau, wo er in einem der schönen Patrizierhäuser am Markt wohnt, und die Salzbergwerke von Wieliczka, südlich von Krakau. Erst am 10. September trifft er wieder in Breslau ein, einen Tag zu spät, um der Aufführung seines »Clavigo« durch die Wäsersche Truppe beiwohnen zu können. Fast zwei Monate insgesamt währte Goethes schlesischer, sein östlichster Aufenthalt. Und noch nach drei Jahrzehnten, bei der Niederschrift der »Campagne in Frankreich«, wird er sich Schlesiens erinnern und von ihm als von »einem bedeutenden Lande« schreiben.

Glückliche Fahrt

Die Nebel zerreißen,
Der Himmel ist helle,
Und Äolus löset
Das ängstliche Band.
Es säuseln die Winde,
Es rührt sich der Schiffer.
Geschwinde! Geschwinde!
Es teilt sich die Welle,
Es naht sich die Ferne;
Schon seh ich das Land!

Gert Ueding

Befreiungserlebnis

Auch wer das Gedicht nicht kennt, dem die »Glückliche Fahrt« seit dem Erstdruck in Schillers »Musenalmanach auf das Jahr 1796« folgt und mit dem zusammen es seither in allen Ausgaben erschienen ist, wird bei der Interpretation dieser volksliedhaft einfachen Verse schwerlich fehlgehen. »Die Nebel zerreißen« – dieser Auftakt weist zu deutlich auf den hemmenden Zustand hin, der dem plötzlichen Aufbruch vorausliegt und ihn beendet, eben jene lähmende »Meeres Stille«, von der der Titel des anderen Gedichts spricht. Die »Glückliche Fahrt« beschreibt weder im wörtlichen noch im übertragenen Sinne eine selbstverständliche, gar unverlierbare Erfahrung; Gefährdung und Bedrängnis gehen ihr voran, ja sind noch gegenwärtig in dem ängstlichen Band, das die Herzen einschnürt und das von Äolus, dem Gott der Winde, im selben Zug gelöst wird wie der Bann, der über Schiff und See liegt.
Goethe hat das Befreiungserlebnis auch in der rhythmischen Gestalt des Gedichts bedeutet, ihm jenen »Dreiviertel-Takt« (Erich Trunz) gegeben, der es sogar sprachlich zu einem ganz bewegten Geschehen macht, in dem der eine Zustand, fast drängend und sich überstürzend, dem nächsten weicht. Die einzelnen Verse folgen schnell und unvermittelt aufeinander, ihre streng parallele Konstruktion um eine Mittelachse (»Geschwinde! Geschwinde!«), die in der Wiederholung ihr Strukturgesetz spiegelt, wirkt derart als Steigerung und Spannung, als Bewegung auf ei-

nen Höhepunkt hin, der in der letzten Zeile erreicht wird. Das kleine Gedicht ist ein formkünstlerisches Meisterwerk, es zeugt von klassischer Kunstgesinnung und hat doch nichts Steifes, Marmornes an sich.

Über die biographischen Reminiszenzen der Sizilienreise hinaus, die in ihm möglicherweise aufgehoben sind, ist mit der glücklichen Fahrt natürlich mehr als nur ein Reise-Erlebnis gemeint, wie es jeder kennt, der einmal mit einem Segelschiff unterwegs war. Wie in einer Miniatur konzentriert, nimmt das Motiv eines der ältesten Sinnbilder wieder auf, das die europäische Literatur in zahllosen Variationen bis heute verbreitet hat. Auch diese Schiffsreise bedeutet Lebensreise und Odyssee zugleich, zur glücklichen Fahrt unter hellem Himmel aber wird sie erst durch das glückliche Zusammenspiel von Mensch und Natur. Es ist ein genuin Goethescher Gedanke und hier aufs knappste bedeutet, daß erst durch den Gleichklang von Subjekt und Objekt das Ferne der Natur nah und der Mensch zum Individuum wird, also jetzt erst sprechen kann: »Schon seh *ich* das Land!«

Doch kann man wohl noch näher angeben, welch besondere Lebensbewegung Goethe in diesem Gleichnis zu fassen suchte. In Bild und Rhythmus vergegenwärtigt es die wichtigsten Stadien der Produktivität. Zunächst das noch ungelöst Dunkle, in sich Eingesperrte. Ein Zustand, der als so bedrohlich erlebt werden kann, daß ihm nur jene Kennzeichnung »Todesstille fürchterlich!« angemessen ist, in der die Beschreibung der Meeresstille im Gedicht vorher kulminiert. Doch dann reißen die Nebel, alles Lähmende verschwindet, Durchblick und Begeisterung treten an seine Stelle. Ich und Natur treffen in gleicher Bewegung zusammen, Ahnung und Unruhe zünden, und es zeigt sich die Topographie eines neuen Landes, das Werk werden will – Werk geworden ist im Gedicht, das damit die Probe auf sein eigenes, zuerst nur von fern erblicktes Exempel darstellt.

Ist es so ganz unwahrscheinlich, daß sich Goethe schließlich in diesem ihn lebensgeschichtlich an seine auch erotisch befreiende Italienreise erinnernden Bilde noch einen anderen Akt menschlicher Potentialität vergegenwärtigte, den der Liebe nämlich? Dessen Dynamik aus Spannung und Lösung, verhüllter Erwartung und Steigerung gibt jedenfalls der glücklichen Fahrt noch eine weitere, gar nicht unpassende Nuance, verwandelt sie gar in ein *Embarquement pour Cythère.*

Meeres Stille

Tiefe Stille herrscht im Wasser,
Ohne Regung ruht das Meer,
Und bekümmert sieht der Schiffer
Glatte Fläche rings umher.
Keine Luft von keiner Seite!
Todesstille fürchterlich!
In der ungeheuern Weite
Reget keine Welle sich.

Eckhard Heftrich

Wahrhaft modern

Heute halte ich es für einen Glücksfall, daß dieses Gedicht mir vor Jahrzehnten zum ersten Mal als Musik begegnete. Nicht in der von Reichhardt, die Goethe so geschätzt hat, nicht in der Chorfassung Beethovens und auch nicht in der Konzertouvertüre Mendelssohns. Denn sie alle haben sich so getreu an den Autor gehalten wie die späteren Editoren seiner Werke und die Interpreten des Gedichts. Hat doch Goethe selbst vom ersten Druck an in Schillers Musen-Almanach für das Jahr 1796 diesen Versen stets »unmittelbar« die anderen, mit »Glückliche Fahrt« überschriebenen folgen lassen, auch später darauf geachtet, daß sie stets auf einer Seite standen.

Der Glücksfall, der mir »Meeres Stille« allein bescherte, verdankt sich natürlich Franz Schubert, und nachdem auch ein langer Umgang mit der Goethe-Philologie den frühen Eindruck nicht verwischen konnte, glaube ich noch immer, daß Schubert von diesem, wie von etlichen anderen Gedichten Goethes, die angemessenste Deutung geschaffen hat: Nicht allein Umsetzung oder Spiegelung in einem anderen Medium, sondern wirklich Ausdeutung, Interpretation. Man höre das Lied, in dem das Wunder geschieht, daß die nicht auf oder über dem Meer, sondern *im* Wasser herrschende Stille als die Stille des Todes vernehmbar wird, und lese danach einmal, was alles über Goethes Text zu Papier gebracht worden ist, dabei stets über die als Einheit verstandenen zwei Gedichte, die noch

in unseren Tagen sogar einmal als »diese beiden Strophen« bezeichnet worden sind. So wird auch vom unteilbaren Ganzen dieses aus zwei Bildchen bestehenden Metapherngedichtes gesprochen, wobei die Metapher das Vertrauen des Genies in sein Geschick bedeuten soll.
Der achtzehnjährige Schubert hat offenbar anderes vernommen: jene Leere nämlich, die bewirkt, daß in der zweiten Hälfte des nur acht Verse umfassenden Gedichts auch der bekümmerte Schiffer wie nicht mehr vorhanden ist. »Keine Luft von keiner Seite«: das herrscht, nicht als Windstille, sondern durch sie. Hier ist auch von den Nebeln, die zu Beginn der »Glücklichen Fahrt« aufreißen, nicht die Rede, hier wird vielmehr mit der ungeheuren Meeres-Weite die glatte Fläche beschworen, auf der sich die Epiphanie des Nichts so ereignet, wie bei Homer ein Gott erscheint. Jahrzehnte später hat Goethes Erbe Nietzsche, geschlagen von dieser Erfahrung, sie in immer neuen Bildern umschrieben. Goethe selbst hat gegen ihre Bedrohung das Weltgebäude seines Metamorphosen-Glaubens errichtet. Sein wahres Lehr-Gedicht – aber ein Gedicht denn doch – ist Faust II, auch und gerade durch das, was nur Entwurf blieb: Im Orkus erklärt Manto, die »Hochbegabte«, warum sie Faust aus »Vorsicht« mit dem Schleier verhüllt habe: »das Gorgonenhaupt nämlich sei ihnen die Schlucht herauf entgegengezogen, seit Jahrhunderten immer größer und breiter werdend; (...) hätte Faust darauf geblickt, so wär er gleich vernichtet worden, so daß weder von Leib noch Geist im Universum jemals wieder etwas von ihm wäre zu finden gewesen«. Mit der »Glücklichen Fahrt« hat Goethe rasch das Gorgonenantlitz des Meeres verhüllt.

Schubert aber hat es gewagt, davon zu singen. Im Orkus sollte, Goethes Prosa-Skizze von 1826 zufolge, Faust »als zweiter Orpheus gut aufgenommen« werden. Schubert ist, mit Goethe, gegen Goethe im Recht. Und durch die Vertonung hat er anno 1815 nicht nur zu seinem eigenen Stil gefunden, sondern aus einem »Lied« etwas gemacht, was es vordem als »Lied« nicht gab. »Meeres Stille« wurde so für immer, was es bei Goethes Niederschrift schon war und uns wieder geworden ist: ein wahrhaft modernes Gedicht.

Philine

Singet nicht in Trauertönen
Von der Einsamkeit der Nacht,
Nein, sie ist, o holde Schönen,
Zur Geselligkeit gemacht.

Wie das Weib dem Mann gegeben
Als die schönste Hälfte war,
Ist die Nacht das halbe Leben,
Und die schönste Hälfte zwar.

Könnt ihr euch des Tages freuen,
Der nur Freuden unterbricht?
Er ist gut, sich zu zerstreuen,
Zu was anderm taugt er nicht.

Aber wenn in nächt'ger Stunde
Süßer Lampe Dämmrung fließt,
Und vom Mund zum nahen Munde
Scherz und Liebe sich ergießt.

Wenn der rasche lose Knabe,
Der sonst wild und feurig eilt,
Oft, bei einer kleinen Gabe,
Unter leichten Spielen weilt.

Wenn die Nachtigall Verliebten
Liebevoll ein Liedchen singt,

Das Gefangnen und Betrübten
Nur wie Ach und Wehe klingt;

Mit wie leichtem Herzensregen
Horchet ihr der Glocke nicht,
Die mit zwölf bedächt'gen Schlägen
Ruh und Sicherheit verspricht!

Darum an dem langen Tage
Merke dir es, liebe Brust:
Jeder Tag hat seine Plage,
Und die Nacht hat ihre Lust.

Peter von Matt

Die Nacht, die Frauenzeit

Das ist alles so leicht und locker hingesungen, daß man es auf der Stelle wieder vergißt. Kein Widerhaken scheint daran zu sein. Man bleibt nirgends hängen, muß keinem Vers umständlich nachdenken. So viel über die anderen Gedichte aus dem »Wilhelm Meister« geschrieben wurde, so wenig findet sich über Philines leichte Strophen gesagt. Worüber man nicht »schwer werden« kann, um ein Wort aus dem Roman aufzunehmen, darüber, scheint es, muß man schweigen.

Dabei ist das Gedicht, vom zweitletzten Vers aus gelesen, ein tollkühner Kommentar zu einer Stelle aus der Bergpredigt, Matthäus 6,25-34. Dort heißt es, man solle sich nicht sorgen um den nächsten Tag und die Nahrung und die Kleidung. Einzig um das Reich Gottes habe man sich zu bekümmern. Der morgige Tag werde schon für sich selbst sorgen; »genug, daß jeder Tag seine eigene Plage hat«. Das nimmt Philine auf, begeistert, nur ersetzt sie das Reich Gottes durch etwas anderes.

Was denn? Die Nacht, die Lust, die Liebe im konkretesten Sinn. Wie konkret sie denkt, zeigt der Moment der Romanhandlung, in dem sie ihr Liedchen singt. Die Männer haben lange und sorgenvoll über ihre Hamlet-Inszenierung verhandelt und können nicht enden. Da fährt Philine sie an, sie hätten aus lauter Gewissenhaftigkeit den Dichter verstümmelt und »den schönsten Gedanken aus dem Stück« getilgt. Alles ist verdutzt, unsicher, man will wissen, was sie meint – als Antwort singt sie das Lied. Jener Gedanke aber ist Hamlets Satz: »Ein schöner Gedanke, zwischen den Beinen eines Mädchens zu liegen.« Philine zitiert die Stelle, indem sie scheinbar nur von ihr redet. Das hätten die Männer eigentlich merken müssen.

Was heißt das nun für das Gedicht? Ist es liederlicher, als es scheint, blasphemischer, als man je denken würde? Man kann den Bezug zur Bergpredigt sehr wohl als frivole Klimax betrachten. Aber ebensogut kann man darin ein Signal sehen, daß das Ganze ernst genommen sein will. Philine entwickelt eine kleine Metaphysik der Nacht. Die Nacht ist die andere Zeit, die Gegenzeit, und damit auch die Gegenexistenz zum Tag. Sie ist die Frauenzeit, und die zwölf Schläge der Mitternacht markieren ihren Eintritt. Die zweite Strophe bestimmt die Geschlechter fast überdeutlich von Tag und Nacht her. Die Männerzeit, der Tag, ist entweder lang, langweilig und gedehnt oder rasch, ruhelos und übereilt. »... daß Männer immer im Widerspruch mit sich selbst sind«, hat Philine zwei Minuten früher festgestellt.

Die Nacht, die Frauenzeit, ist ganz anders. Sie ist reine, runde Gegenwart. Wer sonst nur rennt, kann jetzt einfach dasein, von allen Zwecken befreit. Der Ausgleich beginnt schon vor Mitternacht. Das Empfinden der Zeit als einer fremden Macht, die stachelt oder lähmt, weicht einem Einklang – »unter leichten Spielen« –, bei dem das allgemeine Fließen kaum mehr zu spüren ist. »... spürest du kaum einen Hauch«, heißt es anderswo. Mit den »zwölf bedächt'gen Schlägen« aber tritt die Vollkommenheit ein, nicht der Schlaf, sondern der »andere Zustand«, wie Musil sagen würde, ein Dasein, von dem nicht weiter geredet werden kann. Denn in ihm fallen die Gegensätze zusammen. Das höchste Tun ist das höchste Feiern. Die Zeit steht, und in diesem Jetzt sind die Geselligen einander gegeben wie für die Ewigkeit. Ein schöner Gedanke.

Nähe des Geliebten

Ich denke dein, wenn mir der Sonne Schimmer
Vom Meere strahlt;
Ich denke dein, wenn sich des Mondes Flimmer
In Quellen malt.

Ich sehe dich, wenn auf dem fernen Wege
Der Staub sich hebt;
In tiefer Nacht, wenn auf dem schmalen Stege
Der Wandrer bebt.

Ich höre dich, wenn dort mit dumpfem Rauschen
Die Welle steigt.
Im stillen Haine geh' ich oft zu lauschen,
Wenn alles schweigt.

Ich bin bei dir, du seist auch noch so ferne,
Du bist mir nah!
Die Sonne sinkt, bald leuchten mir die Sterne.
O wärst du da!

Eckhard Heftrich

Reiner Gesang

Dieses Gedicht hat seit je die Komponisten angezogen und öfter auch die Philologen gefesselt. Die Strophen gehören zu den am häufigsten vertonten Versen Goethes, und für die Gelehrten gibt es da einen soliden Reif, um den sie den Kranz ihrer Auslegung flechten können. Denn zugrunde liegt das Poem einer einst beliebten Dichterin, dessen Dürftigkeit Goethe um so mehr ärgerte, als Freund Zelter es mit einer ihn ergreifenden Melodie versehen hatte. Die ersten drei Wörter und das Schema der wechselnden Lang- und Kurzzeilen übernahm der produktiv Erregte, und das Wunder dieser Verwandlung, die dem Lied von Zelter ja nur zu einem besseren Text verhelfen sollte, scheint um so größer, als hier, 1795, mitten in der klassizistischen Periode des Dichters, schon um zwanzig Jahre voraus der Ton des »West-östlichen Divan« erklingt.

Der Titel scheint suggerieren zu wollen, daß das sprechende Ich weiblichen Geschlechtes sei: Rollenspiel als Reflex auf das aus der Feder einer Frau stammende Ausgangsmaterial? Höchstens als zufälliger Anlaß, damit aus dem Geliebten das geliebte Wesen werde; denn die Seele ist androgyn.

Nähe läßt sich nicht erzwingen; sie ist ein geschenkter Zustand, kein Ergebnis, und daher meint hier »denken« jenes Eingedenken und Andenken, dem das Du die Welt ist und dem die Welt allein durch den Geliebten fühlbar wird bei

Tag und Nacht. Wenn statt dessen Sonne und Mond aufgerufen werden, ist das nicht nur poetische Umschreibung. Vielmehr ereignet sich so jene Spiegelung von Innen und Außen, für die die ältere Philosophie die Umschreibung fand, die Seele sei in gewisser Weise alles. Das aber meint auch Schönheit als Beseelung und Verklärung der Welt. Darum spiegelt der Mond sich nicht einfach im Wasser. Der Tag aber gewährt als farbiger Abglanz die klare Milde, wie sie ansonsten gerade nicht das Leben, sondern nur die Kunst spendet. Natur als Schönheit: hier allein kann die Imagination als sinnlichste Vergegenwärtigung sich entfalten, und die von der Liebe erregte Phantasie vermag dann auch – für den in der Ferne Bedrohten fürchtend – zu sehen und zu hören, was dem Verstand nur eine Täuschung ist.

Aber erweist sich als Täuschung am Ende nicht doch diese Gegenwart, wenn mit dem Laut der Sehnsucht die Ferne des Geliebten beklagt wird? Dem scheint so zu sein, und doch trügt gerade dieser Schein. Denn hier verzehrt sich kein Narziß überm eigenen Bild, das ihm die spiegelnde Quelle lockend malt. Hier zeugt die Sehnsucht nicht ein Phantom, sondern macht das Wesen des Geliebten fühlbar, sichtbar, hörbar. Und weil das keine Täuschung ist, folgt auch nicht jene plötzliche Enttäuschung, in der die Illusionen der Verliebten zu enden pflegen.

Das Glück des Eingedenkens schreckt daher auch nicht aus einem Traum, sondern weiß, wie die Wahrheit des Empfindens und die Wirklichkeit der Ferne zusammengehören: Trennung wird als Schmerz zur Nähe. Daher entspricht der Verschränkung von »Ich bin bei dir« und »Du bist mir nah« sogar grammatikalisch: »seist ... so ferne«

und »wärst du da«. Nicht ironischerweise, sondern in zarter Paradoxie gerät die Realität in den Konjunktiv, um sich dann in jenen Optativ zu verwandeln, der als Sehnsucht von Beginn an die Nähe zu beschwören vermochte.
Das Lied ist ein so einfaches wie kunstvolles, also wahrhaft klassisches Gebilde, und gerade darum kann man es immer wieder als reine Melodie hören. Daß Beethoven und Schubert sie vorgesungen haben, verzaubert nur die sich stets erneuernde Naivität solchen Hörens.

Der Chinese in Rom

Einen Chinesen sah ich in Rom; die gesamten Gebäude
Alter und neuerer Zeit schienen ihm lästig und schwer.
Ach! so seufzt' er, die Armen! ich hoffe, sie sollen begreifen,
Wie erst Säulchen von Holz tragen des Daches Gezelt,
Daß an Latten und Pappen, Geschnitz und bunter Vergoldung
Sich des gebildeten Aug's feinerer Sinn nur erfreut. –
Siehe, da glaubt' ich, im Bilde, so manchen Schwärmer zu schauen,
Der sein luftig Gespinst mit der soliden Natur
Ewigem Teppich vergleicht, den echten, reinen Gesunden
Krank nennt, daß ja nur er *heiße, der Kranke, gesund.*

Der Chinese als Vorwand

Keine Spur von Kulturpessimismus, der sich beim Vergleich der heimischen mit einer fremden Kultur hätte einstellen können. Über achtzig Jahre davor hatte sich bereits Montesquieu in den *Lettres Persanes* geistreich von der europäischen Kultur distanziert, indem er einen Asiaten den Pariser Eurozentrismus durchbrechen und an den von den Europäern für »natürlich« gehaltenen französischen Gepflogenheiten Kritik üben ließ. Und Rousseau hatte sogar den Wert der Kultur überhaupt in Frage gestellt.
Nichts dergleichen in Goethes Gedicht. Hier herrscht konservative, eigentlich absolutistische Kunstgesinnung. Der Absolutismus ist so stark ausgeprägt, so unangefochten, daß das Vorbildliche kaum in Erscheinung tritt. Allenfalls wird sein Herrschaftsanspruch metaphorisch angedeutet, durch Apostrophierung als »solide Natur«, als das »echte, reine Gesunde«. Mit diesen wenig anschaulichen Abstraktionen ist zunächst die antike und neuere Kunst Italiens gemeint, »die gesamten Gebäude alter und neuerer Zeit«, zusammengefaßt in der für den Dichter so sinnbeladenen Chiffre »Rom«. Beschrieben wird die römische Architektur mit keinem Wort; im Gegenteil, das Detail bleibt dem Abzulehnenden vorbehalten. Es ist das Fremde, das die Aussage beherrscht, es ist die chinesische Architektur, deren Absurdität die scharf zielende Satire aufs Korn nimmt und schonungslos bloßstellt.
Bei der Goethe-Forschung kann sich der heutige Leser

nützliche Auskünfte holen, die ihm weiterhelfen: etwa, daß das Gedicht aus dem Jahr 1796 stammt, daß es der Form nach eine Elegie ist und daher mit Goethes »Römischen Elegien« und seiner Italienreise von 1786/87 im Zusammenhang steht, daß aber das spätere Datum und der Ausdruck »Schwärmer« auf eine ganz andere als die im Titel ausgedrückte Auseinandersetzung anspielen, nämlich auf Goethes grollende Rivalität mit Jean Paul und der Romantik, die er bekanntlich als das »Kranke« bezeichnete, während die Klassik ihm das »Gesunde« schlechthin bedeutete.

Der Chinese ist also ein bloßer Vorwand, und es hat wieder einmal keinen Sinn, besserwisserisch auszurufen: Hier irrt Goethe! Ebensowenig Sinn wie der Einwand, es gebe im Gegensatz zu Goethes Behauptung in Amerika genügend Basalte. Denn Anlaß zu Goethes Stoßseufzer »Amerika, du hast es besser!« waren ja nicht irgendwelche geologischen Vorteile, die er in der Neuen Welt zu entdecken glaubte, sondern sein Ärger über die verknöcherten feudalen Strukturen Europas, und den kann ihm niemand verargen.

Dennoch gibt Goethes abfälliger Spott über »die Säulchen«, »die Pappen« und »das Geschnitz« der chinesischen Bauweise zu denken. Vor mir liegt ein Aufsatz vom September 1986 über *China's Venerable and Glorious Architecture* (Die ehrwürdige und glorreiche Architektur Chinas), wo von den gleichen Elementen, die Goethe verurteilte, mit fachmännischer Bewunderung die Rede ist: »Die Gebäude des alten China hatten ein Holzgerüst, und die hochgekrümmten Dächer wurden zur Quintessenz dieser Architektur. Anders als in der westlichen Bauart wurden chinesische Gebäude von Säulen statt Wänden getragen, was mit Hilfe eines komplizierten, *dou gong* genannten Trägersystems erreicht wurde.« Der Relativismus der Kulturen ist hier vollzogen, im Denken der heutigen geistigen Eliten ist ihre Einheit, ihre Gleichwertigkeit zur unbestreitbaren Tatsache geworden. Liest man Goethes Gedicht von diesem Standpunkt, dann wundert man sich, daß diese fraglose Auffassung bei dem großen Weimaraner noch keine Selbstverständlichkeit war, man beneidet ihn um die kulturelle Selbstsicherheit, mit der er schon damals fragwürdig gewordene Überzeugungen aussprach, und man erfreut sich vor allem an der anscheinend mühelosen Fähigkeit, so vieles in zehn Zeilen kunstvoll auszusagen.

Der Schatzgräber

*Arm am Beutel, krank am Herzen,
Schleppt' ich meine langen Tage.
Armut ist die größte Plage,
Reichtum ist das höchste Gut!
Und zu enden meine Schmerzen,
Ging ich einen Schatz zu graben.
Meine Seele sollst du haben!
Schrieb ich hin mit eignem Blut.*

*Und so zog ich Kreis' um Kreise,
Stellte wunderbare Flammen,
Kraut und Knochenwerk zusammen:
Die Beschwörung war vollbracht.
Und auf die gelernte Weise
Grub ich nach dem alten Schatze,
Auf dem angezeigten Platze.
Schwarz und stürmisch war die Nacht.*

*Und ich sah ein Licht von weiten,
Und es kam, gleich einem Sterne,
Hinten aus der fernsten Ferne,
Eben als es zwölfe schlug.
Und da galt kein Vorbereiten.
Heller ward's mit einemmale
Von dem Glanz der vollen Schale,
Die ein schöner Knabe trug.*

Holde Augen sah ich blinken
Unter dichtem Blumenkranze;
In des Trankes Himmelsglanze
Trat er in den Kreis herein.
Und er hieß mich freundlich trinken;
Und ich dacht': es kann der Knabe,
Mit der schönen lichten Gabe,
Wahrlich! nicht der Böse sein.

Trinke Mut des reinen Lebens!
Dann verstehst du die Belehrung,
Kommst, mit ängstlicher Beschwörung,
Nicht zurück an diesen Ort.
Grabe hier nicht mehr vergebens.
Tages Arbeit! Abends Gäste!
Saure Wochen! Frohe Feste!
Sei dein künftig Zauberwort.

Friedrich Dieckmann

Gute Lehre

Kein Zweifel: dieses Gedicht hat sich bewährt. Es war Anfang der fünfziger Jahre Lehr- und Lernstoff aller Vierzehnjährigen in der Deutschen Demokratischen Republik, und die Probe aufs Exempel ergibt: viele derer, die es damals lernten, können es noch heute auswendig. Daß es politisch nicht nur paßte, sondern stimmte, geht mir erst jetzt auf. Das Volk der Deutschen in der neugegründeten Republik hatte keine Aussicht, grabend auf Schätze zu stoßen, die ihm das Leben hätten erleichtern können; es fand keine Dollarschatullen, sondern zahlte – noch drei Jahre – für ganz Deutschland Reparationen an die östliche Schutz-, Trutz- und Siegermacht. Nicht Schatzbeschwörung – saure Wochen, voll Müh und Plage, war die Losung; daß ein holder Knabe sie ausgebe, die sauren Wochen mit freudiger Festverheißung verbindend, war der poetische Mehrwert des Gedichtes, auf den sich die politische Wirklichkeit so wenig verstand. Es muß ein geistvoller Volksbildungsdirigent (oder eine Dirigentin?) gewesen sein, der gerade dieses Gedicht damals unter die Menge der Lernfähigen, Lernwilligen warf. In der Schule wurde es nicht auf den Leisten der Aktualität gespannt; schwerlich hätte es sich sonst eingeprägt. Das Absichtliche verfehlt seinen Adressaten; das Spielerisch-Selbstgewisse prägt sich ein.

Dieses hochpädagogische Gedicht ist spielerisch genug, um sich einzuprägen. Schiller, sein erster Leser (»Der

Schatzgräber«, am 23. Mai 1797 in Jena geschrieben, ist das *opus primum* jenes Balladenreigens, der im Musenalmanach von 1798 ans Licht trat), brachte in seiner Empfangsbestätigung die Gesichtspunkte zur Einheit; »Dies ist so musterhaft schön und rund und vollendet, daß ich recht dabei gefühlt habe, wie auch ein kleines Ganze, eine einfache Idee durch die vollkommene Darstellung einem den Genuß des Höchsten geben kann«. Aber wenn hier nur eine einfache Lehre sinnfällig eingekleidet wäre, könnte dieses Gedicht nicht haften, nicht wirken. Eigentümlich ist schon die Reimverschränkung der trochäischen Verse; im vierten Vers jeder Strophe erwartet man den Endreim des ersten und wird getrogen; erst der fünfte Vers löst den Anklang ein. Und erst der achte erwidert jenem vierten, der lange antwortlos blieb. Eine subtile Reimdramaturgie malt jenen Weg der enttäuschend erfüllten Erwartung, der der Gang der Handlung ist.

Alles wird anders gut als erwartet; der Gang beglaubigt sich durch die ihm verknüpften Widersprüche. Der moralische Imperativ des Schlusses rühmt den Segen redlicher Arbeit. Aber der Schatzgräber arbeitet ja, nächtens im Tagebau; wir sehen ihn bei der schweren kunstgerechten Mühe des Grabens. Die Schwarzarbeit findet ihren Lohn nicht, vielmehr kommt der Segen von oben: ein Wunder erlöst den Arbeitsmann von Erde und Spaten. Dieses Wunder will sich in seiner allegorischen Bedeutung nicht auflösen; der sinnliche Reiz der Erscheinung überbietet den lehrhaften Sinn, den der Schluß ihr unterlegt. Die gute Lehre ist offenbar ebenso nötig, um die Erscheinung zu rechtfertigen, wie umgekehrt; eben diese Balance macht den Zauber, den Rang des Gedichtes aus. Seine Ingredienzien – das nächtliche Spatenwerk und die Befreiung zur lichten Schale – fungieren nicht bloß als schmückende; sie führen einen tieferen, seelisch unmittelbaren Sinn mit sich. Man nähert sich ihm in den folgenden Gedichten Goethes (»An Mignon« entsteht fünf, »Die Braut von Corinth« zwölf Tage später), die, Symptome tiefer Verstörung, die frohe Botschaft des »Schatzgräbers« deutlich widerrufen, bis sich dann, mit einer Erschütterung, die Lösung signalisiert, in den Stanzen der »Zueignung« die Pforten zu einem andern, keineswegs geretteten Teufelsbündner öffnen, zu Faust. Kein Genius entbindet den Tiefengräber seines Innern von immer neuer Schürfung. Aber der Genius der Dichtung bewahrt ihn davor, in der Versenkung zu verschwinden.

An Mignon

Über Tal und Fluß getragen
Ziehet rein der Sonne Wagen.
Ach! sie regt in ihrem Lauf,
So wie deine, meine Schmerzen,
Tief im Herzen,
Immer morgens wieder auf.

Kaum will mir die Nacht noch frommen,
Denn die Träume selber kommen
Nun in trauriger Gestalt,
Und ich fühle dieser Schmerzen,
Still im Herzen
Heimlich bildende Gewalt.

Schon seit manchen schönen Jahren
Seh' ich unten Schiffe fahren;
Jedes kommt an seinen Ort;
Aber ach, die steten Schmerzen,
Fest im Herzen,
Schwimmen nicht im Strome fort.

Schön in Kleidern muß ich kommen,
Aus dem Schrank sind sie genommen,
Weil es heute Festtag ist;
Niemand ahnet, daß von Schmerzen
Herz im Herzen
Grimmig mir zerrissen ist.

Heimlich muß ich immer weinen,
Aber freundlich kann ich scheinen
Und sogar gesund und rot;
Wären tödlich diese Schmerzen
Meinem Herzen,
Ach! schon lange wär ich tot.

Gerhard Schulz

Poetisch reiche Trauer

Dieses Gedicht sei, so heißt es im Kommentar einer alten Goethe-Ausgabe, »die Klage eines Weibes, das sich durch sein Schicksal und seinen Seelenzustand der Mignon verwandt fühlt und darum an diese den Ausdruck ihrer Empfindungen richtet«. Und auch die Identität dieses Wesens verschließt sich dem Kommentator nicht. Maddalena Riggi, die »anmutige Mailänderin«, ist es, die vor Goethe, als sie sich im April 1788 in Rom treffen, das melancholische Bekenntnis ablegt: »Schon lange seh' ich vor meinem Fenster Schiffe kommen und abgehen, ausladen und einladen; das ist unterhaltend, und ich denke manchmal, woher und wohin das alles?« Das ist nachzulesen in der »Italienischen Reise«, die Goethe allerdings sehr viel später als dieses Gedicht niedergeschrieben hat.
Die Verse an Mignon sandte Goethe am Sonntag, dem 28. Mai 1797, an Schiller, der sie in den »Musenalmanach für das Jahr 1798«, den berühmten »Balladenalmanach«, aufnahm und sogleich nach Erhalt dem Autor bestätigte: »Der Besuch von Mignon war mir sehr erfreulich, bleiben Sie ja bei diesem Individuum, es läßt sich in dieser eigenen Seele so vieles empfinden und aussprechen, was in keiner andern geschehen kann.« Denn da er nichts von der Maddalena aus Mailand wußte, galt allein das Gedicht für ihn.
Acht Monate vorher erst war der letzte Band von »Wilhelm Meisters Lehrjahren« erschienen, in dem Mignon, von dem unerfüllbaren Verlangen nach dem Vaterland

und dem Helden des Romans verzehrt, in den Tod ging, so daß ihr Bild nun wie »Schatten« vor Wilhelms »Einbildungskraft« schwebte, wie es im Buche heißt. Mignons wegen habe er überhaupt nur den ganzen Roman geschrieben, hat Goethe später einmal dem Kanzler von Müller mitgeteilt. An sie, an diese Verkörperung des Schmerzes, des Leidens und allerdings auch der Fähigkeit, beides auszudrücken im Gesang, ist also dieses Gedicht gerichtet. Bedürfen wir einer Maddalena Riggi, um es uns anzueignen, oder stört sie uns eher dabei?
Das Gedicht gehört nicht zu Goethes bekannten und beliebten Versen. Zelter und Schubert haben es komponiert, aber in den Auswahlausgaben und Anthologien ist es gewöhnlich nicht zu finden. Die Zurückhaltung mag aus einem gängigen Goethe-Bild heraus verständlich sein. Denn kann man es nicht als Rollengedicht einer anmutigen Mailänderin zuschreiben und auf diese Weise bedeutungslos machen, so stört es in der Vorstellung von einem »klassischen« Goethe, dem vorgeblich alles zur Harmonie gedieh, dem das Leben, wie es auch sein mochte, letztlich immer gut war und bei dem die ewig Strebenden am Ende allemal ihre Erlösung zu finden wußten.
Dies hat er zwar auch wirklich gesagt, aber man überhört doch leicht die Anstrengung, die solche Schlüsse kosten, und spürt wohl auch nicht den schwankenden Boden, auf dem sie errichtet sind. Kehrt Wilhelm Meister zum Beispiel tatsächlich fest in die Ordnung der Turmgesellschaft ein? Ist damit ein klassisches Menschenbild tatsächlich etabliert und die Unordnung von Mignons Sehnsucht und ihrem ordnungsstörenden Verlangen wirklich überwunden? Wenn es so einfach wäre!

Der Preis der Freiheit, die sich Wilhelm Meister erwirbt, ist Ungeschütztheit und Leidensbereitschaft, die wohl der Preis innerer Freiheit überhaupt sind. Nur Alleinseligmachendes vermöchte da zu schützen. Davon hat sich Goethe zeitlebens zurückgehalten, in welcher Form es sich auch bieten mochte, wofür er die Einsamkeit akzeptierte. So gibt es eine poetisch reiche Trauer und Dunkelheit in seinem Werk, die man nur eben immer wieder viel zu gern mit dem Bild des lichtvollen Klassikers übermalt.

Natur und Kunst

Natur und Kunst sie scheinen sich zu fliehen,
Und haben sich, eh' man es denkt, gefunden;
Der Widerwille ist auch mir verschwunden,
Und beide scheinen gleich mich anzuziehen.

Es gilt wohl nur ein redliches Bemühen!
Und wenn wir erst in abgemess'nen Stunden
Mit Geist und Fleiß uns an die Kunst gebunden,
Mag frei Natur im Herzen wieder glühen.

So ist's mit aller Bildung auch beschaffen:
Vergebens werden ungebundne Geister
Nach der Vollendung reiner Höhe streben.

Wer Großes will muß sich zusammenraffen;
In der Beschränkung zeigt sich erst der Meister,
Und das Gesetz nur kann uns Freiheit geben.

Günter Kunert

Triumph über die eigenen Triebe

Was die Dauerhaftigkeit und Zeitresistenz Goethischer Dichtung ausmacht (vielleicht sogar aller Dichtung), besteht im wesentlichen darin, daß sie immer aufs Grundsätzliche hinarbeitet. Zwar ist die Absicht, allgemeingültige Aussagen treffen zu wollen, jeder Lyrik eingeboren, doch bei Goethe ließe sich, technologisch ausgedrückt, fast von einer »zentralen Drehachse« sprechen, welche seine Dichtung in Bewegung hält. Das Allgemeine und Prinzipielle aufzufinden und auch aufdecken zu können ist Goethes eigentliche Genialität – nicht nur der Fleiß, zu dem schließlich auch Dressur zu führen vermag und der noch lange keine Garantie für das Werkgelingen darstellt.

Goethes Hang und Drang zum Generellen, zur Verallgemeinerung, verleiht also auch diesem Gedicht seine Besonderheit: Es gestattet Lesarten. Man mag es sowohl für eine Poetologie halten wie für ein Psychogramm des Dichters, der, indem er die subjektiven Voraussetzungen des Schreibens eingesteht, dennoch mehr verkündet als eine individuelle Disposition.

Bereits die fast formelhafte Feststellung der Eingangszeilen, daß Natur und Kunst nur scheinbare Gegensätze seien, sowie die eigentümliche Anmerkung über den eigenen, jedoch geschwundenen Widerwillen bezeichnet eine Sichtweise, die die Natur als intentionierten Partner der Kunstausübung akzeptiert, obschon sich gegen diesen

Umstand anfänglich starke Abneigung regte. Was aber bei Goethe »Natur« heißt, ist offenkundig die der Kultivation noch nicht erschlossene Innenwelt des Menschen: seine eigene Triebstruktur. Erst wenn diese gezähmt und in Dienst genommen und durch Selbstzwänge »zivilisiert« worden ist, darf ihr Restbestand als kunstnotwendiges Element weiterwähren.

Eine Vorstellung, welche noch die christliche Dualität von Leib und Seele, die jeweils anderen Bereichen zugeordnet sind, ahnen läßt. Goethes »Natur« wird bewältigt, indem sie transformiert wird. »So ist's mit aller Bildung auch beschaffen« meint, daß Kultur überhaupt die Grundbedingung geläuterter menschlicher Existenz wäre. Der geistigen Ungebundenheit wird die Qualifikation für *Höhe* und *Größe* abgesprochen; Selbstbeschränkung und Gesetz sind die Voraussetzungen für Meisterschaft und Freiheit.

Nur zu offensichtlich präsentiert der Dichter da seine Selbsterfahrung als einen Triumph über die eigene Psyche, über die Animalität, wobei jedoch die letzten Zeilen, jede spruchartig den gleichen Imperativ variierend, wie Schläge fallen: Zusammenraffen, Beschränken, Unterwerfen unter das Gesetz. Dem spürbaren Wiederholungszwang dieser Postulate merkt man an, wie sehr sie das Ergebnis, nein, sogar die Folgen innerer Kämpfe gewesen sind.

Die Einsicht in die zwangsläufige Reduktion der persönlichen Daseinsmöglichkeiten, die Erkenntnis von Verzicht und Verlust als unabdingbaren Eintrittskarten zu mehr oder minder olympischen Regionen, zeigt sich als Sieg über das »Tier« in uns und als vor-freudianischer Hinweis für den Leser, daß »Kompensation« der allererste Artikel menschlicher Verfassung sei – ergo auch dort Geltung besäße, wo es keineswegs nur um Kunst ginge. »Und das Gesetz nur kann uns Freiheit geben« überträgt die aus der Praxis des Schreibens gewonnene Weisheit – um ein Goethe entsprechendes Wort zu gebrauchen – auf die Gesellschaft, welche der Dichter nur zu gerne nach seinen Harmonie schaffenden Regeln geordnet sähe.

Das Sonett

Sich in erneutem Kunstgebrauch zu üben,
Ist heil'ge Pflicht, die wir dir auferlegen:
Du kannst dich auch, wie wir, bestimmt bewegen
Nach Tritt und Schritt, wie es dir vorgeschrieben.

Denn eben die Beschränkung läßt sich lieben,
Wenn sich die Geister gar gewaltig regen;
Und wie sie sich denn auch gebärden mögen,
Das Werk zuletzt ist doch vollendet blieben.

So möcht' ich selbst in künstlichen Sonetten,
In sprachgewandter Maßen kühnem Stolze,
Das Beste, was Gefühl mir gäbe, reimen;

Nur weiß ich hier mich nicht bequem zu betten,
Ich schneide sonst so gern aus ganzem Holze,
Und müßte nun doch auch mitunter leimen.

Günter Kunert

Goethe, leicht verunsichert

Eines der selbstauferlegten Leiden von Dichtern, das unvermeidlich zu sein scheint, ist das Sonett, jene Gedichtform, von der das »Handbuch literarischer Fachbegriffe« telegrammstilartig erklärt: »Im 16. Jh. in Italien entstanden, von stengem, kunstvollem Bau, besteht aus 14 meist fünffüßigen jambischen Verszeilen, die sich spannungsvoll in einen Aufgesang von zwei vierzeiligen Quartetten und einen Abgesang von zwei dreizeiligen Terzetten teilen. (...) gilt das S. als bes. geeignet für dialektisch sich bewegende Gedankendichtung...«
Aber nicht nur dafür ist es bes. geeignet, sondern vor allem zur sprachlichen Gymnastik. Kein Lyriker bis auf unsere Tage, der sich nicht schwitzend daran versucht hätte. So auch unser Weimarer Geheimrat. Aber Goethes Sonett ist zugleich der treffende Kommentar des Praktikers, so etwas wie ein miniaturhafter »Werkstattbericht«, der sich als solcher schon in der ersten Zeile ankündigt: »Sich in erneutem Kunstgebrauch zu üben...« Hier gibt der Artist Auskunft über sein Training, wobei jedoch unklar bleibt, wer für die Auferlegung dieser »heil'gen Pflicht« die Verantwortung trägt. Das pompöse »wir« ist doch wohl nur der Pluralis majestatis, unter welchem Goethe mit sich selber zu verkehren pflegte: der große demonstrative Gestus ist der von ihm gewohnte.
Daß Beschränkung sich »lieben« läßt, wenn sich die Geister gewaltig regen, ist eine übertriebenere Behauptung als

das nüchterne »In der Beschränkung zeigt sich erst der Meister ...«, das, ebenfalls aus einem seiner Sonette (»Kunst und Natur«) stammend, zum geflügelten Wort wurde. Dennoch steckt darin eine ästhetische Wahrheit: Nur ein starker Impuls, eine bedeutende Intention bewältigt (und verlebendigt) ein seit langem verfestigtes und dem modernen Sprachgebrauch widerstrebendes Muster. Hier irrte Goethe nicht.

Und äußert, sonettkonform, im ersten Terzett entgegen der vorangegangenen Emphase alsogleich Unbehagen und Bedenken: »So möcht ich selbst in künstlichen Sonetten ... Das Beste, was Gefühl mir gäbe, reimen...« Das »ich möchte« macht den Eindruck einer etwas hilflosen Willensbekundung, denn wenn jemand reimen *möchte*, ist er sich des Gelingens kaum sicher. Gesteigert wird das Zagen durch den Konjunktiv des »gäbe«: als scheue das Gefühl, vor die Klippe des Sonetts geführt, davor zurück, sein Bestes zu geben. Nichts als Wenn und Aber. Und das letzte Terzett macht die Kalamität dann auch ganz deutlich. Vom bequemen Sich-Betten ist die dichterische Rede, doch es wird klar: Es handelt sich für den Dichter um ein Prokrustesbett. Unversehens verliert man unter dem Zwang der mit gutem Recht so genannten »strengen« Form jede individuelle Intonation, den persönlichen Duktus.

Merkwürdiges, ja, fast bin ich geneigt zu sagen: Suspektes geschieht, sobald man sich dem altehrwürdigen Schema unterwirft. Spürbar wirkt auf die eigene Vorstellung von dem Auszusagenden ein deformierender Druck ein. Man erfährt, ja erleidet eine Disziplinierung, als unterlagen Hand und Kopf einem fremden Befehl, gegen den es sich durchzusetzen, sich zu wehren gilt: Die Dialektik des Sonetts, vom »Handbuch« als antithetischer Aufbau gemeint, macht sich bereits im »Geburtsstadium« bemerkbar. Daher erscheint das so entstandene Gedicht seinem Hersteller fremd; es kommt ihm vor, als sei er an diesem Produkt nur bedingt beteiligt, da er eine Vorgabe erfüllt hat.

Dieser fatale Umstand, sich wie von Geisterfingern das Wort im Mund herumdrehen zu lassen und dennoch das für notwendig Erachtete zu sagen, scheint Goethe entgangen zu sein. Für ihn steht das Handwerkliche im Vordergrund. Trotzdem: Der in allen literarischen Sätteln gerechte Olympier gesteht in der letzten Zeile so etwas wie ein Versagen vor der unüberwindlichen Schwierigkeit ein.

Dauer im Wechsel

Hielte diesen frühen Segen
Ach, nur Eine Stunde fest!
Aber vollen Blütenregen
Schüttelt schon der laue West.
Soll ich mich des Grünen freuen
Dem ich Schatten erst verdankt?
Bald wird Sturm auch das zerstreuen,
Wenn es falb im Herbst geschwankt.

Willst du nach den Früchten greifen,
Eilig nimm dein Teil davon!
Diese fangen an zu reifen,
Und die andern keimen schon;
Gleich mit jedem Regengusse
Ändert sich dein holdes Tal,
Ach, und in demselben Flusse
Schwimmst du nicht zum zweitenmal.

Du nun selbst! Was felsenfeste
Sich vor dir hervorgetan,
Mauern siehst du, siehst Paläste
Stets mit andern Augen an.
Weggeschwunden ist die Lippe,
Die im Kusse sonst genas,
Jener Fuß, der an der Klippe
Sich mit Gemsenfreche maß,

Jene Hand, die gern und milde
Sich bewegte, wohlzutun.
Das gegliederte Gebilde,
Alles ist ein andres nun.
Und was sich an jener Stelle
Nun mit deinem Namen nennt,
Kam herbei wie eine Welle,
Und so eilt's zum Element.

Laß den Anfang mit dem Ende
Sich in Eins zusammen ziehn!
Schneller als die Gegenstände
Selber dich vorüberfliehn!
Danke, daß die Gunst der Musen
Unvergängliches verheißt,
Den Gehalt in deinem Busen
Und die Form in deinem Geist.

Werner Ross

Scherzo über die Vergänglichkeit

In der »Ausgabe letzter Hand« steht unser Gedicht in der gewichtigen Sammlung »Gott und Welt«, die anhebt mit dem Proömium »Im Namen dessen, der sich selbst erschuf!« und fortfährt mit so ewigkeitsraunenden Gedichten wie »Vermächtnis« und »Urworte Orphisch«. Verglichen mit diesen tiefsinnigen Entfaltungen Goethescher Welt-Anschauung, ist der Gehalt von »Dauer im Wechsel« bescheiden: daß rascher Wandel, Kommen und Gehen, Wechsel und Vergänglichkeit das Gesetz der Natur sind, wird ordentlich gegliedert vorgeführt; die Schlußpointe der letzten, fünften Strophe liefert den von Horaz bis Benn immer wieder bekräftigten Gemeinplatz, daß allein die Dichtung diesem Verschleiß widerstehe, Dauerware »ewiger denn Erz«. »Gehalt im Busen«, also das Sittliche, und »Form im Geist«, das gestaltete Schöne, sind das allein Unvergängliche.

Der Zauber dieses Gedichts geht ganz von der Kunst aus, mit der das Gliederungsschema versteckt wird, von der Beschwingtheit der Tempi, von der sinnlichen Anschaulichkeit, der blitzenden Kostbarkeit all der Augenblicke, die angeblich so hastig verschwinden, kurz und gut, von der ständigen praktischen Widerlegung dessen, was die These verficht. All diese »Weg!« und »Dahin!« und »Vorbei!« addieren sich zur harmonischen Figur des Lebenskreises oder Lebensringes: »Laß den Anfang mit dem Ende / Sich in Eins zusammen ziehn!«

Wie in der modernen Dichtung wird die Form selber Ausdruck: Gleichsam mit dem Zeitraffer aufgenommen, sausen in den ersten acht Versen die vier Jahreszeiten vorbei. Der Anfang springt gleich *in medias res*, man muß erraten, daß der »frühe Segen« Rauhreif oder ein Schneeschauer ist, ein Nachgefecht des Winters wie in Fausts Osterspaziergang. Dem kalten Schauer, dem Winter-Augenblick folgt auf dem Fuß der Regen der Blüten, und im Handumdrehen jagt ihm das Schattengrün des Sommers nach, das, kaum entfaltet, auch schon vom Herbststurm zerstreut wird – Bildchen, so schnell zerfallend wie im Kaleidoskop.

Auch die Stilleben der zweiten Strophe sind bewegte Bilder, sich übereinanderschiebend, schneller Zugriff muß sein. Auch Tal und Fluß, Lieblingsaufenthalt der Weimarer Zeit, sind kein stabiles Idyll, sondern aller Wetterwendischkeit ausgesetzt, und – hier verschmilzt der alte Spruch des Heraklit mit des Dichters eigenster Erfahrung – »niemand steigt zweimal in den gleichen Fluß«.

Was nun folgt, ist der Zweifel auch an der Dauerhaftigkeit des Ich. Das halten wir für modern und zitieren Hofmannsthal: »Und daß mein eignes Ich, durch nichts gehemmt, / Herüberglitt aus einem kleinen Kind, / Mir wie ein Hund unheimlich stumm und fremd.« Aber um 1800 hatte der Hirnforscher Johann Christian Reil schon in seinen »Rhapsodien über die Anwendung der psychischen Kurmethode auf Geisteszerrüttungen« über die »seltsame Erscheinung« nachgedacht, »diesen festen Glauben, daß wir immer dieselbe Person bleiben, da uns doch von der Erfahrung die handgreiflichen Beweise des Gegenteils aufgedrungen werden«. Er schickte Goethe seine Schrift

zu; Goethe legte seiner Antwort das durch Reils Schrift angeregte Gedicht bei.
Wahrhaftig, er, der immer der Persönlichkeit das Wort geredet hat, sieht sich nun selbst wankend und schwankend, alles ist im Fluß, und wenn auch die Felsen, Mauern und Paläste »feste« stehen, wandeln sich doch unaufhörlich unsere Eindrücke von ihnen. Allerdings, so ganz kann er sich doch nicht zu des Doktor Reil Metamorphosenlehre durchringen, und seine Betrachtung von Mund, Hand und Fuß enthält mehr Klage über Vergänglichkeit als Staunen über Veränderung. Nur der Abgesang dieser Strophe macht Ernst mit der Verflüchtigung und Verflüssigung der Person: Die Welle ist ja fast das Wappenzeichen des »Neptunisten«. Aber dabei darf's nicht bleiben. Wie mit einem Sprung rettet er sich auf das feste Land, zu den soliden Symbolen, in die fast dogmatische Stabilität der Kunst.

Ritter Curts Brautfahrt

Mit des Bräutigams Behagen
Schwingt sich Ritter Curt aufs Roß;
Zu der Trauung soll's ihn tragen,
Auf der edlen Liebsten Schloß;
Als am öden Felsenorte
Drohend sich ein Gegner naht;
Ohne Zögern, ohne Worte
Schreiten sie zu rascher Tat.

Lange schwankt des Kampfes Welle,
Bis sich Curt im Siege freut;
Er entfernt sich von der Stelle,
Überwinder und gebläut.
Aber was er bald gewahret
In des Busches Zitterschein!
Mit dem Säugling still gepaaret
Schleicht ein Liebchen durch den Hain.

Und sie winkt ihm auf das Plätzchen:
Lieber Herr, nicht so geschwind!
Habt Ihr nichts an euer Schätzchen,
Habt Ihr nichts für euer Kind?
Ihn durchglühet süße Flamme,
Daß er nicht vorbei begehrt,
Und er findet nun die Amme,
Wie die Jungfrau, liebenswert.

Doch er hört die Diener blasen,
Denket nun der hohen Braut,
Und nun wird auf seinen Straßen
Jahresfest und Markt so laut,
Und er wählet in den Buden
Manches Pfand zu Lieb und Huld;
Aber ach! da kommen Juden
Mit dem Schein vertagter Schuld.

Und nun halten die Gerichte
Den behenden Ritter auf.
O verteufelte Geschichte!
Heldenhafter Lebenslauf!
Soll ich heute mich gedulden?
Die Verlegenheit ist groß.
Widersacher, Weiber, Schulden,
Ach! kein Ritter wird sie los.

Wulf Segebrecht

Aus dem ritterlichen Heldenleben

Eine Brautfahrt mit Hindernissen. Mehr noch: eine Fahrt, die nicht zum Ziel führt. Den Gedanken an eine behagliche Ehe mit der adligen Schloßherrin muß sich der Ritter Curt am Ende wohl aus dem Kopf schlagen. Er hat keine Zukunft mehr, er hat nur – und das reichlich – eine zweifelhafte Vergangenheit, und die holt ihn und seinesgleichen unweigerlich ein: »Kein Ritter wird sie los.« Hat er den Gegner noch in gewohnter Manier aus dem Feld schlagen können, so erliegt er, obwohl nun Bräutigam, erneut dem Liebreiz jenes Schätzchens, das schon ein Kind von ihm hat; vollends aber ist es um ihn geschehn, sobald er sich in aller Öffentlichkeit auf dem Markt zeigt: Seine Gläubiger bringen ihn vor den Kadi, und damit ist die Brautfahrt zu Ende, jedenfalls fürs erste.

»Widersacher, Weiber, Schulden« – so lautet das ebenso umfassende wie prägnante Sündenregister des Ritters, das zugleich die Stationen seines wahrhaft »heldenhaften Lebenslaufs« bilanziert. Die Brautfahrt wird zum Spiegel des ritterlichen Lebensweges, und der trägt deutlich ironische, ja komische Züge: »gebläut« verläßt der Ritter den Ort des Kampfgeschehens, begehrlich gelüstet ihn selbst noch auf dem Weg zu seiner Braut nach einer amourösen Zwischenkost, und schließlich bringen die ihn verfolgenden Juden den Schuldenritter zur Strecke. Aus dem heldenhaften Ritter Curt ist, wie man sieht, eine recht erbärmliche und jämmerliche Figur geworden.

Goethe hat ihn demontiert und der Lächerlichkeit preisgegeben.
Natürlich ist es nicht mehr der Verfasser des »Götz von Berlichingen«, der so mit dem Ritter umgeht. Goethe verfaßte die Ballade vielmehr erst nach 1802, zu einer Zeit also, als in Deutschland die trivialen Ritterromane eines Leonhard Wächter (Veit Weber) *en vogue* waren und die Ritteridealisierung der Romantik einsetzte. Von beiden Formen der Ritterrenaissance distanziert sich Goethe. Einerseits rügt das Beispiel des Ritters Curt, daß Aventiure und Minne zu sinnentleerten Kraft- und Liebesakten verkommen sind, daß Ritterlichkeit im Kampf, in der Liebe und im sozialen Zusammenleben der Menschen pervertiert wurde zu bedenkenloser und unverantwortlicher Leichtfertigkeit in allen diesen Bereichen; das ist an die Adresse der Ritterromanverfasser gerichtet.
Andererseits belegt Ritter Curts Fall die Unvereinbarkeit der Grundsätze des bürgerlichen mit denen des ritterlichen Zeitalters: Bürgerliche Behaglichkeit und der Anspruch auf ritterliche Autonomie sind prinzipiell unverträglich. In der felsigen Ödnis, abseits der bürgerlichen Gesellschaft, mag sich das Rittertum noch eine Weile halten (auch wenn es dort komisch genug wirkt), und sogar bei den mehr oder weniger lockeren Liebschaften geht es, alles in allem, für den Ritter noch glimpflich ab (auch wenn seine Unverantwortlichkeit nun unübersehbar wird); auf dem Markt aber, wo bürgerlicher Kommerz und bürgerliches Recht regieren, geht es dem Ritter endgültig an den Kragen. Das richtet sich gegen die romantische Sehnsucht nach einer Wiederherstellung der vermeintlichen Einheit der mittelalterlichen Gesellschaft.

Die hohe Zeit des Rittertums, ob sie trivial oder romantisch zurückgeträumt wird, ist, so sagt es das Gedicht, mit der so schmachvoll geplatzten Hochzeit des Ritters Curt ein für alle Male vorbei.
Goethe hat das bei näherer Betrachtung weittragende Exempel mit leichter Hand zu heiterer und geselliger Unterhaltung zubereitet. Dementsprechend zählte er es zunächst auch zu seinen »der Geselligkeit gewidmeten Liedern« – tatsächlich hat Karl Friedrich Reichardt es vertont – und später erst zu den »Balladen und Romanzen«. Scherzend und ganz unauffällig hat er 1814 dem »Urfreund« Karl Ludwig von Knebel die Quelle seines Gedichts verraten, zugleich aber auch den Abstand markiert, der seine Erfindung von dieser Quelle trennt: »Ich habe beinahe so viel Händel auf dem Halse, von guter und schlechter Sorte, als der Marschall von Bassompierre, welcher einer Tochter aus großem Hause ein Kind gemacht hatte, eine sehr gefährliche Ehrensache ausbaden sollte und zugleich im Fall war, von seinen Creditoren in den Schuldturm geführt zu werden. Dies alles hat er, wie er schreibt, durch die Gnade Gottes, vergnüglich überstanden, und so hoff ich, soll es mir auch ergehen.«

Nachtgesang

O! gib, vom weichen Pfühle,
Träumend, ein halb Gehör!
Bei meinem Saitenspiele
Schlafe! was willst du mehr?

Bei meinem Saitenspiele
Segnet der Sterne Heer
Die ewigen Gefühle;
Schlafe! was willst du mehr?

Die ewigen Gefühle
Heben mich, hoch und hehr,
Aus irdischem Gewühle;
Schlafe! was willst du mehr?

Vom irdischen Gewühle
Trennst du mich nur zu sehr,
Bannst mich in diese Kühle;
Schlafe! was willst du mehr?

Bannst mich in diese Kühle,
Gibst nur im Traum Gehör.
Ach! auf dem weichen Pfühle
Schlafe! was willst du mehr?

Joachim Fest

Musikstück für Worte

Es gibt Gedichte, vor denen der uralte Streit zwischen Inhalt und Form verstummt, weil beides bis zur Ununterscheidbarkeit ineinander verschmolzen ist. Sie vermitteln eine Ahnung idealen Gelingens; und wie nur selten glaubt man sich dem Rätsel poetischer Vollendung so dicht auf der Spur.

Es scheint, als habe Goethe in dem 1804 geschriebenen und trotz des volkstümlichen Tons nur wenig bekannten »Nachtgesang« ein vielfach verschachteltes formales Experiment unternommen: die fünf Strophen werden mit nur zwei Reimfiguren (ör-ehr und ühle-iele) bestritten, die dem Gedicht einen absichtsvoll eintönigen, zu Müdigkeit und Schlaf überredenden Begleitton verschaffen. Dieser Eindruck wird verstärkt durch den in jeder Strophe wiederkehrenden Endreim und sodann noch einmal gesteigert durch die Verknüpfung, die aus jeder dritten Zeile einer Strophe die Anfangszeile der nächstfolgenden macht. Die dritte Zeile der Schlußstrophe schließlich greift die Eröffnungszeile wieder auf, so daß der Bogen, Wiederkehr und Dauer suggerierend, sich schließt.

Goethe hat kaum ein kunstvolleres Gedicht verfertigt. Denn innerhalb dieser überaus strengen Form entfaltet er eine liedhaft weiche Grundstimmung, aus der anstrengungslos die Bilder von Melancholie, Stille und träumerischer Entrückung kommen. Das Gedicht erinnert auf seine Weise daran, daß alle Kunst zuletzt darin besteht, die Kunst vergessen zu machen.

Es ist ein Musikstück für Worte. Darauf deuten nicht nur die rondoartige Konstruktion sowie der schwer entschlüsselbare, einem italienischen Volkslied entstammende Kehrreim: »Schlafe! Was willst du mehr?«; auch die Verse selber bilden eher eine Melodie als einen genauen Sinn und halten denn auch verschiedentlich, auf ihre Bedeutung hin untersucht, der kritischen Wißbegier nicht stand – so wenig wie das Gedicht im ganzen, das bezeichnenderweise einen gelehrten Streit darüber entfacht hat, ob man sich unter der singenden Person einen Mann oder nicht eher doch die Lieblingssklavin eines orientalischen Fürsten vorzustellen habe.

Doch führt dergleichen exegetischer Ehrgeiz in die Irre. Die Empfindung, die das Gedicht ausdrückt, entzieht den Worten ihren rational faßbaren Kern und verwandelt sie gleichsam in Noten oder doch Stimmungschiffren. Es verlangt denn auch nicht, in Musik gesetzt zu werden. Aber Schubert hat es vertont, oder genauer das, was schon Musik ist, in einen anderen musikalischen Aggregatzustand gebracht.

Sicherlich ist heute, da jedes Kunstgebilde sich auf seine gesellschaftliche Perspektive hin verantworten muß, ein solches Gedicht ohne Chance. Der Abstand zur Gedanken- und Parolenlyrik unserer Tage, zu dem ganzen grandiosen Meinungstheater, das in die Dichtung eingebrochen ist, läßt sich schwerlich größer denken. Man kann an solchem Randbeispiel ermessen, wieviel modischer Wahnwitz in der verbreiteten Tendenz steckt, die Formen klassischer Literatur »aufzubrechen«, um ihr einen neuen, gegenwärtigen Sinn zu entreißen. Unter dem Aufbrechen zerbricht nur das Kunstwerk selber.

In solchen Neigungen wird ebenso wie in der geringen Beachtung, auf die ein Gedicht wie dieses immer rechnen muß, der deutsche Soupçon gegen die Form erkennbar. Sie wird selten nur als Ziel verstanden und weit häufiger als Verlust so vieler, grenzenloser Möglichkeiten. Der Maler Degas, so wird berichtet, der sich mitunter in der Poesie versuchte, beklagte einmal gegenüber Stephane Mallarmé sein Unvermögen, »Ideen« für seine Gedichte zu finden. »Wozu Ideen?«, erwiderte der Dichter; »man braucht doch nur Worte.« Gewiß; und die Fähigkeit, den Worten jene Form zu geben, vor der alles Fragen endet und der Gedanke zur Ruhe kommt.

Was Völker sterbend hinterlassen

Was Völker sterbend hinterlassen,
Das ist ein bleicher Schattenschlag:
Du siehst ihn wohl, ihn zu erfassen
Läufst du vergeblich Nacht und Tag.

Wer immerdar nach Schatten greift,
Kann stets nur leere Luft erlangen:
Wer Schatten stets auf Schatten häuft,
Sieht endlich sich von düstrer Nacht
umfangen.

Rolf Hochhuth

Alles Geschichtliche ist peripher

Im Reisewagen, hinter Eger, erreichte Goethe am 6. August 1806 die Nachricht vom Erlöschen des Heiligen Römischen Reiches deutscher Nation – vermutlich notierte er noch am selben Tage jene acht Zeilen, denen er keine Überschrift gab und die er nie publiziert hat. Sicher ist, daß er sie im August schrieb. Höchste Zeit für den Minister, aus Karlsbad heimzukommen: schon am 14. Oktober rückten die Franzosen in Weimar ein. Noch konnte niemand wissen, was Napoleon mit dem Herzogtum anstellen werde: Großneffe Friedrichs des Großen, war der Herzog preußischer General – stand allerdings auch seit zwei Jahren unter dem Schutze des Zaren; dessen Schwester, von Schiller bedichtet, war im November 1804 als Gattin des Erbprinzen in Weimar eingezogen. Noch wünschte Napoleon mit den Russen, gegen England, Frieden zu halten.

Schlimmer als der Untergang des Reiches, längst absehbar, war die Niederlage von Jena-Auerstedt, dazu Soldateska bis zur leiblichen Bedrohung für den Hausherrn am Frauenplan; alles existentielle Abenteuer, die Goethes Urabneigung gegen die Geschichte steigerten – einen »verworrenen Quark« nannte er sie schriftlich (an Knebel, 1817). Und zum Kanzler von Müller sagte er fast mit achtzig, Geschichte sei »das Absurdeste, was es gibt«. Goethe hat sich zeitlebens aus der Geschichte nur angeeignet und sehr schroff dieses Auswahlprinzip mehrfach begründet,

was ihn kulturell bereicherte – vom Rest wandte er sich mit Ekel.
Insofern sind die zwei Zeilen dieses Gedichts: »Läufst du vergeblich Nacht und Tag« und: »Wer immerdar nach Schatten greift« Übertreibungen; vermutlich nur um des schwachen Reimes willen geschrieben; denn Goethe hatte nie die Neigung, Nacht und Tag und immerdar Schatten und Schemen »nachzulaufen«! Und gar noch historischen: Gegenwart sei die einzige Göttin, die er anbete, sagte er 1795. Und notierte abweisend, ja aus Selbstschutz, in einem dann von ihm nie publizierten Vorwort zum dritten Teil von »Dichtung und Wahrheit«, »Geschichte, selbst die beste, hat immer etwas Leichenhaftes, der Geruch der Totengruft«.
In älteren Goethe-Ausgaben werden diese nur acht Zeilen, die er dem doch damals erstrangigen Geschehnis: der Auflösung des Reiches, widmet, noch durch ein Sternchen getrennt – in der berühmten Hamburger Goethe-Ausgabe fehlen sie gänzlich: so peripher sind sie in seinem lyrischen Werk. So peripher war ihm alles Geschichtliche. Nie hätte Goethe, wie Hofmannsthal im Jahr 1895, den Seufzer getan: »Ganz vergessener Völker Müdigkeiten kann ich nicht abtun meinen Lidern.« Nur solange Schiller lebte, der genuine Historiker unter den Dichtern, hielt Goethe die Ironie zurück, mit der er 1806 dem Historiker Luden entgegengetreten war.
Doch auch an Schiller hatte er geschrieben, sogar die welt-umstürzende Französische Revolution samt ihren Ideen und der »Freiheit«, die sie den wenigen brachte, die sie nicht umbrachte, sei allenfalls eine Naturnotwendigkeit gewesen: »Man sieht in dieser ungeheuren Empirie nichts

als Natur und nichts von dem, was wir Philosophen so gern Freiheit nennen möchten.« Immerhin, ein bis heute als Meisterwerk kaum erkanntes Stück: »Die natürliche Tochter«, hat er der Zeitgeschichte – das Wort benutzte er schon – abgewonnen.

Doch vergleiche man diese acht Zeilen, deren zwei erste allein auf der Höhe anderer Gedichte Goethes sind, mit dem, was Schiller sogar Untergängen, historischen Katastrophen an Ideen, an Aufgaben abzugewinnen vermochte! So in seinem Fragment »Deutsche Größe«, geschrieben nach dem Verrat Österreichs am Rheinland, dessen linkes Ufer Wien 1801 an Frankreich abgetreten hatte, im Austausch gegen Gebiete Oberitaliens und Istriens.

Mächtiges Überraschen

Ein Strom entrauscht umwölktem Felsensaale
Dem Ozean sich eilig zu verbinden;
Was auch sich spiegeln mag von Grund zu Gründen,
Er wandelt unaufhaltsam fort zu Tale.

Dämonisch aber stürzt mit einem Male –
Ihr folgen Berg und Wald in Wirbelwinden –
Sich Oreas, Behagen dort zu finden,
Und hemmt den Lauf, begrenzt die weite Schale.

Die Welle sprüht und staunt zurück und weichet,
Und schwillt bergan, sich immer selbst zu trinken;
Gehemmt ist nun zum Vater hin das Streben.

Sie schwankt und ruht, zum See zurückgedeichet;
Gestirne, spiegelnd sich, beschaun das Blinken
Des Wellenschlags am Fels, ein neues Leben.

Helmuth Nürnberger

Nichts als Minnegesang

Einen Bergsturz beschreibt in bedeutungsvollen Bildern Goethes Gedicht, das erste der siebzehn Sonette, die 1807 und 1808 in Jena entstanden sind und später zu einem Zyklus zusammengefaßt wurden. Ein Kunstwerk: Es vermittelt Anschauung in für die Sinne beglückender Weise. Die Strom-Metapher läßt an Goethes Jugendlyrik denken. In »Mächtiges Überraschen« tritt, veränderter Erfahrung entsprechend, das Eigengesetzliche des Naturvorgangs verstärkt hervor. Bereits meinte Goethe weniger mit dem Auge des Künstlers als dem des Naturforschers zu sehen.

Gefährdung und Krise, das zeitweilige Versiegen der Produktionskraft, kennzeichnen in seinem Leben das Jahrfünft nach Schillers Tod ebenso wie eine Folge neuer Werke, die durch ein distanziertes Bewußtsein geprägt scheinen. Bald nach dem Sonettzyklus sind die »Wahlverwandtschaften«, der tragische Roman, entstanden. Politisch bezeichnet das Jahr 1808 den Zenit der Herrschaft Napoleons in Europa. »Überraschen« ist vom Dichter transitiv gebraucht. Beschrieben wird ein Vorgang von jäher Gewalt. Im mythologischen Bild (Oreas ist eine Bergnymphe), in einer Sprache voll elementarer Poesie, gepreßt in die randfesten, starren Maße des Sonetts, wird das Naturdrama vergegenwärtigt. Die regelmäßig gebauten Strophen (2 Quartette, 2 Terzette), von denen jede ihr eigenes Thema hat, halten die widerstreitenden Kräfte

(Fluß, bewegter Berg) im Gleichgewicht. Im Schlußbild scheinen Chaos und Kosmos versöhnt.
Weniger und mehr, als die Erfahrung uns lehrt, wird hier beschrieben. »Liebe will ich liebend loben, / Jede Form sie kommt von oben«, lautet das den »Sonetten« 1815 vorangestellte Motto – dem ersten Zyklus von Liebesgedichten seit den zwanzig Jahre zurückliegenden »Römischen Elegien«. Getrennt »von jeglichem Besinnen«, so hatte, will man dem Sonett »Nemesis« glauben, ein annähernd Sechzigjähriger die Begegnung mit einer Achtzehnjährigen, Minna Herzlieb, als »Sonettenwut und Raserei der Liebe« erlebt. Handwerklicher Ehrgeiz im Umgang mit einer umstrittenen, eben wieder aktuell gewordenen Form war allerdings auch dabei. Zacharias Werner, gleichfalls im Frommannschen Hause in Jena anwesend, und einige weitere Bekannte teilten das vierzehnzeilige Fieber.
Anregung kam auch von Bettina Brentano, »Dir von Gott gegeben«, wie sie Ende 1807 an Goethe schrieb, »als ein Damm, über welchen Dein Herz nicht mit dem Strom der Zeit schwimmen soll, sondern ewig jung in Dir bleibt und ewig geübt in der Liebe!« – »Adieu mein artig Kind! Schreiben Sie bald daß ich wieder was zu übersetzen habe«, antwortete der Dichter. Übersetzt wurde ins Sonett, seit Petrarca die klassische Form für das Thema der unerfüllbaren Liebe.
Goethes Briefäußerung von 1812, er habe Minna Herzlieb »mehr als billig« geliebt, ist vieldeutig. Der Preis, der zu zahlen war, hieß auch hier Entsagung; der erhoffte Lohn Poesie. »Gegen die Liebe, o Nikias, gibt es kein anderes Mittel, / Keinerlei Salbe, wie es mir scheint, und keinerlei Puder, / Nichts als Minnegesang«, kündet die elfte Idylle

des Theokrit – »dein Mittel ist hart«, lautet es dazu lapidar in Goethes Elegie »Amyntas«, die Nikias anredet.
»Mächtiges Überraschen« verzichtet auf Klage. Die Liebe und der Gesang sind dämonisch. Durch das zweite Quartett des Sonetts scheint gründlich in Frage gestellt, was das erste als unvermeidlich darzustellen bemüht gewesen war. Das neue Leben, das aus dem gefährlichen Einbruch (der Liebe) hervorgeht, bezeugt dann eine andere, höhere Notwendigkeit. Im ersten Terzett wird dieses Leben beschrieben, im zweiten gedeutet. Das gestaute Wasser wird zum Spiegel der Gestirne, bewegter Widerschein eines Göttlich-Gesetzlichen.
Ich habe das Streng-Gefügte dieser Verse immer bewundert. Sie schienen mir zugleich hochpathetisch und phrasenlos, ein Muster beherrschten Ausdrucks, aristokratisch verschlossen. Bereitliegende Verstehenshilfen schöpften ihr Geheimnis nicht aus, vermehrten nur noch die ästhetische Faszination.

Abschied

War unersättlich nach viel tausend Küssen,
Und mußt mit einem Kuß am Ende scheiden,
Nach herber Trennung tiefempfundnem Leiden
War mir das Ufer, dem ich mich entrissen,

Mit Wohnungen, mit Bergen, Hügeln, Flüssen,
So lang' ich's deutlich sah, ein Schatz der Freuden;
Zuletzt im Blauen blieb ein Augenweiden
An fernentwichnen, lichten Finsternissen.

Und endlich, als das Meer den Blick umgrenzte,
Fiel mir zurück in's Herz mein heiß Verlangen;
Ich suchte mein Verlornes gar verdrossen.

Da war es gleich als ob der Himmel glänzte;
Mir schien, als wäre nichts mir, nichts entgangen,
Als hätt' ich alles, was ich je genossen.

Gerhard Schulz

Lichte Finsternisse

Abschied und Tod: sie sind miteinander verwandt. Das wird nirgends schmerzlicher erfahrbar als dort, wo zwei Liebende sich trennen müssen. Denn Liebe, wo sie sich in ganzer Macht ereignet, will nichts von Zeit, nichts von Anfang und Ende wissen. Alles, was mit den Bedingtheiten der Welt, mit den Gründen für das Kommen und Gehen zu tun hat, ist ihr aufs äußerste zuwider. Liebe will Ewigkeit für uns, die wir uns dennoch der Zeit zu unterwerfen haben. Anschaulicher, bewegender kann das nicht gesagt werden als mit den ersten zwei Zeilen von Goethes Sonett. Glück und Schmerz des Liebens sind aufs ergreifendste darin verbunden.

Aber Goethe bleibt auf der Erde, ertrinkt nicht im Liebestod. Eine Reise steht an, aus der Nähe wird Ferne. Kunstvoll und genau wird die Entfernung des Schiffsreisenden vom Ufer beschrieben, das ihm, der zurückblickt, den »Schatz« der nunmehr vergangenen »Freuden« bedeutet. Von Rückkehr wird nichts gesagt, obwohl sie denkbar bleibt.

Goethes Sonett ist Ende 1807 oder Anfang 1808 entstanden, zwei Jahrzehnte nachdem er selbst eine Seereise unternommen hatte. Die Literaturgeschichte weiß statt eigener, unmittelbarer Erfahrung des Dichters einen leidenschaftlichen Brief der Bettine Brentano an ihn aus eben dieser Zeit vorzuführen, der gerade das Bild des sich nach »hundert Küssen« aus der letzten Umarmung lösenden

Seefahrers ausmalt. Sie weiß auch aufzuwarten mit dem Bericht vom zärtlichen Einverständnis, in dem sich der Achtundfünfzigjährige damals mit einer jungen Frau befunden hatte. Wer außerdem die in dieser Zeit fertiggestellte »Farbenlehre« kennt, wird aus dem dort beschriebenen engen Verhältnis zwischen dem Blau und der Finsternis den seltsamen Widerspruch der »lichten Finsternisse« besser begreifen. Denn nach dem Bunten und dem Blauen kommt das Dunkle, aber das war licht, wenn die Erinnerung zur Beobachterin wird.

Und schließlich ist da noch die Form des Sonetts, künstlich und kunstvoll zugleich, die damals ein kontroverser Gegenstand war, versuchten doch die Freunde klassischer Formen sie als romantisch zu verachten. Aber Goethe hielt wenig von solchen Parteiungen. Gewiß, nicht »leimen« wollte er um der Reime willen, wie er bekannte, aber dann fand er doch Spaß daran: auch er konnte Sonette schreiben, auch das konnte er.

Die Verehrer des Klassikers Goethe haben seine Sonette nie ganz gebilligt. Auch dieses hier sei »geleimt«, liest man, und mit der Logik der beiden Terzette hapere es. Überhaupt sei das wohl eigentlich nicht Poesie um der neuen Liebe, sondern Liebe um der neuen Poesie willen.

Gewiß, kein Werther hat sich hier für die »vorhabende Reise« Pistolen besorgt, kein Tristan ist todwund über See gegangen. Und jene – um es modisch zu sagen – Verinnerlichung, jenes seltsame Einschließen des Genossenen und nun Verlorenen ins eigne Herz mag unerwartet bei Goethe erscheinen, romantisch geradezu und eher eines Novalis würdig.

Aber manches ist dagegen vorzubringen. Der Blick wendet sich von außen nach innen und zurück dann ins Äußere, diesmal zum Himmel ohne Grenzen. Zugleich aber regiert der Konjunktiv die letzten drei Zeilen, den Gewinn des ins Innere geschlossenen Glücks doch sehr herabstimmend. Da wird Abschied nicht schlechthin überwunden und Liebe nicht einfach in Geistiges sublimiert.

Wohl aber erweist sich das Alter des Sprechenden im Einklang mit der festen Form, in die das Empfundene gefaßt wird. Unendlichkeit ist nicht für diese Welt. Aber ihrer, wiederum und sei es nur für einen kurzen Augenblick, teilhaft geworden zu sein, erfüllt mit einem Glück eigener Art, das wohl dem Gefühl der Dankbarkeit nahe verwandt sein mag – und vielleicht auch der Freude darüber, daß sich Unendliches in den vierzehn Zeilen eines Sonetts ausdrücken läßt. Ein Jahr nach diesem Gedicht erschienen dann, um das noch anzumerken, die »Wahlverwandtschaften«, deren Gestalten nicht gelingt, was hier versucht wird.

Die Liebende abermals

Warum ich wieder zum Papier mich wende?
Das mußt du, Liebster, so bestimmt nicht fragen:
Denn eigentlich hab' ich dir nichts zu sagen;
Doch kommt's zuletzt in deine lieben Hände.

Weil ich nicht kommen kann, soll was ich sende,
Mein ungeteiltes Herz hinüber tragen
Mit Wonnen, Hoffnungen, Entzücken, Plagen:
Das alles hat nicht Anfang, hat nicht Ende.

Ich mag vom heut'gen Tag dir nichts vertrauen,
Wie sich im Sinnen, Wünschen, Wähnen, Wollen
Mein treues Herz zu dir hinüber wendet,

So stand ich einst vor dir, dich anzuschauen,
Und sagte nichts. Was hätt' ich sagen sollen?
Mein ganzes Wesen war in sich vollendet.

Eckart Klessmann

Ein vollkommenes Liebesgedicht

Zweierlei traf zusammen: Der Dichter Zacharias Werner besuchte im November 1807 Goethe, der sich damals in Jena aufhielt, und las ihm Sonette vor, was Goethe inspirierte, sich nun seinerseits in dieser Form zu versuchen. Die stärkere Inspiration aber bot die achtzehnjährige Pflegetochter des Buchhändlers Frommann in Jena: Wilhelmine (»Minchen«) Herzlieb, in die sich der sechsundfünfzigjährige Goethe für kurze Zeit verliebte. Das Sonett »Die Liebende abermals« (der Titel bezieht sich auf das vorangegangene »Die Liebende schreibt«) entstand im Dezember 1807 (oder Januar 1808).

»Ich schreibe Dir schon, mein Lieber, und ich habe Dir eigentlich den ganzen Weg über geschrieben, denn ich dachte immer an Dich«, beginnt ein Brief von Sophie Mereau an Clemens Brentano. Liebesbriefe sind für den, an den sie nicht gerichtet, meist ermüdend zu lesen. Denn ihr Wesen ist die Wiederholung, nämlich die stete Versicherung der Liebe, und wichtig ist nur, dies in der eigenen Handschrift in den Händen des Empfängers zu wissen. Nichts anderem gilt dieses Sonett, das zu den großen, fast unbekannten Gedichten Goethes zählt; es wurde auch wohl noch nie vertont.

Darüber zu schreiben, fällt schwer. Denn dann müßte man ja das tun, was die Liebende nicht wünscht, nämlich »so bestimmt (nicht) fragen«. Hier sind Empfindungen in Worte gefaßt, die in den seither verflossenen 175 Jahren unverwelklich geblieben sind, auch im Zeitalter des Telefons, das den Liebenden doch wenigstens die Nähe der Stimmen erlaubt. Wir können heute den geliebten Menschen anrufen, wir können ihn auch mittels Flugzeug, Bahn oder Auto in wenigen Stunden erreichen. Nichts davon zu Goethes Zeit, ein Brief war lange unterwegs, der Gebrauch der Postkutsche teuer und ein Wagnis. Wer Liebesbriefe der Goethe-Zeit liest, wird immer wieder beeindruckt sein von dem Ausmaß an Geduld, dem Wartenkönnen, ja einer geradezu schicksalhaften Ergebung in das Gesetz der Zeit.

Wir kennen aus den vergangenen Jahrhunderten Tausende von Liebesgedichten. Viele sind uns nur noch historisch verständlich, wir können uns nicht mit ihnen identifizieren. Dieses Liebesgedicht aber ist zeitlos, auch wenn uns die Form sagt, es werde schwerlich von einem Zeitgenossen geschrieben worden sein. Aber dieses blitzartige Betroffensein von Liebe und Hilflosigkeit, dieser Versuch, dem Sprachlosen Sprache zu leihen, das berührt uns ganz unmittelbar.

Goethe, der Mann, hat sich in diesem Sonett eine weibliche Rolle gegeben. Er ließ sich von einem Brief inspirieren, den ihm Bettine Brentano im Spätherbst 1807 geschrieben hatte: »Warum muß ich denn wieder schreiben? Einzig um wieder mit Dir allein zu seyn, so wie ich gern kam in Weimar, um mit Dir allein zu seyn, zu sagen hab ich nichts, damals hatte ich auch nichts zu sagen, aber ich hatte Dich anzusehen und innig froh zu seyn, und war Bewegung in meiner ganzen Seele.«

Goethe »übersetzt« (so nennt er's selbst) diese Worte in sein Empfinden; er speist das Gedicht zwar aus fremdem

»Material« im Wort, verwandelt es aber in sein Liebesgefühl, das weiblich und männlich nicht spaltet. Das Wunderbare dieses Sonetts ist, so meine ich, daß es alle zwanghaften Rollen überwindet, und das ist auch im Liebesgedicht nicht selbstverständlich. Gerade das macht diese Verse so gegenwärtig, das macht sie zeitlos.

Das Mädchen spricht

Du siehst so ernst, Geliebter! Deinem Bilde
Von Marmor hier möcht' ich dich wohl vergleichen;
Wie dieses gibst du mir kein Lebenszeichen;
Mit dir verglichen zeigt der Stein sich milde.

Der Feind verbirgt sich hinter seinem Schilde,
Der Freund soll offen seine Stirn uns reichen.
Ich suche dich, du suchst mir zu entweichen;
Doch halte Stand, wie dieses Kunstgebilde.

An wen von beiden soll ich nun mich wenden?
Sollt' ich von beiden Kälte leiden müssen?
Da dieser tot und du lebendig heißest.

Kurz! um der Worte mehr nicht zu verschwenden,
So will ich diesen Stein so lange küssen,
Bis eifersüchtig du mich ihm entreißest.

Mathias Schreiber

Der Dichter schweigt

So wie der zurückweichende, wohl befriedigte und mit sich selbst zufriedene Geliebte das ihn umwerbende Mädchen anschaut, »so ernst« wirkt das Gedicht auf uns, seine Leser. Marmor-Lyrik aus dem vermutlich kühlen Dezember des Jahres 1807, geschrieben in Jena, zugedacht wahrscheinlich der Pflegetochter des Buchdruckers Frommann, Wilhelmine (»Minchen«) Herzlieb. Andere Sonette aus demselben Zyklus beziehen sich auf Bettine Brentano und auf Silvie von Ziegesar. »Das Mädchen« meint letzten Endes wohl alle Mädchen, das weibliche Gemüt schlechthin, vor dem dann die versteinerte Miene des zögernden Geliebten zum »Bilde« des Männlichen wird.

Alle siebzehn Sonette, die diesen Zyklus ausmachen, sind – mehr oder weniger ausdrücklich – Liebesgedichte; freilich nicht so zart und spontan wie einst; eher gedichtete, dialogisch entfaltete Gedanken über die Liebe sind es nun. Früher hatte Goethe das Sonett beinahe ganz gemieden. Seine auf das Jahr 1807 datierte Bekehrung zu dieser Form ist der Auftakt des Alterswerks. Goethe ist zu der Zeit berühmt, fast schon ein lebendes Denkmal.

Mit der Stimme des Mädchens, das in dem würdevollen Antlitz dieses Monuments nach den »Lebenszeichen« der Zuneigung sucht, fragt zugleich der Dichter sich selbst, was denn aus ihm geworden sei. Ist sein Ich zur Maske des Dichterfürsten erstarrt? Zeigt sich sogar das Steinbild noch »milder« als er, den es abbildet? Dient ihm nicht längst der Ruhm als Schild, hinter dem er sich unter dem Vorwand, Feinde abzuwehren, auch vor den Freunden und der Freundin verbirgt? Das Mädchen spricht von Kälte, Marmor, Unnahbarkeit, in der gewünschten »Offenheit« des Freundes bedauert es die vorhandene Verschlossenheit. In alldem schwingen die romantischen Einwände gegen das Klassische mit. Das Mädchen, das so spricht, ist nicht Gretchen, sondern eher die Braut des Novalis, deren früher Tod das Leben dem Unendlichen geöffnet hat. Sie küßt des Klassikers marmornes Ebenbild, weil sie will, daß er eifersüchtig wird und dabei auch seine statuarische Würde fortwirft. Eifer und Sucht sind antiklassische Verhaltensweisen.

Der Dichter enthält sich der Stimme. Da hat er es fast gut: Nicht er, sondern »das Mädchen spricht«. Eine Zeitgenossin witterte in dieser Artigkeit den Hauch eines Plädoyers für die weibliche Emanzipation. Daß da irgend etwas nicht stimmt, verrät uns der dritte Vers des zweiten Quartetts: »Ich suche dich, du suchst mir zu entweichen« – der obligatorische jambische Fünftakter gerät plötzlich aus den Fugen. Eine schroffe Zäsur fällt in den zweiten und dritten Takt: »dich, du suchst«, das sind plötzlich drei Hebungen hintereinander, wo doch in der Regel Hebung auf Senkung folgt. Die rhythmische Turbulenz versinnlicht den Zwist zwischen Mädchen und Dichter. Indem dieser Zwist sogar den Rhythmus des Verses stört, erscheint die Liebesnot wiederum zugleich als Kunstproblem. Der nächste Vers reflektiert diese Themenverbindung ausdrücklich. So wie das Sonett die rhythmische Störung überstanden hat, so soll auch der Geliebte standhalten, das heißt hier: nicht vor dem Suchenden fliehen. Der Klassiker, der zur Marmorbüste geworden ist, hat Angst vor dem Lebendigen.

Das letzte Terzett enthält die Quintessenz, auf die das Gedicht zusteuert: den Kuß auf den toten Stein. In dem Bild wird die Ambivalenz der klassischen Selbstgenügsamkeit so augenfällig wie die nicht erwiderte Leidenschaft. Die Themen Liebe, Tod und Kunst erscheinen eng umschlungen. Es ist ein Judaskuß ohne Jesus. Verraten wird dabei der Verräter selbst, der Verräter der Liebe. Da es in seiner kalten Vollendung mit der Klassik sympathisiert, ist das Sonett ein Teil des Verrates. Der Kuß des Mädchens gilt also auch ihm. Eine diabolische Galanterie.

Der Kaiserin Becher

Den 10. Juni 1810

Dich, klein geblümt Gefäß! mit Schmuck und Leben
Des Blumenflores malerisch zu umwinden,
Ist zwar zu spät; doch unser Glück zu künden
Soll nun von Worten dich ein Kranz umgeben.

Und möcht' er auch so zierlich dich umschweben,
Wie ihn die Grazien, die Musen binden;
Rein auszusprechen, was wir rein empfinden,
Ist für den Dichter selbst vergeblich Streben.

Den Lippen, denen Huld und Gunst entquellen,
Von denen Freundlichkeit und Frohsinn wirken,
Hast du, beglückt Gefäß! dich nähern dürfen;

Gekostet haben sie die heißen Wellen. –
O, möchten sie aus unsern Lustbezirken
Des Lebens Balsam frisch erquicklich schlürfen!

Gertrud Fussenegger

Vibrationen

Die Kaiserin, der das Becher-Gedicht gewidmet ist, war Maria Ludovica Beatrice, die dritte Gattin Franz' I., ehemals römischer Kaiser, seit 1804 Kaiser von Österreich. Ludovica, eine zarte ätherische Person aus dem alten Haus der Herzöge von Modena, kam – dreiundzwanzig Jahre jung, doch schon mit dem Keim des Todes infiziert – im Juni 1810 nach Karlsbad, um da zu kuren. Goethe, ebenfalls Kurgast, begrüßte sie im Auftrag der Stadt mit einem umfangreichen Poem *Der Kaiserin Ankunft*. Wenige Tage später ist unser Gedicht datiert. Sein genauer Anlaß und der Umstand, warum es *zu spät* geworden sei, *das klein geblümt Gefäß* mit einem Kränzchen zu umwinden, werden nicht mehr feststellbar sein.

Goethe hat viele Gedichte an, wie man damals und noch lange sagte, *Hohe und Höchste Herrschaften* gerichtet. Selbstverständlich waren sie alle formal virtuos verfaßt, von perfekter Artigkeit und nicht selten von jener maskenhaften Ehrerbietung, die nur Goethe, der Demiurgische, als eine seiner vielen Rollen mit Anmut zu leisten imstande war. Hier aber klingt noch ein anderer Ton an, und seit Urzidils schönem Buch *Goethe in Böhmen* dürfen wir nach ihm die Ohren spitzen.

Während sich noch das Ankunftsgedicht hauptsächlich in Aufforderungen bewegt, die Kaiserin gebührend zu empfangen, Heimische und Gäste, *Väter, Mütter, Töchter, Söhne* zu *fröhlichem Gedränge* zusammenruft und, sozusagen, den offiziellen Jubel organisiert, ist das Becher-Gedicht weit intimer geraten. Der Dichter scheint der Kaiserin nahegekommen. Noch spricht er zwar nur den Becher an, geht dann aber unbefangen dazu über, sich mit den Lippen zu beschäftigen, denen sich das *beglückt Gefäß* nähern durfte, und erinnert sogar, verräterisch genug, die »heißen Wellen«, die diese Lippen gekostet haben.

Was ist unterdessen geschehen? Ludovica kannte den Namen Goethes noch nicht, als sie in Karlsbad ankam; die Italienerin hatte von deutscher Literatur bis dato nur etwas von Kotzebue gelesen. Nun wird ihr Goethe vorgestellt, und sehr rasch entwickelt sich zwischen ihnen eine nähere Beziehung. Sie ist klug, anmutig, temperamentvoll, sie bevorzugt Goethes Gegenwart, elfmal – mithin fast täglich – ist er bei ihr zu Tisch geladen. Sie läßt sich von ihm vorlesen, und er liest ihr – bei Gott – ausgiebig vor: Tasso, Iphigenie und Pandora. Natürlich hat man sie über den berühmten Mann unterrichtet, sie weiß: Er ist ein Freund schöner Frauen, leicht entflammbar, *äugelt* gern und bringt dann seine Lotten, Lilis und Lidas in seine Werke ein. Dieses Schicksal darf sie, die Kaiserin, nicht teilen. So nimmt sie ihm das Versprechen ab, sie nie, auch nicht in poetisch verfremdeter Gestalt, seinem Œuvre einzuverleiben. Damit bleibt ihm wohl nur das offizielle Fest-Gedicht, das unter höfisch polierter Oberfläche die Vibrationen verbirgt, die zwischen ihm und ihr im Gange sind.

Die heißen Wellen, als Sprudelwasser der Karlsbader Quellen zu denken, können auch ganz anders gelesen werden. Das *vergeblich Streben* des Dichters *rein auszusprechen, was wir rein empfinden*, gibt sich einesteils als

Geste poetischer Bescheidenheit; andernteils tönt es die Unmöglichkeit an, das erregte Gefühl frei auszusprechen: und was die *Lustbezirke* betrifft, aus denen *Lebens-Balsam* frisch erquicklich zu *schlürfen* wäre, so mag er dem Nichteingeweihten Harmlos-Klimatisches anzeigen, dem anderen aber das zarte Ineinanderschweben frei schweifender Sympathien signalisieren. So regiert rücksichtsvolle Doppeldeutigkeit, ein längst bewährtes Kunstprinzip.
Urzidil hat uns viel über Goethe und die Kaiserin erzählt, auch die Trauer des Dichters beschrieben, als Ludovica 1816 starb. Gewiß: *Keine Liebschaft war es nicht.* Man könnte sagen: Da näherten sich einander zwei Gestirne erster Ordnung aus zwei höchst verschiedenen Systemen, sandten einander Strahlen zu und wanderten dann weiter – jedes auf seiner Bahn.

Gegenwart

Alles kündet Dich an!
Erscheinet die herrliche Sonne,
Folgst Du, so hoff' ich es, bald.

Trittst du im Garten hervor,
So bist Du die Rose der Rosen,
Lilie der Lilien zugleich.

Wenn Du im Tanze Dich regst,
So regen sich alle Gestirne
Mit Dir und um Dich umher.

Nacht! und so wär' es denn Nacht!
Nun überscheinst Du des Mondes
Lieblichen, ladenden Glanz.

Ladend und lieblich bist Du,
Und Blumen, Mond und Gestirne
Huldigen, Sonne, nur Dir.

Sonne! so sei du auch mir
Die Schöpferin herrlicher Tage;
Leben und Ewigkeit ist's.

Siegfried Unseld

Gelegenheit

Welch ein Meister! Da ist am 8. Dezember 1812 eine »Familientafel« bei Goethe; die Schauspielerin, Dem. Engels, spielt Gitarre und singt. Caroline Ulrich berichtet, ihr Bericht wird von Kanzler Müller bestätigt, daß Goethe bei einem Lied die Melodie, jedoch nicht den Text schätzte, »in Folge dessen Goethe von einem auf dem Tische befindlichen an ihn gerichteten Brief eine Hälfte abriß und zum Aufschreiben des umstehenden Gedichtes sofort verwandte«. Goethe schrieb den Text »Herrn von Matthisson« zu, einem Lieblingsdichter der Zeit, er stammte aber von Hermann Wilhelm Franz Ültzen, einem poetisierenden Hauslehrer aus Celle; durch Goethes Palinodie, einen dichterischen Widerspruch, ist auch er in die Literaturgeschichte eingegangen.

Bei Ültzen lautet die erste Strophe: »Namen nennen dich nicht. Dich bilden / Griffel und Pinsel / Sterblicher Künstler nicht nach.« In einem Preislied störten Goethe die vielen Negationen. Statt »Namen nennen dich nicht« der sofortige Anruf: »Alles kündet Dich an!« Statt des sterblichen Künstlers die unsterbliche Frau – ein Liebesgedicht. Goethes Inspiration schuf ein neues Gedicht: nur die daktylischen Hebungen und Senkungen und die Anzahl der Silben blieben gleich, für die Melodie passend. Ungereimte dreizeilige Strophen sind selten und selten bei Goethe anstelle der Reimbindung die Alliteration.

Woher kam so spontan der hohe Ton? Die zweite Strophe

läßt eine Vermutung zu: »So bist Du die Rose der Rosen, / Lilie der Lilien zugleich.« Das ist der Ton des Hohenlieds, das Goethe zu übersetzen versucht hatte und an das er sich in dieser Zeit erinnert: »... als dem Zartesten und Unnachahmlichsten, was uns vom Ausdruck leidenschaftlicher, anmutiger Liebe zugekommen«. »Ladend« und »lieblich« ist die Adressatin von Goethes Gedicht. Wir kennen sie nicht. War es vielleicht Demoiselle Engels, die Goethe einige Tage später zu sich rief, um ihr das Gedicht vorzulesen? »Von Gedichten aus der Luft gegriffen, halte ich nichts.«

Goethe nahm sein Augenblicksprodukt in den zweiten Band der Cotta-Ausgabe von 1815 auf. Hier gab er ihm den Titel »Gegenwart«. Was ist diese Gegenwart? Nicht die politisch-aktuelle. Während die Welt sich über Napoleons russisches Abenteuer verbreitete, reagierte Goethe eher lakonisch. Ahnte er, daß Napoleons Rückzug schon dessen Niedergang bedeutete? Eine Woche nach der Niederschrift des Gedichts, am 15. Dezember 1812, fuhr Napoleon auf der Flucht durchs nächtliche Weimar; er ließ Goethe grüßen; kein Wort darüber von und um Goethe. Das Aktuelle ist für ihn nicht Gegenwart. Gegenwart – das ist anderes, das ist der Augenblick mit seinem unendlichen Wert des Jetzt und Hier, er ist »Repräsentant einer ganzen Ewigkeit«. Dazu erhebt sich auch unser Gedicht, wenn es den Augenblick des Liebens als »Leben und Ewigkeit« denkt.

Noch eine Besonderheit: Am 13. März 1816, »abends zehn Uhr«, ein Jahr nach der Veröffentlichung, schreibt Goethe das Gedicht noch einmal ab und schickt es an Marianne von Willemer. Freilich ändert er für diese Adressatin die dritte Strophe des Gedichts. Vordergründig entsteht ein Rätsel: der *Sängerin*, Dem. Engels, trug er die Metapher des *Tanzens* vor, Marianne, der früheren *Tänzerin*, die des *Singens*: »Singst du dem himmlischen Dom, / Erklingen sogleich die Gestirne, / Mit dir und um dich umher!« Goethe wußte, Marianne und Jakob von Willemer sollten von dieser eher düsteren tänzerischen Vergangenheit befreit und Marianne an ihre Leistungen als Sängerin erinnert sein.

Für alle kommenden Buchausgaben jedoch behielt Goethe das spontane Bild des Tanzens und des Sich-Regens der Gestirne bei. Er brauchte diese Geste des Sich-Bewegens für dieses Gedicht, das so kunstvoll oszilliert zwischen den beiden Adressaten Sonne und Geliebte. In der zwölften Zeile, eine Zahl, die an den kalendarischen und chronologischen Wendepunkt, an Zenit wie auch an Mitternacht erinnert, bewegt sich das Gedicht zum »lieblichen, ladenden Glanz des Mondes« hin, doch danach wendet sich das Blatt, buchstäblich, wörtlich, wenn in der dreizehnten Zeile mit der gewendeten Alliteration »Ladend und lieblich bist Du« gleichsam der Glanz an den nun aufsteigenden Stern übergeht, bis in der letzten Strophe die Geliebte mit der Sonne ineinander verschmolzen und »Leben und Ewigkeit« beschworen sind. Dies »in Folge dessen« und »sofort«. »Alle meine Gedichte sind Gelegenheitsgedichte.« Ein Gelegenheitsgedicht. Welch ein Meister!

Die wandlende Glocke

Es war ein Kind, das wollte nie
Zur Kirche sich bequemen
Und Sonntags fand es stets ein Wie,
Den Weg in's Feld zu nehmen.

Die Mutter sprach: Die Glocke tönt,
Und so ist dir's befohlen
Und hast du dich nicht hingewöhnt,
Sie kommt und wird dich holen.

Das Kind es denkt: die Glocke hängt
Da droben auf dem Stuhle.
Schon hat's den Weg ins Feld gelenkt
Als lief es aus der Schule.

Die Glocke Glocke tönt nicht mehr,
Die Mutter hat gefackelt.
Doch welch ein Schrecken! hinterher
Die Glocke kommt gewackelt.

Sie wackelt schnell, man glaubt es kaum,
Das arme Kind im Schrecken
Es läuft, es kommt, als wie im Traum;
Die Glocke wird es decken.

Doch nimmt es richtig seinen Husch
Und mit gewandter Schnelle

Eilt es durch Anger Feld und Busch
Zur Kirche, zur Kapelle.

Und jeden Sonn- und Feiertag
Gedenkt es an den Schaden,
Läßt durch den ersten Glockenschlag,
Nicht in Person sich laden.

Rainer Kirsch

Das wackelnde Über-Ich

Am ersten Abend seiner 1813er Kurreise dichtete Goethe in Eckartsberga die Ballade *Der getreue Eckart*, am nächsten in Leipzig den *Totentanz*; der rumpelnde Dreiertakt beider Stücke war ihm abends darauf in Oschatz noch gut für ein gegenromantisches geselliges Lied (*Ich habe geliebet, nun lieb ich erst recht*). Einen Monat später sah er in Böhmen »Berge, die eine Glockengestalt haben und, wenn man in gewisser Ferne vorbeifährt, einem phantastischen Auge nachzuwandeln scheinen«, am Zielort Teplitz entsteht *Die wandlende Glocke*.

Nun geht es uns mit Goethes Balladen seltsam – wir messen alle am *Erlkönig* (1782). Dessen Nacht- und Nebelstimmung spukt uns seit der Schulzeit im Kopf, und sie ist natürlich romantisch; in tätiger Selbstkritik nutzt Goethe künftige Balladen vorzüglich, die Romantiker zu verprügeln. *Der Zauberlehrling* (1797) meint überhaupt die romantische Schule, deren Zöglinge keinen Besen kunstgerecht halten können und ohne den klassischen Meister im herbeigeschwatzten Wasser ersöffen; welche Enttäuschung aber packt uns noch immer beim *Schatzgräber*, wenn der wundersamen Einleitung eine kahle Allegorie entsteigt! Der Schluß von *Der Gott und die Bajadere* gar klingt, als hätte ihn Beethoven bei Schiller zum Vertonen bestellt, noch Brecht ist darüber fuchsteufelswild geworden.

Die wandlende Glocke, Goethes letzte Ballade, ist gleich

wohl ein Kleinod – der Meister verabschiedet sich vom Genre durchheitert. Vergessen die walzernden Schlenker aus *Eckart* und *Totentanz* (»Nun hebt sich der Schenkel, nun wackelt das Bein«), statt dessen waltet ländliche Anmut; das Geholper der Kutschfahrt ist noch zu hören, aber wie aus der Ferne: verklärt. Wovon wird gehandelt? Vom Sichschicken ins Gegebene; das, bedeutet Goethe uns Kindern, ist so erschröcklich nicht, daß vor ihm davonzurennen sich lohnte. Vielmehr wäre erst aus ihm heraus Freiheit ein sinnvolles Unternehmen, zumal wenn ...

Aber lesen wir. Ein Versmaß-Trick schafft den Rhythmus des Ganzen – trappelnde Eile vierhebig männlicher Jamben wird wieder und wieder gebremst durch dreihebig-weibliche. Das Pulsen springt ins dramatische Material: Zwei aufeinander angewiesene Personen folgen gegenläufigen Weltsichten. Das Kind weiß sich als Besonderes unterm Himmel, die Mutter will es unters puffernde Dach der Gemeinschaft; beide fechten mit faulen Argumenten: Die Mutter bemüht alten Aberglauben, das Kind die Beine.

Ein Binnenreim markiert eingangs Strophe drei die Zuspitzung, die zur Katastrophe treibt. Denn indem das Kind an der Mutter zweifelt, zweifelt es an der Physik der Dinge, so daß das Über-Ich mit seinem Es sich verbündet und dem unerzogenen Ich tatsächlich nachwandelt. Wandelt es? Es wackelt; das Wort kommt zweimal und löscht die Reise-Reminiszenz der Überschrift. Die Glocke, läßt der Naturwissenschaftler Goethe uns sehen, nimmt ihren Weg feldein wie eine schwere Mülltonne durch exzentrisches Rotieren um sich selber; wir schreiben Mai 1813, und Europas Übervater Napoleon, *die Weltidee zu Pferde*, wackelte beträchtlich im Sattel. Doch würde das erzene Über-Ich ein Flüchtendes wohl in den Staub malmen, handelte es sich bei Goethe nicht um ein trainiertes Kind. Das nimmt »richtig seinen Husch« – es ist unebenen Grund gewohnt und weiß, wo's langgeht. Schon sitzt es, nur wenig außer Atem, am einzigen Ort, wo die Glocke nichts kann als es schützen – in gehöriger Entfernung unter dieser.

So, hört es künftig läuten, wird es, sagt der Text, weder zusammenzucken noch sich versteifen, sondern gewitzt und gelenkig in die Welt schaun. Nun erst rückt die Überschrift ihren Sinn heraus: Ihr Mittelwort, zeigt sich, ist transitiv, die Glocke hat das Kind gewandelt, und wir dürfen auf sein gewecktes Köpfchen Hoffnung setzen ...

Gefunden

Ich ging im Walde
So für mich hin,
Und nichts zu suchen,
Das war mein Sinn.

Im Schatten sah' ich
Ein Blümchen stehn,
Wie Sterne leuchtend,
Wie Äuglein schön.

Ich wollt' es brechen,
Da sagt' es fein:
Soll ich zum Welken
Gebrochen sein?

Ich grub's mit allen
Den Würzlein aus,
Zum Garten trug ich's
Am hübschen Haus.

Und pflanzt es wieder
Am stillen Ort;
Nun zweigt es immer
Und blüht so fort.

Wolfgang Leppmann

Vollkommen in seiner Art

»Hübsch«, ist man beim Lesen dieser Zeilen versucht zu sagen, obschon mancher beim »Blümchen« und »Äuglein« und »Würzlein« die Lippen verziehen mag, denn das Niedliche steht heute nicht hoch im Kurs. Aber sie stammen schließlich von Goethe, es wird also was dran sein. Warum aber gerade dieses Gedicht von ihm anstatt eines der vielen, in denen er uns jenen klaren »Denkanstoß« gibt, den wir mittlerweile auch von der Lyrik zu erwarten, ja zu fordern gelernt haben? Weil es zu den verhältnismäßig wenigen Gedichten der Weltliteratur gehört, die einen alltäglichen, ohne weiteres nachvollziehbaren Vorgang auf so exemplarische Art schildern, daß er unverrückbar fixiert bleibt.

Ein Mann (kein Dichterfürst und kein Geheimer Rat, sondern einer wie du und ich) geht sorglos durch den Wald und sieht eine Blume. Keine Rilkesche Rose, keine Bennsche Aster, sondern irgendeine Feld-, Wald- und Wiesenblume. »Die ist aber schön«, durchzuckt es ihn, »die muß ich haben!« Irgend etwas an der Blume – ihre Schönheit, ihre Schutzlosigkeit, ihre »feine« Art – hält ihn jedoch zurück, bis ein weiterer und höherer Impuls zum Zuge kommt. Anstatt sie zu pflücken, nimmt er die Blume mit und verpflanzt sie in seinen Garten.

Wer hätte dies nicht erlebt, hätte nicht selber mal die Versuchung verspürt, eine Blume oder einen Strauch oder ein junges Tier, kurz: ein ihm wehrlos ausgeliefertes Lebewesen zu »brechen«, nur um schließlich doch dem entgegengesetzten Drang zu folgen und es zu Hause weiterleben und -wachsen zu lassen? Ist in der Achse des Gedichts, in der Frage »Soll ich zum Welken / Gebrochen sein?« nicht das ganze Spannungsfeld zwischen Töten und Lebenlassen, zwischen Instinkt und Moral, zwischen nomadischer und seßhafter Kultur und auch zwischen gedankenlos zerstörerischer Jugend und bewahrendem Mannesalter umrissen? Wer so handelt, ist kein wilder Knab' wie im »Heidenröslein«, sondern ein Weiser. Für ihn ist die gute Tat zugleich auch die ästhetisch und pragmatisch richtige. Goethe wußte bereits, was wir noch zu lernen haben: die Natur belohnt nur den, der ihr mit Vernunft und Achtung begegnet.

In unscheinbarem, sprachlich und syntaktisch denkbar einfachem Gewand und mit einer Naivität, wie sie nur den großen Dichtern und auch ihnen nur im Alter gegeben ist, trägt er hier eine Wahrheit vor, die jenseits aller Denkanstöße angesiedelt ist. Hübsch? Gewiß. Das ist nicht belanglos, aber es ist nebensächlich; ein Gedicht kann, aber es muß nicht hübsch sein.

Nebensächlich ist freilich auch all das, was hier an Schulerinnerungen aufsteigt, von der metrischen Dimension (jambischer Kurzvers mit abwechselnd weiblichen und gereimten männlichen Endungen) über die musikgeschichtliche (es gehört zu den am häufigsten vertonten Gedichten von Goethe) zur autobiographischen (am 26. August 1813 niedergeschrieben, ein Vierteljahrhundert auf den Tag, an dem der Dichter seine Christiane »gefunden« hatte). Das alles ist Beiwerk, Hilfsmittel zur Analyse und Datierung eines Gebildes, das ihrer nicht bedarf.

Eines Gebildes, in dem Wort und Gedanke, Bild und Symbol einander so zwanglos entsprechen, daß es außerhalb aller Literaturperioden und Geschmacksrichtungen weiterlebt: vollkommen in seiner Art, auch wenn diese nicht mehr die unsere ist.

Eigentum

Ich weiß, daß mir nichts angehört,
Als der Gedanke, der ungestört
Aus meiner Seele will fließen,
Und jeder günstige Augenblick,
Den mich ein liebendes Geschick
Von Grundaus läßt genießen.

GABRIELE WOHMANN

Mein Augenblick ist mein Zuhause

Halt! rufe ich mir zu. Was ist denn heute wieder mit dir los? Bleib doch mal stehen, geduldig. Ich wirke fahrig, aber es ist schlimmer, daß ich lustlos bin. Nichts kommt mir vollständig vor, und ich sehe nur noch Vergeblichkeiten. Auch dieser vorhin noch gut Getröstete muß längst von neuem versorgt werden. Der Gefallen, den ich gerade getan habe, ist jetzt schon verjährt. Die Vergänglichkeit stört und stört. Ich muß schnell wieder mal meine Versorgungstricks anwenden, mein inneres Repertoire, durch das eine Leere mit Widerstand aufgefüllt wird. Es ist nämlich wirklich lächerlich und kriminell, mit Trotz und phantasielos übellaunig Zeit zu verlieren.

Bring dich unter, sage ich mir also, beispielsweise in diesem spruchartigen Gedicht. Der selbstbewußte Eigentumsnachweis ist ungesprächig strikt und dennoch sanft. Er stiftet einen kleinen Besinnungsfrieden zwischendurch. Schluß mit den Wegwerfmomenten und den zersplitterten Aufmerksamkeiten! Ich benutze Goethes Übersicht, ich gehe den ruhigen Ausweg. Mein Augenblick ist mein Zuhause. Jemand, etwas, befürwortet sogar, daß ich *genieße*. Ich höre auf mit den Empfindungstiraden und fange an mit der gelassenen festen Behauptung, daß auch *ich weiß*.

Ist das eine etwas elitäre Haltung, ein bißchen ungesellig? Dieser bewegte Stillstand präpariert mich für die sozialeren Positionen. Die Problemfiguren in meiner Umgebung spielen ja in meinen Konfliktkulissen mein ganzes Eindruckstheater weiter – ich bin nur für die Dauer einer Regieanweisung abgerückt. Das ist kein Rückzug, für mich hört sich Goethes langer Satz nach einer Richtigstellung an. Das ist keine Zuflucht, wohin auch, mein Denken ist nicht idyllisch.

Dieses Gedicht hat seinen biographischen Moment bei mir und war einmal der »günstige Augenblick« selber. Seitdem bin ich froh über die Anwendbarkeit dieser sechs Zeilen, und wie sie gebrochen sind, interessiert mich nicht weiter. Es paßt mir, daß sie einen Gebrauchswert haben. Ich erkenne sie wieder, die viel zu hochsommerlichen Ferientage mit seelischem Hin und Her von schuldbewußter unordentlicher Trauer. Sie galt ja schon weniger einem Toten als mir selber, dieser touristischen Person mit Fortsetzungswünschen und gutem Appetit für sämtliche Mahlzeiten pünktlich! Da fand ich, unterstrichen von dem, der in meinem ungenügenden Unglücklichsein von mir überlebt wurde, Goethes kleine gründliche Ermahnung, die Maßnahme gegen Eigentumsdelikte, diese Klärung der Besitzverhältnisse, meine erlaubte Selbständigkeit.

Und vertont habe ich »Eigentum« auch, um es gegen meine Vergeßlichkeit abzusichern, völlig unfrei nach Schubert und mit willkürlichen Einschnittverteilungen, und auch mir hätte Goethe daraufhin nicht einmal einen Brief geschrieben.

Gib mir

Gib mir statt »Der Sch ...« ein ander Wort o Priapus
Denn ich Deutscher ich bin übel als Dichter geplagt.
Griechisch nennt ich dich φαλλος, das klänge doch prächtig den Ohren,
Und lateinisch ist auch Mentula leidlich ein Wort.
Mentula käme von Mens, der Sch ... ist etwas von hinten,
Und nach hinten war mir niemals ein froher Genuß.

Werner Fuld

Auf Deutsch sprachlos

Diese Faustina, was hat sie angerichtet! Vielleicht wußte sie gar nicht, wen sie zum Leben verführte, und hat später noch einen biederen Bäcker geheiratet, sicherlich nie ein Buch gelesen und auch keine Memoiren geschrieben, weil sie beides nicht gelernt hatte. Aber ohne ihr verschwiegenes Zutun sähe Goethes Werk wohl anders aus – und auch sein Leben, denn ohne die bei ihr gelernte männliche Sicherheit hätte er sich wohl kaum jene Bittstellerin Christiane gleich ins Gartenhaus geholt zur Fortsetzung römischer Freuden, die er hexameterweise nun der rundlichen Blumenbinderin auf den Rücken taktierte.

»Ich kann von diesem Genre nicht lassen«, gestand er dem Freund Knebel und machte sich Ende 1789 an das Studium der *Carmina Priapea*, einer Sammlung lateinischer Epigramme auf den phallischen Fruchtbarkeitsgott. Goethes einziger Vertrauter bei diesen »Spässen im Antiken Styl« war sein Herzog, und für ihn verfaßte er auch in lateinischer Sprache einen gelehrten textkritischen Aufsatz über die Sammlung. Er habe sich immer bemüht, schrieb Goethe in der einleitenden Widmung, »die Zwischenzeiten, durch welche die Natur meine Vergnügungen unterbricht, mit nützlicher oder angenehmer Beschäftigung auszufüllen«.

Solche natürliche Unterbrechung der Vergnügungen kann man zunächst auf den ausklingenden und für Goethe stets schrecklichen Weimarer Winter beziehen, aber eine durch

Christianes Schwangerschaft und Wochenbett erzwungene Pause ging nun ebenfalls zu Ende: am 6. Februar 1790 schreibt Goethe dem Herzog, er habe mit Christiane »auch der Liebe wieder zu pflegen angefangen« und – unmittelbar anschließend – »Gestern ist das erste Erotikon in diesem Jahr zu Papier gekommen.« Man sieht, Goethe hielt sich nicht an Freuds Sublimationstheorie, sondern arbeitete am leichtesten, wenn es ihm gutging: *Oftmals hab ich auch schon in ihren Armen gedichtet*, heißt es in der V. Elegie.

Es wäre nun wirklich alles in bester Ordnung und voll nachrömischer Freude gewesen, wenn der Arbeit nicht eine einzige Hemmung entgegengestanden hätte: Goethe brachte das ominöse fünfte Wort unseres Gedichts nicht zu Papier. Wie dringend hätte er es benötigt bei seinen Nachdichtungen und Bearbeitungen der Priapea, dringlicher als jedes andere Wort, denn auch sprachlich sollten die Variationen erfreuen. Aber seine Idiosynkrasie gegen Tiere, besonders Hunde, blieb unüberwindlich, deshalb beklagt er, daß die deutsche Sprache ihm kein geistreiches Wort für jenes erfreuliche Ding anbieten kann. Die fremdsprachigen Bezeichnungen gefallen ihm weitaus besser, aber erst zwanzig Jahre später wird er sich den »Meister Iste« erfinden. Nur jetzt fiel ihm nichts ein, und in einem Epigramm aus dieser Zeit klagte er über seine Pein, deutsch schreiben zu müssen: *so verderb ich unglücklicher Dichter / In dem schlechtesten Stoff leider nun Leben und Kunst.*

Vielleicht aber steckte hinter den künstlerischen Sprachskrupeln ein eigener Sinn: in jener Zeit erotischer Produktion befürchtete Goethe nämlich, es könnte ihm ergehen wie Midas, und die Musen verwandelten sein Liebchen in Gedichte. In dieser Gefahr zog der Realist Goethe seinen Bettschatz der Poesie vor und blieb lieber auf Deutsch sprachlos.

Im Atemholen

Im Atemholen sind zweierlei Gnaden:
Die Luft einziehn, sich ihrer entladen;
Jenes bedrängt, dieses erfrischt;
So wunderbar ist das Leben gemischt.
Du danke Gott wenn er dich preßt,
Und dank ihm, wenn er dich wieder entläßt.

Werner Ross

Atemtechnik hochpoetisch

Der »Witz« des Gedichts – das, was in der Musik der Einfall ist – beruht auf dem Reim der ersten Verse: dem »hohen«, der göttlichen und fürstlichen Sphäre angehörigen Wort »Gnaden« steht das derbe, drastische, fast ordinäre »sich entladen« gegenüber. Es ist nicht nur der Witz, auch der Sinn des Gedichts, daß es das Höchste, das Göttliche, mit der bescheidenen Notdurft, mit dem elementarsten aller vitalen Akte in Verbindung bringt.

Hochfeierlich ist die Spruchreihe, in der diese Verse stehen. Es sind fünf Sprüche, überschrieben »Talismane«, im ersten Buch des »West-Östlichen Divan«, und es eröffnet sie der großmächtige, prunkvolle Spruch:

> Gottes ist der Orient!
> Gottes ist der Okzident!
> nord- und südliches Gelände
> ruht im Frieden seiner Hände.

Talismane dieser Art wurden von den frommen Muselmännern in Edelsteine geritzt und am Körper getragen. Der Talisman, heißt es in einem anderen der Sprüche, »schützet dich und schützt den Ort, / Wenn das eingegrabne Wort / Allahs Namen rein verkündet ...«

Bei Goethe bedarf es keiner Edelsteine mehr. Doch sind seine Sprüche Mitnehm-, Mittragesprüche geblieben, mehr als Merk- und Mahnverse, nämlich Vergewisserungen des rechten Lebensweges. Das Atmen selbst ist ein spiritueller Vorgang, das lernen wir heute am liebsten von den Indern, aber auch im Okzident hängen »spirare« und »spiritus« aufs engste zusammen. Atem einhauchen ist gleich Leben einhauchen, ein göttliches Prärogativ. Gott verfährt so bei Adam, dem Erdenkloß, und als Prometheus einen ebensolchen Erdenkloß modelliert, muß Athene herbei, um das Einhauchen zu besorgen. So bläst die Muse als göttliche Kraft dem Dichter seine Produktivität ein, und erst die Folgezeit hat das zum Musenkuß verniedlicht.

Goethe, der in aller Weisheit Beschlagene, hat die Zusammenhänge gekannt, sie aber – wohlweislich – in diesem Gedicht vor der Tür stehen lassen. Was diese Verse großartig macht, ist gerade ihre scheinbar trockene Technizität, ihr Anwendungscharakter. Gewiß, in der Doppelbewegung des Atems verbirgt sich Goethes weit- und hochgespannte Philosophie: das Doppelspiel von Tag und Nacht, Gut und Böse, Freud und Leid, Spannung und Entspannung. Das Fluten und Ebben in unserer eigenen Brust entspricht den kosmischen Gesetzen, das Leben selbst *ist* wunderbare Mischung, aber von dieser Philosophie wird keinerlei Aufhebens gemacht.

Der Rhythmus, der wechselnde Pulsschlag und Taktschlag, regelt das vegetative Leben und durchfließt das Gedicht – auch und gerade dieses, das sich fast wie von selbst auswendig lernt mit seinen sich liebevoll reimenden Gegensatzpaaren.

Man könnte einwenden, mit »bedrängt« und »preßt« hätte Goethe den Mund ein wenig zu voll genommen. Tatsächlich hat Goethe damit bewußt dramatisiert, pädagogisch übertrieben: nicht ein Blasebalg ist am Werk,

sondern die Gottheit selbst, die nicht nur den ersten Atem einhaucht, sondern von früh bis spät in jedem Atemzug zugegen ist, christlich oder pantheistisch, das macht wenig aus, und gut muselmanisch dazu.
Das Ganze ein Gnadengeschenk, die Antwort Dank. Das ist Goethes Altersweisheit, darum hat er, ein Menschenalter nach der Italienischen Reise, die zweite, geistige Reise in den Orient unternommen: »Patriarchenluft zu kosten«, reiner und tiefer zu atmen, als das im beengten Weimar möglich war. Darum steht dieses Gedicht am Ende der Reihe, die mit »Gottes ist der Orient« begann.

Versunken

Voll Locken kraus ein Haupt so rund! –
Und darf ich dann in solchen reichen Haaren
Mit vollen Händen hin und wider fahren,
Da fühl ich mich von Herzensgrund gesund.
Und küß ich Stirne, Bogen, Auge, Mund,
Dann bin ich frisch und immer wieder wund.
Der fünfgezackte Kamm wo sollt' er stocken?
Er kehrt schon wieder zu den Locken.
Das Ohr versagt sich nicht dem Spiel,
Hier ist nicht Fleisch, hier ist nicht Haut,
So zart zum Scherz so liebeviel!
Doch wie man auf dem Köpfchen kraut,
Man wird in solchen reichen Haaren
Für ewig auf und nieder fahren.
So hast du, Hafis, auch getan,
Wir fangen es von vornen an.

Helmut Koopmann

Liebevolle Äußerlichkeiten

Das ist gewiß kein leidenschaftliches Liebesgedicht. Nichts als Äußerlichkeiten, die uns da präsentiert werden. Wir lesen nur vom Lockenkopf, von Stirn und Augenbraue, Auge, Mund und Ohr und wieder vom Kraushaar; kein Tiefsinn und keine Liebeserklärung, kein kosendes Geflüster und kein Geseufze, kein Gerede von Einzigartigkeit und Unverbrüchlichkeit und kein verliebtes Gestammel. Wir haben vielmehr eine vollkommen stumme Szene vor uns. Ein Köpfchen wird »gekraut«, ein wiederholter Kuß – das reicht zur momentanen Seligkeit. Ein bescheidenes Glück, das sich hier präsentiert, aber der Dichter ist's zufrieden, mehr noch: er will gar nicht mehr. Dieses »von Herzensgrund gesund« ist gegen die Liebeskranken, die sehnsüchtig Leidenden, gegen Liebesraserei und die vor Liebe Sterbenden angeschrieben. Der hier spricht, hat nicht mehr zu sagen. Denn er »fühlt« ja nur, und Hafis wird bloß im Geiste angeredet. Ein Selbstgespräch also, und nur so erfahren wir von diesem lautlosen, sprachlosen Liebesspiel, in das der Dichter versunken ist.

Doch ist es wirklich sprachlos? Trotz allen Schweigens nicht, denn da wird in einer anderen Sprache gesprochen als in der, in der wir reden. Die Hände teilen mit, was sie zu sagen haben, und statt der Liebesschwüre für alle Ewigkeit, an die am Ende doch niemand glauben mag, sagen sie die Wahrheit: »für ewig« möchten sie mit den Haa-

ren spielen, »liebeviel«, wie Goethe es in seiner kühnen Sprache nennt. Der Kuß noch dazu, aber vor allem und immer wieder das Spiel der Finger: das ist genug.
Das alles klingt nach leichter Tändelei, nach einer amourösen Idylle, gleichsam im Vorübergehen erlebt. Von Spiel und Scherz ist die Rede; Leidenschaft und Tragik sind gar nicht erst eingelassen, eine Dutzendszene tut sich auf, und die Harmlosigkeit des Liebesgeschehens muß auch den moralischen Tugendbold und strengen Sittenwächter entwaffnen, zumal Hafis, das persische Dichtervorbild, ähnliches (ungestraft) getan hat. Wir erfahren bei alledem so gut wie nichts über die Geliebte, lose Formeln ersetzen das Unverwechselbare und Einmalige. Stirne, Bogen, Auge, Mund, ein Menschenantlitz also, aber auch nicht mehr, kein Name und keine Geschichte, keine Vergangenheit und eine Zukunft, die immer nur, bestenfalls, wiederholte Gegenwart ist.
Aber wer vergeblich Tiefsinn sucht oder das Einzigartige vermißt, verkennt das Gedicht gründlich. Das stumme und doch so beredte Spiel der Hände, der Kuß auf Stirne, Bogen, Auge, Mund sind die Wirklichkeit, und diese genügt sich selbst. Es ist die Erfahrung vollkommenen Glücks, die hier beschrieben ist. Die Zeit steht still, der Wunsch Fausts am Ende seines Daseins, als er seine Vision für Wirklichkeit nimmt, dieses »Verweile doch, du bist so schön«, hier scheint er dem Liebenden erfüllt. Die liebkosende Bewegung wiederholt sich beständig, kann gar nicht ans Ende kommen – und die Sprache, sensibelstes Medium dieser Erfahrung, teilt uns das auch mit. »In solchen reichen Haaren mit vollen Händen hin und wider fahren«: Die Zeilen wiederholen sich fast wörtlich am Ende des

Gedichts und bringen durch das »für ewig« doch etwas von der zeitüberwindenden Macht der Liebe hinein, ohne alles Pathos. Ein sehr verhaltenes Liebesgedicht, aber ein unbedingtes; vielleicht sogar ein vollkommenes. Goethe schrieb es um 1815.

Getretner Quark

Getretner Quark
Wird breit, nicht stark.

Schlägst du ihn aber mit Gewalt
In feste Form, er nimmt Gestalt.
Dergleichen Steine wirst du kennen,
Europäer Pisé sie nennen.

Erwin Koppen

Geschärfte Binsenwahrheit

Die ersten beiden Verse dieses »Spruches« werden nicht gerade selten zitiert, weithin unbekannt hingegen ist, daß nicht irgendein volkstümlicher Reimeschmied, sondern Goethe mit dieser drastischen Weisheit aufwartet. Es kommt aber noch überraschender: die handfesten Verse stehen in einem Werk, das den Ruf hat, besonders esoterisch zu sein – in dem »West-östlichen Divan«.

Es trifft zu, daß etliche Gedichte dieser Sammlung abweisend, ja dunkel sind – und sie, beliebte Schaustücke germanistischer Interpretationskünste, haben das »Image« des ganzen Bandes geprägt. Aber daneben stehen auch zahlreiche Gedichte von augenzwinkernder Satire, die den »Divan«, der in der Tat einer der anspruchsvollsten Gedichtzyklen deutscher Sprache ist, auch als einen der amüsantesten und prägnantesten erscheinen lassen. Da nun weder das Amüsante noch das Prägnante als Merkmal oder Qualität des Lyrischen gelten, in Deutschland derartiges gar – trotz Angelus Silesius, Heine, Busch und Brecht – im Geruch des Antipoetischen steht, findet man Verse wie die vorliegenden wohl zitierens-, aber nicht unbedingt schätzenswert.

Auch andere Gedichte des »Divan« zeigen, daß die knapp, aber exakt sitzende Formulierung nicht nur dem Aphorismus zur Zierde gereichen kann, sondern auch der Lyrik. Zwar sind einprägsame Verse nicht stets identisch mit guten Versen, sie haben aber eines mit ihnen gemeinsam: es ist nicht einfach, sie herzustellen. Sie müssen ja selbst dann mühelos aussehen, wenn sie Mühe gekostet haben, und genial wirken dürfen sie erst recht nicht. Und Mühe und Genie hat der Geheimrat Goethe gewiß investiert, um das tatarische Sprichwort »Wenn der Dreck getreten wird, verbreitet er sich«, das er aus einem zeitgenössischen orientalistischen Werk hatte, zu einem unvergeßlichen Verspaar umzumünzen und auf einen Bereich anzuwenden, für den es kaum geschaffen schien: die Literatur.

Schlechte Literatur, so könnte man also die ersten beiden Verse paraphrasieren, wird dadurch nicht besser, daß man einmal Gesagtes »breittritt«, es wiederholt, auf bestimmten Inhalten, Motiven, Themen herumreitet. Die nun folgenden Verse sind nicht so einfach zu deuten, obwohl auch sie die holzschnittartige, sprichwörtliche Diktion bewahren. Wohin führt der rote Faden? Auch die Erläuterung, daß man sich unter »Pisé« luftgetrocknete Lehmziegel vorzustellen habe, hilft vorerst nicht weiter. Nach dem »Divan«-Kommentar Ernst Beutlers sollen die letzten vier Verse des Spruches besagen, »daß bei richtiger Behandlung, wozu hier die Gewalt gehört, selbst aus lehmiger Masse ein brauchbarer, harter Stein zu gewinnen ist«. Diese Erklärung kann aus vielerlei Gründen nicht stimmen: »Gewalt« ist keine »richtige Behandlung« und schon gar nicht in der Literatur, und erst recht nicht bei Goethe. »Quark« wiederum steht bei Goethe nicht für »lehmige Masse«, sondern schlicht für »Dreck«. Abgesehen davon konnte Goethe nie ernstlich die Ansicht geäußert haben, schlechte Literatur könne, wenn man sie in Formen presse, »brauchbar« werden.

So deutet auch der ironische Ton des Verses »dergleichen

Steine wirst du kennen« darauf hin, daß Goethe von literarischem »pisé« nichts hält. »Pisé« galt nämlich, wie die Leser Balzacs und Gautiers wissen, im 19. Jahrhundert als ein ärmliches, minderwertiges Baumaterial. Jedenfalls dürften die letzten vier Verse des Gedichts nichts anderes besagen, als daß der literarische »Quark« auch dann nicht zu genießen sei, wenn man ihn gewaltsam in eine Form zwinge.
Aber beweist nicht gerade dieses Gedicht, das Binsenwahrheiten durch ausgeprägte sprachliche Form literaturwürdig macht, das genaue Gegenteil von dem, was es besagen will? Nun, hätte Goethe seine in der Tat auf der Hand liegenden literaturkritischen Einsichten mythologisch verbrämt oder ein metrisch pompöses Lehrgedicht daraus fabriziert – das Resultat wäre »pisé« gewesen. Der Alte aber besaß – wie später auch Brecht – die Kunst, die Binsenweisheit sprachlich so zu schärfen, daß man sich damit, wie es in einem Gedicht Enzensbergers heißt, in den Finger schneiden kann.

Phänomen

Wenn zu der Regenwand
Phöbus sich gattet,
Gleich steht ein Bogenrand
Farbig beschattet.

Im Nebel gleichen Kreis
Seh ich gezogen;
Zwar ist der Bogen weiß,
Doch Himmelsbogen.

So sollst du, muntrer Greis,
Dich nicht betrüben,
Sind gleich die Haare weiß,
Doch wirst du lieben.

Peter Rühmkorf

Zauberisches Hin und Her

Das Gedichtmanuskript trägt das Datum vom 25. Juli 1814; ein »heiterer Tag«, wie das immer lässig und zuverlässig geführte Tagebuch meldet; Goethe befindet sich nach vielen Jahren der Abwesenheit auf der Reise in seine alten rheinmainischen Heimatgefilde; im Gepäck den »Hafis« in der Hammerschen Übersetzung; im Kopf schon ziemlich weit vorgedrungene Pläne zu einer neuen Gedichtsammlung im orientalischen Stil; und so deuten eigentlich alle Zeichen auf Neubeginn und Verwandlung – nur von einer wie auch immer zu denkenden Suleika ist noch nicht die Rede.

Wer den Fortgang der Geschichte kennt, die folgenreiche Begegnung mit einer Demoiselle Jung (späterer Marianne von Willemer), hat natürlich gut prophezeien. Das konnte der Alte (mittlerweile vierundsechzig Jahre alte) ohne Zweifel nicht. Aber etwas für sich herauslesen aus den Gegenständen seiner Betrachtung, etwas in sie hineinsehen, sich selbst in sie hineinspiegeln, das konnte er immer schon, und unser so benanntes »Phänomen« zeigt ihn in dieser Kunst auf schwindelerregender Höhe.

»Wer ein Phänomen vor Augen hat, denkt oft schon drüber hinaus«, so steht es in den »Maximen und Reflexionen«, eine poetische Selbsteröffnung, der auch wir uns nicht verschließen wollen. Als bewegte mythologische Szene aufgerissen und als sinnlich-übersinnliches Paarungswunder zum bunten Bogen geführt, stellt nämlich schon die erste Strophe eine solche vorweggenommene Folgeassoziation dar. Das ist für ein Gedicht keine Kleinigkeit und für ein sogenanntes »Phänomen« sogar die absichtsvolle Verkehrung der behaupteten Prioritäten.

Was die zweite Strophe als frischen Augeneindruck präsentiert (das Naturschauspiel eines Nebelregenbogens), zeigt die erste bereits auf allerhöchster Ebene vorausgespiegelt. Anders gesagt: wo die erste in einen »Bogenrand, farbig beschattet« ausläuft, darf sich die Sinneswahrnehmung nachträglich darin erkennen: »Zwar ist der Bogen weiß, / Doch Himmelsbogen.« So gehen die Wahrnehmungen hier ungehindert in Vorstellungen über, die jene wiederum vorwegzunehmen scheinen, und die Anrufe schöpfen Kraft aus ihren Echos (»Gleich steht ein Bogenrand«, »Im Nebel gleichen Kreis«, »Sind gleich die Haare weiß«) – ein unentwegtes zauberisches Hin und Her der Ursachen und der Effekte, wobei man kaum sagen kann, was man mehr bewundern soll: die unbekümmerte Wiederholungslust oder die Leichtigkeit, mit der sich das alles anläßt.

Welche Erleuchtungen sich ein Dichter aus solchen magischen Verwechselspielen ersaugen kann, zeigt zum guten Ende die letzte Strophe. Nachdem er sich mit dem doppelt geführten Bogen eine Lichtbrücke zwischen Himmel und Erde geschaffen hat, gefällt es ihm nämlich, einen Abglanz dieses Lichtes auch auf den eigenen Scheitel zu lenken. »So« sagt er – in der allerunschuldigsten Verknüpfung der wunderlichen Naturerscheinung mit dem eigenen Leben –, »so sollst du muntrer Greis / Dich nicht betrüben«. Und »doch« dann noch einmal in wiederholter Beschwörung des seligen Göttertreibens in der Eingangsstrophe,

»doch wirst du lieben«: eine magische Rückversicherung, die auch wir aufgeklärtere Divanleser gern zu den Selbsterschaffungswundern eines großen Lebens-Hexenmeisters rechnen möchten.

Im Gegenwärtigen Vergangnes

Ros' und Lilie morgentaulich
Blüht im Garten meiner Nähe,
Hinten an bebuscht und traulich
Steigt der Felsen in die Höhe.
Und mit hohem Wald umzogen,
Und mit Ritterschloß gekrönet,
Lenkt sich hin des Gipfels Bogen,
Bis er sich dem Tal versöhnet.

Und da duftets wie vor alters,
Da wir noch von Liebe litten,
Und die Saiten meines Psalters
Mit dem Morgenstrahl sich stritten.
Wo das Jagdlied aus den Büschen
Fülle runden Tons enthauchte,
Anzufeuern, zu erfrischen
Wie's der Busen wollt und brauchte.

Nun die Wälder ewig sprossen,
So ermutigt euch mit diesen,
Was ihr sonst für euch genossen
Läßt in andern sich genießen.
Niemand wird uns dann beschreien
Daß wir's uns alleine gönnen,
Nun in allen Lebensreihen
Müsset ihr genießen können.

Und mit diesem Lied und Wendung
Sind wir wieder bei Hafisen;
Denn es ziemt, des Tags Vollendung
Mit Genießern zu genießen.

Hans Robert Jauss

Die verlorene Zeit

Das Gedicht, 1814 entstanden und mit der Schlußstrophe dem *West-östlichen Divan* zugeordnet, ist viel und zu Recht gerühmt worden: ob der so zart wie kühn anhebenden (»morgentaulich« verdiente allein schon eine Interpretation!) und zu »des Tags Vollendung« führenden lyrischen Bewegung, der Spiegelungen von Morgen und Abend in Jugend und Alter, des strophischen Wechsels der Töne im Erstehen von Landschaft, der aus der Fülle von Anschauung und Erinnerung unmittelbar entspringenden Erkenntnis der Dauer im Wechsel, die in eins als Bestimmung des Schönen und als Lebensmaxime verstanden werden kann.

All dies wüßte ich nicht besser zu sagen. Wohl aber bleibt mir eine Frage zu stellen, die vielleicht nicht nur meine Schwierigkeiten mit Goethe betrifft: ob dem späteren Leser die vollkommene Gestalt erfüllter Gegenwart nicht allzu vollkommen, die Weisheit dieser Rückschau: »Nun in allen Lebensreihen / Müsset ihr genießen können« nicht beneidenswert leichtfertig erscheinen muß.

Die kleinere Schwierigkeit liegt in der Eigentümlichkeit von Goethes Altersstil, alles Gegenständliche rühmend – oft superlativisch – auszurunden, in seiner Gemütsbezogenheit zu verherrlichen, wie zum Beispiel: der »traulich« aufsteigende Fels, der sich dem Tal »versöhnende« Gipfelbogen, das »Fülle runden Tons« enthauchende Jagdlied, das immerzu erfrischende Erleben, »wie's der Busen wollt und brauchte«, die »ewig« sprossenden Wälder, des Tags Vollendung, die sich nicht nur genießen, sondern »mit Genießern ... genießen« lasse. Der hohe Grad des Spontanen, den auch noch der alte Goethe erreicht, kontrastiert hier mit einer Patina des zugleich Altertümlichen, das so vollkommen Vergegenwärtigte mit den Spuren seines Vergangenseins, die dem Sinn des Titels widersprechen und dem Gedicht einen gewiß nicht beabsichtigten, da schon historischen Reiz hinzufügen.

Die größere Schwierigkeit liegt für mich in der »Empfindung der Vergangenheit und Gegenwart in eins«, jener Einstellung, zu der sich Goethe schon früh bekannt hat und die noch in der Hafislyrik nicht zulassen will, was sich der Erinnerung versagt. »Und da duftets wie vor alters«: Daß das Vergangene im Gegenwärtigen wieder aufleuchten kann und doch unwiderruflich dahingegangen ist, dieser unausgesprochene Widerspruch muß den befremden, der die unerhörte Anstrengung vor Augen hat, die ein moderner Dichter wie Marcel Proust aufbringen mußte, um die verlorene Zeit auf den Spuren der unfreiwilligen Erinnerung wiederzufinden.

Muß demgegenüber die Evokation in Goethes Gedicht nicht wie ein trügerisches Wunschbild unverlierbarer Jugend erscheinen, zumal ihm deren Vorrecht, in die Zukunft zu blicken, offenbar nicht mehr zu Gebote steht? Bedenkt man schließlich den Ort des Gedichts in der Hegire, der Flucht aus dem Westen in den Osten, so scheint darauf der Makel einer doppelten Verdrängung zu fallen – der eigenen, unwiederbringlichen wie der politischen, als unerträglich angesehenen Gegenwart.

Goethe ist indes solchem Vorwurf in anderen Gedichten

dieser Jahre schon zuvorgekommen. Dort kann er sich souverän des Vergangenen überhaupt entschlagen, wie in *Eigentum* (»Ich weiß, daß mir nichts angehört ...«) oder schon fast frivol: »Willst du dir ein gut Leben zimmern, / mußt ums Vergangene dich nicht bekümmern.« Doch dem widerspricht er selbst mit der ernsten Mahnung von *Heut und Ewig*: »Unmöglich ists, den Tag dem Tag zu zeigen«, im vollen Bewußtsein der Unentrinnbarkeit der geschichtlichen Zeit: »Aus Gestern wird nicht Heute; doch Äonen, / Sie werden wechselnd sinken, werden thronen.« Woran soll man sich nun halten? Ich würde Suleika das letzte Wort belassen: »Vor Gott muß alles ewig stehn, / In mir liebt Ihn, für diesen Augenblick.« So wird zwar die Dauer im Wechsel prekär. Doch dafür tritt aus der vielbeschworenen Einheit im Selbstgefühl ein Mensch in seinem Widerspruch heraus, der sich der Resignation des Alterns mit der befolgenswertesten Maxime erwehrt: »Was ihr sonst für euch genossen, / Läßt in andern sich genießen.«

Selige Sehnsucht

Sagt es niemand, nur den Weisen,
Weil die Menge gleich verhöhnet,
Das Lebendge will ich preisen,
Das nach Flammentod sich sehnet.

In der Liebesnächte Kühlung,
Die dich zeugte, wo du zeugtest,
Überfällt dich fremde Fühlung,
Wenn die stille Kerze leuchtet.

Nicht mehr bleibest du umfangen
In der Finsternis Beschattung,
Und dich reißet neu Verlangen
Auf zu höherer Begattung.

Keine Ferne macht dich schwierig,
Kommst geflogen und gebannt,
Und zuletzt, des Lichts begierig,
Bist du Schmetterling verbrannt.

Und solang du das nicht hast,
Dieses: Stirb und werde!
Bist du nur ein trüber Gast
Auf der dunklen Erde.

Gert Ueding

Stirb und werde!

Um zu diesem Gedicht im West-östlichen Divan zu gelangen, muß man sich erst einen Weg durch die Gelehrsamkeit bahnen, die davor aufgetürmt wurde. Das vielleicht schwierigste Gedicht Goethes hat Konrad Burdach es genannt, und kaum ein Interpret, der nicht seinen Ehrgeiz darein gesetzt hätte, seine Wurzeln bis in die feinsten Verzweigungen der orientalischen Metaphysik zu verfolgen. Deren Vorstellung, daß Tod und Untergang zugleich Wiedergeburt eines höheren Lebens ist, war Goethe freilich von Jugend an vertraut, und sie hat in seinem Leben eine so wichtige Rolle gespielt, daß alle entscheidenden Krisen und Umbrüche darin ebenso wie in der Entwicklung seiner Kunstfiguren (ob Faust, Egmont, Orest oder Iphigenie) in diese Denkfigur gefaßt werden.

Doch provozierend wirkt das Gedicht auch ganz unmittelbar und schon mit den ersten Versen, welche die Exklusivität der Erfahrung betonen, die ihm zugrunde liegt. Die kryptischen Bilder und paradoxen Sentenzen der folgenden Strophen, kulminierend in dem ehemals vielzitierten »Stirb und werde«, bringen ja eine Lebenshaltung zum Ausdruck, die unsere gewöhnlichen Vorstellungen von Tod und Leben verkehrt, indem sie das Sterben zur Bedingung des Lebens macht. Das rührt an die tabuisierten Zonen unseres Denkens, obgleich doch jede Liebeserfahrung einen ganz analogen Verlauf nimmt. Höchster und flüchtigster Genuß zugleich; Erfüllung, aber nur für den Moment, der Ankunft und Abschied in einem ist. Schon die einfache und liedhafte Form des ganzen Gedichts deutet auch darauf, daß es sich dabei eigentlich um eine ganz einfache, nämlich elementare Erfahrung handelt, wenn sie auch verschüttet ist und daher fremd, verstörend wirkt bei ihrer Wiederkehr.

Nur zwei Möglichkeiten bleiben uns, darauf zu reagieren: eilige Abwehr oder die Umwendung selber zu proben, die das Gedicht vollzieht – auch auf die Gefahr hin, daß dann die täuschenden Verwahrungen und Ausflüchte vor dem Tode, denen wir uns gerne hingeben, an Wert verlieren. Der Augenblick, der alles erfüllt, »das ist der Tod«, sagt Prometheus in Goethes frühem Dramenfragment, und ein Vorgefühl davon kommt für ihn auch im Moment des höchsten Genusses, der Liebeserfüllung zum Ausdruck. Das Divangedicht nimmt beide Erfahrungen wieder auf, läßt die eine in der anderen sich widerspiegeln und deutet sie durch das alte Vergänglichkeitsemblem der niederbrennenden Kerze. Das Lebendige, im Genuß der Liebe gleich wie im Genuß des Lebens sich selbst verzehrend, geht nicht nur wie Phönix verjüngt aus der Asche seiner alten Erscheinung hervor, sondern verlangt nach höherer Erfüllung, unbeschränkter, lichtvoller, reiner als die vorherige war.

Im Bilde des Schmetterlings, der in die Kerzenflamme fliegt, kommt diese Gedankenbewegung zu einem vieldeutigen Abschluß. Die Sehnsucht zum Licht macht den Tod des Schmetterlings; indem sie gestillt wird, verzehrt die Flamme sein Dasein; die Vereinigung mit ihr ist sein Tod. Ist damit aber die Grenze erreicht, über die hinaus kein Verlangen mehr treibt, weil alles licht geworden ist im Augenblick dieser, der letzten Vereinigung? Jener selige Augenblick wäre dann auch zugleich der wirklich erfüllte, dem keine Zeit mehr etwas anhaben kann und der die Vollendung brächte.

»Vollendung« hatte das Gedicht auch einmal heißen sollen, Goethe hat diese Überschrift aber dann verworfen, wohl auch der Schlußstrophe wegen, die mit ernüchternder Geradheit den Blick vom Sehnsuchtsbilde weg aufs unvollkommene Dasein zwingt: eine Abkühlung des zuvor so kunstvoll erzeugten Überschwangs und damit die poetische Probe auf die in der zweiten Strophe ins Paradox verschlüsselte Liebeserfahrung. Die Vertreibung aus dem poetischen Bildersaal ins empirische Dasein und in die Tätigkeit des Lebens ist dabei eine ebenso charakteristische Wendung Goethes wie die Vorstellung vom menschlichen Entwicklungsgang als einer stetigen Vervollkommnung im Wechsel von Werden und Vergehen. Gewiß ist gerade dieser Bildungsgedanke von der Pädagogik und Popularphilosophie des 19. Jahrhunderts bis zur Unerträglichkeit trivialisiert worden, im Divangedicht aber tritt er in seiner ganzen existentiellen Ernsthaftigkeit – seiner Exklusivität eben – hervor.

Denn »Dieses: Stirb und werde!« bedeutet ja eine unerhörte Zumutung: die Aufforderung, das Leben wirklich daran zu setzen, in der Furcht des Todes so zu erzittern, daß alles Dasein wie aufgelöst ist, jenes Selbstopfer also, das ein weiterer alter Überschriftenentwurf dem Gedicht vorschreiben wollte. Es ist das Grundmotiv aller tragischen Situationen, und es bedarf dazu wirklich nicht, wie Goethe an anderer Stelle ausführt, Gift oder Dolch, Spieß oder Schwert. Zu neuer Bildung und Formung, zur Wiedergeburt führt der Weg nur durch den apokalyptischen Untergang des Alten – es gibt nichts, was ferner von aller Erbauung und näher an der bedrängendsten Erfahrung des Lebens wäre als diese selige Sehnsucht.

Schenke

Heute hast du gut gegessen,
Doch du hast noch mehr getrunken;
Was du bei dem Mahl vergessen
Ist in diesen Napf gesunken.

Sieh, das nennen wir ein Schwänchen,
Wie's dem satten Gast gelüstet;
Dieses bring ich meinem Schwane
Der sich auf den Wellen brüstet.

Doch vom Singschwan will man wissen,
Daß er sich zu Grabe läutet;
Laß mich jedes Lied vermissen,
Wenn es auf dein Ende deutet.

Horst Rüdiger

Die Steigerung der Schwäne

Ein Spiel mit Wortbedeutungen steht bei uns nicht hoch im Kurs, und bei dem Wort »Gelegenheitsgedicht« denkt man an Glückwünsche zur Hochzeit oder zur Beförderung im Amte. Gelegenheitsdichter konnte in vergangenen Zeiten ein Beruf sein, der mit harten Talern honoriert wurde. Goethe hatte nichts gegen Gelegenheitslyrik (und nichts gegen harte Honorare). Die vierte der »Römischen Elegien« ist der »Göttin Gelegenheit« gewidmet.

»Schenke« ist ein Gelegenheitsgedicht; um es zu genießen, muß man seine Gelegenheiten kennen. Es steht im »Schenkenbuch« des »West-östlichen Divans«; auch andere Verse dieses Buches tragen den gleichen Titel. Der Schenke, dessen lebendes Urbild der Sohn des Heidelberger Orientalisten Paulus war, gehört wie die weißen Paradiesesmädchen oder Hudhud, der Wiedehopf als Liebesbote, zu den Phantasiegestalten aus Goethes östlicher Welt. An den kaum dreizehnjährigen August Wilhelm Paulus sandte Goethe zum 1. Januar 1815 als Neujahrsgruß eine Abschrift des Gedichtes. Darüber schrieb er: »Der gute Schenke spricht«, darunter »Nach dem Lateinischen«. Er legt die Verse also dem Knaben in den Mund; ein lateinisches Muster gibt es nur für die dritte Strophe.

Man hat gemeint, als Quelle ein etwas dünnes Distichon Martials (XIII 77) identifizieren zu können. Dort heißt es, mit brechender Stimme besinge der Schwan seinen eigenen Tod, eine im Altertum übrigens weitverbreitete Sage.

Ich halte eine andere Quelle für wahrscheinlicher. Horaz erzählt in einer Ode (II 20), wie sich die Haut seiner Beine mit Schuppen bedeckt, wie er sich oben in einen weißen Vogel verwandelt (»album mutor in alitem / superne«), wie ihm an Fingern und Schultern Federn sprießen. Der Dichter verwandelt sich in den Dichtervogel, der Apollon heilig ist, in den Schwan, erhebt sich in die Lüfte und singt melodisch (»canorus / ales«): Sein Grab soll ein Kenotaph bleiben, keine Nänie soll ertönen, keine Trauer soll sein – Unsterblichkeit ist ihm gewiß.

Nicht den Schwan Martials meint Goethe, der den eigenen Tod durch Gesang ankündigt, sondern den Dichtervogel des Horaz, der durch sein Lied Leben und Unsterblichkeit herbeisingt. Das Schwanenlied, das Dichterlied soll nicht auf ein Ende deuten, so der Wunsch bei Gelegenheit der Jahreswende, und die Unsterblichkeit der Dichtung ist in die Erfüllung inbegriffen. (Tragische Ironie des Schicksals: Der Knabe ist mit siebzehn Jahren gestorben.)

Der »Singschwan« ist aber nur das eine. Im Schenkenlied ist er gleichsam der Superlativ, dem ein Schwänchen und ein Schwan vorausgehen. »Schwänchen« meint die Reste vom süßen Nachtisch eines Mahles, die man dem »satten Gast« als Geschenk mitgibt. »Dichten ist ein Übermut«, heißt es im »Divan«. Hier wird der Dichter übermütig: Er gibt das »Schwänchen« einem richtigen Schwan zu fressen, der sich daran gütlich tut. Erst dann folgt als Steigerung der Singschwan mit der horazischen Umkehrung des Motivs vom Todes- zum Lebenslied.

Ein schwer zu dechiffrierendes Gedicht, gewiß. Auch keines der besten, denn es kann mißverstanden werden

(»Schenke« als »Wirtshaus«), und zum Verständnis setzt es Gelehrsamkeit voraus. Aber ein heiteres und geselliges Gedicht, ein geheimnisvoll verspieltes. Vom Essen und Trinken ist die Rede, vom Überfluß der Tafel, den man den Tieren überläßt, vom Leben und Weiterleben. Wenn man die lateinische Quelle kennt, dann versteht man auch die Beziehung zwischen dem Dichter und seinem Lied, dem der sprechende Knabe poetische Unsterblichkeit verheißt.

Wink

Und doch haben sie recht die ich schelte:
Denn daß ein Wort nicht einfach gelte
Das müßte sich wohl von selbst verstehn.
Das Wort ist ein Fächer! Zwischen den Stäben
Blicken ein Paar schöne Augen hervor.
Der Fächer ist nur ein lieblicher Flor,
Er verdeckt mir zwar das Gesicht,
Aber das Mädchen verbirgt er nicht,
Weil das Schönste was sie besitzt,
Das Auge, mir ins Auge blitzt.

Walter Hinck

Aug in Auge

Diese Verse stehen im »Buch Hafis« des »West-östlichen Divans«, einer der großen Altersdichtungen Goethes. »Wink« schließt an das Gedicht »Offenbar Geheimnis« an, das gegen eine orientalische Auslegungstradition Einspruch erhebt, die Hafis, den persischen Dichter des vierzehnten Jahrhunderts, nach strenger islamischer Lehre als »mystische Zunge« kanonisiert. Goethe, von der Einheit der geistigen und der sinnlichen Existenz des Menschen überzeugt, mußte hadern mit Interpreten, die beispielsweise im Liebesmotiv des Hafis ausschließlich die allegorische Verweisung auf die Liebe zu Gott wahrhaben wollten.

Den Gescholtenen räumen zunächst die drei ersten Verse das Selbstverständliche ein: der Sinn des dichterischen Worts liegt nicht – wie in unserer Verkehrssprache – schon an der Oberfläche. Goethes eigene Antwort in der Streitfrage entwickelt sich aus dem Bild des Fächers, das selbst schon den Facettenreichtum des dichterischen Wortes aufleuchten läßt. Und die außerordentliche Filigranarbeit Goethescher Verskunst wird sichtbar, wenn in diesem paarweis gereimten Zehnzeiler an einer Stelle das Reimecho ausbleibt: genau an der Nahtlinie zwischen dem kleinen Prolog, der an das »Offenbar Geheimnis« anknüpft, und dem eigentlichen Gedicht. Die Bruchstelle wird auch in der Klanggestalt, also für Leser und Hörer sinnlich wahrnehmbar.

Wenn in »Wink« vom dichterischen Wort die Rede ist, so immer zugleich vom Wort des Liebenden oder doch für den Liebenden. Denn nicht zufällig ist es das dem »Buch Hafis« folgende »Buch der Liebe«, in dem sich ein geheimes Motto des »West-östlichen Divans« verbirgt: »Wunderlichstes Buch der Bücher / Ist das Buch der Liebe.«
Das dichterische Wort, so deutet die Metapher des Fächers an, hält nicht ein genaues Spiegelbild fest; es verschleiert sogar das Beiläufige, Minderwichtige und richtet alle Konzentration auf die lebendige Mitte. Die lebendige Mitte, das sind hier die Augen, die Augen als der Ort unmittelbarer Begegnung der Liebenden.
»Das Auge war vor allen anderen das Organ, womit ich die Welt faßte«, sagt Goethe in »Dichtung und Wahrheit«. In unserem Gedicht sammeln die »schönen Augen« die Welt im kleinen, die Welt des menschlichen Individuums, wie in einem Brennpunkt und machen sie für das antwortende Auge faßbar, erhellen sie im »Blitz«, lassen »Geheimnis« »offenbar« werden.
Nirgendwo spiegelt sich, was die »Noten und Abhandlungen« zum »West-östlichen Divan« das Hinundherwogen »zwischen dem Sinnlichen und Übersinnlichen« nennen, so sehr wie im Auge. Seine Sprache bleibt körperliche, mimische Sprache und ist zugleich spontanes Sprechen der Seele, Sichöffnen zu einem – mit den »Noten« zu reden – »höheren geistigen Leben«.
Das elementare Ereignis im Gedicht (das Auge blitzt ins Auge) spielt sich durch den Fächer, durch das dichterische Wort hindurch ab. Das Wort wird also nicht als ein monologisches, sich selbst genügendes, sondern als ein vermittelndes Wort verstanden. Immer wieder geht es im »West-

östlichen Divan« um das Verhältnis von »Liebe« und »Lied«. Geradezu gegenwärtig wird dem Dichter die Geliebte im Gedicht: Ist sie verschwunden, heißt es in »Abglanz«, »Dann blick' ich in meine Lieder, / Gleich ist sie wieder da«. Die Dichtung vermittelt eine geradezu sinnliche Wahrnehmung der Geliebten. Diese vergegenwärtigende Kraft hat das dichterische Wort auch in »Wink«. Wie immer wir das Gedicht wenden – als Dichtung über das dichterische Wort ist es zugleich Liebesdichtung, als Liebesgedicht zugleich Lob des schönen Auges, als Lob des Auges zugleich Hinweis auf die Öffnung des Sinnlichen zum Geistig-Übersinnlichen. Ein Gedicht, das Dichtung und Dichtungslehre nie aus den Zusammenhängen des Lebens löst und doch Poetik zu reiner Poesie werden läßt. Verse – heute lebendiger als im neunzehnten Jahrhundert, das dem Klassiker den gelösten Ton des »West-östlichen Divans« nicht verzieh.

Es ist gut

Bei Mondenschein im Paradeis
Fand Jehova im Schlafe tief
Adam versunken, legte leis
Zur Seit ein Evchen, das auch entschlief.

Da lagen nun, in Erdeschranken,
Gottes zwei lieblichste Gedanken. –
Gut!!! rief er sich zum Meisterlohn,
Er ging sogar nicht gern davon.

Kein Wunder daß es uns berückt,
Wenn Auge frisch in Auge blickt,
Als hätten wirs so weit gebracht,
Bei dem zu sein der uns gedacht.
Und ruft er uns, wohlan! es sei!
Nur, das beding ich, alle zwei.
Dich halten dieser Arme Schranken,
Liebster von allen Gottes-Gedanken.

Eckart Klessmann

Gottes Gedanken

»Kund und zu wissen jedermann, den es zu wissen freut, daß ich in Erfurt 7½ Uhr, in Gotha 11 Uhr, Eisenach 3 Uhr eingetroffen. Daß mich unterwegs sogleich die guten Geister des Orients besucht und mancherlei Gutes eingegeben, wovon vieles auf das Papier gebracht wurde«, schrieb Goethe am 24. Mai 1815 an seine Ehefrau Christiane. Zum »mancherlei Gutes« gehörte auch dieses Gedicht, das ursprünglich »Gottesgedanken« überschrieben war.

Am 7. August des Jahres trug es der Dichter in Wiesbaden Sulpiz Boisserée vor, der in seinem Tagebuch notierte: »Abends las mir Goethe wieder einen Teil aus seinem Divan, worunter das schönste *Adam und Eva*, wie der Schöpfer sie macht und seine Freude an ihnen hat – er legt dem schlafenden Adam die Eva an die Seite und möchte dabei stehen bleiben! – Ein Bildchen, eine Idylle, von der schönsten reinsten Naivität und wieder der höchsten Größe –, machte mir den Eindruck wie das beste plastische Werk der Griechen.«

Diese poetische Paraphrase der Schöpfungsgeschichte ist eines der anmutigsten Liebesgedichte der deutschen Sprache. Unsere Liebeslyrik ist ja selten als heiter und anmutig zu charakterisieren, selten humorvoll. Und wie jeder Poet weiß, ist kaum etwas so schwer in Worte zu kleiden. In diesem Meisterwerk Goethes, das zu seinen unbekanntesten gerechnet werden darf, waltet ein fast übermütiger

Ton, in der Musik mit *Allegretto grazioso, un poco giocoso* zu überschreiben.
Der Mensch als ein Gestalt gewordener Gedanke Gottes – »lieblichster« sogar – ist jedem Liebenden vertraut, denn ist der oder die Geliebte nicht ein Wesen aus dem Paradies, vollkommen wie am Tag der Schöpfung? Muß ich, die Geliebte im Arm, nicht denken, Gott habe, als er sie schuf, sich mit dreifachem Ausrufezeichen bestätigt? Hat ER denn jemals Schöneres, Kostbareres erschaffen? Natürlich nicht.
Beim Erwachen dem geliebten Menschen ins Auge zu sehen, wer wüßte es nicht, ist ein ganz unmittelbares Erfahren göttlicher Präsenz, so göttlich wie das geistige und körperliche Einssein in der Zweiheit (ein zentrales Thema Goethes), das noch im Tode unverzichtbar sein sollte.
»Liebster von allen Gottes-Gedanken« – kann ich meiner Geliebten noch schöner huldigen? Nirgendwo ist Gottes Allgegenwart uns näher, als wenn wir lieben und das geliebte Wesen als Gottesgeschenk empfinden, nirgends offenbart sich Gottes Güte tiefer als in der Liebe zweier Menschen. Die Vorstellung, der oder die Geliebte sei eine Verkörperung von Gottes liebsten Gedanken, ist an Zärtlichkeit kaum zu übertreffen. »Liebster von allen Gottes-Gedanken« ist auch unausgesprochen die heimliche Anrede jedes Liebesbriefes.
Goethe, der große Liebende, hat dies Gedicht geschrieben, ehe ihn die Begegnung mit Marianne von Willemer erschütterte, ehe ihn die Liebe zur blutjungen Ulrike von Levetzow verstörte; sie beide gleichfalls »Gottes zwei lieblichste Gedanken«, die aber beide »dieser Arme Schranken« nicht festhalten durften.

Von Marianne über so manche »Äugelchen« hin zur letzten Liebe seines Alters: Ulrike. Rainer Maria Rilke, ein Goethe-Leser wie wenige, schrieb 1914 seinem Verleger Anton Kippenberg, er habe sich zu Weihnachten die 55 Bände der Goethe-Ausgabe letzter Hand geschenkt: »Da fang ich nun an, mich als Eigentümer drin zu benehmen, und entdecke Wege, Sitzplätze, Brunnen, Wasserkünste und Labyrinthe, daß es seine Lust hat.«
Ein solches Brünnlein wie dies Gedicht kann man dabei auch entdecken und nach seinem Genuß gar nichts anderes als »Gut!!!« rufen.

Hatem

Nicht Gelegenheit macht Diebe,
Sie ist selbst der größte Dieb;
Denn sie stahl den Rest der Liebe
Die mir noch im Herzen blieb.

Dir hat sie ihn übergeben
Meines Lebens Vollgewinn,
Daß ich nun, verarmt, mein Leben
Nur von dir gewärtig bin.

Doch ich fühle schon Erbarmen
Im Karfunkel deines Blicks
Und erfreu in deinen Armen
Mich erneuerten Geschicks.

Suleika

Hochbeglückt in deiner Liebe
Schelt ich nicht Gelegenheit;
Ward sie auch an dir zum Diebe,
Wie mich solch ein Raub erfreut!

Und wozu denn auch berauben?
Gib dich mir aus freier Wahl;

Gar zu gerne möcht ich glauben –
Ja! ich bins die dich bestahl.

Was so willig du gegeben
Bringt dir herrlichen Gewinn,
Meine Ruh, mein reiches Leben
Geb ich freudig, nimm es hin.

Scherze nicht! Nichts von Verarmen!
Macht uns nicht die Liebe reich?
Halt ich dich in meinen Armen,
Jedem Glück ist meines gleich.

GERHARD SCHULZ

Freie Liebe

Über das Wunder des »West-östlichen Divans« hat man viel gestaunt. Daß jemand alt sein und sich wie ein Junges verlieben kann, geschieht wohl schon hin und wieder. Aber darüber mit Geschmack, Kunst und Sinn so zu reden, daß das Gesagte immer schöner wird, je öfter man es liest – das verdient mit Recht das Lob, einzigartig zu sein. Denn die Schwierigkeiten, über Liebe zu schreiben, sind gerade für den vielgeübten Dichter beträchtlich. Worte nutzen sich ab wie Münzen, die lange schon im Verkehr gewesen sind und deren Wert man kaum noch erkennen kann. So entsteht das Bedürfnis nach neuer Prägung, nach neuem Ausdruck des Empfundenen.

Man weiß, daß Goethe sich damals, Anfang des neunzehnten Jahrhunderts, von dem Zeitinteresse an orientalischer Literatur beeindrucken ließ, mit persischen Formen der Poesie zu experimentieren anfing und sich schließlich gar den Mantel eines orientalischen Poeten umhängte. Dieser Hatem spricht denn also hier und macht es den Vorbildern gewandt und geistreich nach. Ein altbekanntes Sprichwort – »Gelegenheit macht Diebe« – wird hergenommen und kunstvoll, ja raffiniert gedreht und gewendet zu einem Liebesbekenntnis mit galanter Pointe. Der höfische Topos vom Geliebten, der sein Selbst verliert, um es in der Geliebten wiederzufinden, ist zu erkennen, und den Schluß bildet das Kompliment für die einsichtig-huldvolle Frau in Dankbarkeit für ihr Entgegenkommen.

Ein klug arrangiertes, elegant gebotenes poetisches Spiel. Nun ist jedoch Liebe kein Spiel, wo sie das Innerste zweier Menschen trifft. Auch Kunst ist es nicht, denn ohne Wahrheit ist sie nur eitler Schein. Aber in der Kunst wie in der Liebe ist das Spiel der Phantasie nötig, um das sonst Unfaßliche faßbar, das Unsagbare sagbar zu machen. Kosenamen, Kostümierungen, Bilder und Topoi haben darin ihren Ursprung.

In diesem Sinne ist vom Ernst des Empfindens durchaus etwas in Hatems Strophen herauszuhören. Der »Rest der Liebe« gibt für einen Moment den Blick frei hinter die geistreiche Erscheinung dieser Verse. Denn freigebig muß jener in der Jugend geliebt haben, dem nun im Alter nur noch ein Rest geblieben zu sein scheint. Das Gefühl freilich überwältigt das geschickt gesuchte Wort, wenn der »Rest« dann erhoben wird zu des »Lebens Vollgewinn« – eine Formel, suggestiv und reich, die Liebeskraft und Sprachmeisterschaft in einem kundgibt. Auch das »erneuerte Geschick« empfängt sein Leuchten erst jenseits des Höfisch-Galanten, denn Geschick ist Dasein, ist Existenz, also das Ernsteste, wovon sich reden läßt. Fast hat es den Anschein, als ob der Mann sich zunächst ein wenig scheu im Kostüm verberge. Kann es sein, daß er, der Alternde, sein Glück noch nicht zu glauben wagt und sich im Geistreichen eine Ausflucht und vielleicht die Möglichkeit zur Zurücknahme lassen möchte, wenn er im Karfunkelblick der Liebsten falsch gelesen hätte?

Bedenken dieser Art, wenn sie existierten, setzt die Geliebte beiseite, großzügig und frei, wie Frauen sein können. Gewiß, sie geht zwar selbst noch einmal auf das Spiel mit Worten ein, aber doch nur, um es aufzuheben:

»Scherze nicht! Nichts von Verarmen!« Keine Galanterie soll mehr gelten, die nur die Ungleichheit der Liebenden betonte, kein personifizierter Begriff mehr agieren, wo Suleika selbst die »Diebin« sein möchte. Es ist ein bedeutendes Bekenntnis, das eine Frau mit diesen Versen ausdrückt, ganz im Menschlichen angesiedelt, heiter und ernst zugleich, ja wahrhaft emanzipiert. Denn keine Liebe der Unterwerfung hat sie zu geben, sondern im vollen Selbstbewußtsein ihre ganze Existenz. Freie Liebe im wörtlichsten Sinne.

Man weiß, daß Suleikas Verse von Marianne von Willemer herrühren. Was Goethe an ihnen veränderte, bleibt uns unbekannt. Es gibt jedenfalls allen Grund, hier einen wahren und nicht nur einen fiktiven Dialog zu sehen und damit also in den Gegensätzen zwischen männlichem und weiblichem Bekenntnis etwas von der Psychologie der Geschlechter, wenn sie zueinander hingezogen werden.

Auch etwas über Spiel und Ernst, Scherz und tiefere Bedeutung des »West-östlichen Divan« wird dabei gesagt. Denn eine Art doppelter Maskerade herrscht in diesem Buch, eine absichtliche, willkommene, und eine unabsichtliche, wie sie Suleika hier bloßstellt. Willkommen war das orientalische Kostüm in Gestalten, Bildern und Formen nicht nur zum Verbergen irgendeiner Wirklichkeit, sondern weil sich dadurch Befreiung zu neuem Ausdruck erreichen ließ. Zum Unabsichtlichen hingegen gehört jene Scheu, die den Alternden sich einhüllen läßt in poetisches Spiel zwischen Selbstironie und tiefer Erschütterung. Die Geliebte erst bringt Hatem ganz zu sich selbst, und aus solcher Befreiungsaktion sind einige der schönsten Liebesgedichte in deutscher Sprache entstanden.

Suleika

Was bedeutet die Bewegung?
Bringt der Ost mir frohe Kunde?
Seiner Schwingen frische Regung
Kühlt des Herzens tiefe Wunde.

Kosend spielt er mit dem Staube,
Jagt ihn auf in leichten Wölkchen,
Treibt zur sichern Rebenlaube
Der Insekten frohes Völkchen.

Lindert sanft der Sonne Glühen,
Kühlt auch mir die heißen Wangen,
Küßt die Reben noch im Fliehen,
Die auf Feld und Hügel prangen.

Und mir bringt sein leises Flüstern
Von dem Freunde tausend Grüße;
Eh noch diese Hügel düstern,
Grüßen mich wohl tausend Küsse.

Und so kannst du weiter ziehen!
Diene Freunden und Betrübten.
Dort wo hohe Mauern glühen,
Find' ich bald den Vielgeliebten.

Ach! die wahre Herzenskunde,
Liebeshauch, erfrischtes Leben
Wird mir nur aus seinem Munde,
Kann mir nur sein Atem geben.

Helmut Koopmann

Tausend Grüße, tausend Küsse

Der Wind ist Symbol der Vergänglichkeit, in der Moderne mehr denn je. Bei Brecht weht er durch die Städte, von ihrer Hinfälligkeit kündend. Ein apokalyptischer Sturm treibt Kafkas Landarzt zum Haus des Kranken. Aber Suleikens Ostwind ist freundlicher Natur. Er ist ein Liebesbote, ja Liebesstellvertreter: Er kühlt die Herzenswunde, lindert die Glut, er kost und kühlt auch die Wangen, küßt die Erwartungsvolle. Ist das ein Liebesvorspiel oder Liebesersatz? Wird dem Wind zugeschrieben, was eigentlich dem Geliebten zukäme? Suleikens Phantasie ist beinahe grenzenlos. Der Ost hat Allmacht in Liebesdingen, kein Zweifel; er erfüllt, was sie ersehnt, jene wirkliche Erfülllung vorwegnehmend, die nur der Geliebte bringen kann.

Bringt er sie wirklich? Das erfahren wir nicht, denn hier ist ja allein von Suleikens Wunsch und Hoffnung die Rede. Aber Suleika ist sich ihrer Sache gewiß. Der Geliebte wird kommen, mit ihm der wirkliche Liebeshauch. Es ist sein Atem – das kleine Wortspiel wird der Leser lächelnd vermerken, denn es ist ja Hatem, den Suleika begehrt. Und so läßt sie den Ostwind weiterziehen, da sie seine Botschaft vernommen.

Es gibt im »West-östlichen Divan« kurz darauf ein Gegengedicht: Suleika spricht auch dieses. Da ist es der Westwind, und er soll dem Geliebten vom Leiden der Trennung berichten. Auch der West kühlt, aber dort sind

es die »wunden Augenlider«; das Land, das hier wie dort ein Land der Seele ist, ist in Dunkel gehüllt, »Blumen, Augen, Wald und Hügel« verschwimmen in Tränen.
Erwartung und Schmerz also, auf zwei Gedichte verteilt? Aber auch unser Suleika-Gedicht ist ein Trennungsgedicht. Denn vom »Düstern« der Hügel ist die Rede, von »Betrübten«, hohen Mauern, vom Staub. Tausend Grüße, tausend Küsse: eine Wunschübertreibung, die Vielzahl aber eine eher imaginäre Größe. Der Kuß des Windes auf die Trauben: »noch im Fliehen«. Es ist, im Jahreszeitenzyklus, Herbst – die prangenden Reben verraten es. Ein Willkomm, aber auch ein Abschied. Suleika ist sich dessen allerdings kaum bewußt. Doch der Leser spürt es. Schließlich wird auch Hatem weiterziehen.
Die Verse stammen eigentlich von Marianne von Willemer, sind am 23. September 1815 geschrieben. Goethe hat zwei Strophen verändert, einzelnes verbessert, und so ist am Ende daraus ein gemeinsames Gedicht geworden. Auch das Westwind-Gedicht hat Marianne geschrieben, auch dort hat Goethe eingegriffen. Östliches und Westliches, spielerisch den Winden zugeordnet.
Alles wirklich nur Spiel? Marianne von Willemer, verheiratet, ist dreißig Jahre alt; Goethe fünfundsechzig. Im Sommer hatte er an Christiane berichtet: »Die Reise war nicht unfruchtbar. Mein Divan ist mit 18 Assessoren vermehrt worden.« Sommer- und Herbsttage im Rheingau: Wir wissen wenig über die sich anbahnende Liebesbeziehung, nichts darüber, ob es beim poetischen Spiel blieb. Goethe nannte Marianne ein paar Tage zuvor »einen kleinen Don Juan«. Und doch wissen wir alles. In den »Noten und Abhandlungen zu besserem Verständnis des West-

östlichen Divans« steht zum »Buch Suleika«: »Aber noch eines größern Mangels rühmt er sich: ihm entwich die Jugend; sein Alter, seine grauen Haare schmückt er mit der Liebe Suleikas, nicht geckenhaft zudringlich, nein, ihrer Gegenliebe gewiß. Sie, die Geistreiche, weiß den Geist zu schätzen, der die Jugend früh zeitigt und das Alter verjüngt.« Goethe hat auch das festgehalten: »Der Hauch und Geist einer Leidenschaft, der durch das Ganze weht, kehrt nicht leicht wieder zurück.« In Suleikens Gedicht aber sind beide gegenwärtig.

Gingo biloba

Dieses Baums Blatt der von Osten
Meinem Garten anvertraut
Gibt geheimen Sinn zu kosten
Wie's den Wissenden erbaut.

Ist es Ein lebendig Wesen,
Das sich in sich selbst getrennt?
Sind es zwei die sich erlesen
Daß man sie als Eines kennt?

Solche Fragen zu erwidern
Fand ich wohl den rechten Sinn;
Fühlst du nicht an meinen Liedern
Daß ich Eins und doppelt bin?

Peter Härtling

Die Ferne in der Nähe

Als ich das Gedicht vom Gingo biloba zum ersten Mal las, hatte ich keine Ahnung, daß es Teil eines unvergleichlichen Zwiegesprächs ist, kannte ich den Zusammenhang nicht. Seine Botschaft aber erreichte mich, einen jungen, noch unkundigen Leser, der in einer Anthologie blätterte und nach Versen suchte, die ihn in seiner Unruhe bestärkten oder seinen ungenauen Wünschen antworteten. »Dieses Baums Blatt«, das ich mir nur nach Goethes Beschreibung vorstellen konnte – »in sich selbst getrennt« –, mußte er, der Schluß des Gedichts legte es nahe, einer geliebten Frau geschenkt, vielleicht einem Brief an sie beigelegt haben.

Inzwischen weiß ich, wie ein Ginkgo (den Goethe ohne das sich hart ins Wort kerbende »k« schreibt) aussieht und wem er das Blatt zugedacht hatte. Vor vierzehn Jahren setzte ich in unserem Garten eine winzige Rute, die sich mit der Zeit bis übers Dach streckte, doch nie zu einer Krone entschloß, sondern sparsam und schlank verzweigte. Eines der Blätter, die das Bäumchen in seinem ersten Herbst abwarf, ein honiggelbes, bis in seine Mitte gespaltenes Herz, legte ich zwischen Seite 26 und 27 des Briefwechsels, den Goethe mit Jakob und Marianne Willemer führte. Marianne galten Gedicht und Blatt.

Goethe hatte sie noch als Demoiselle Jung, als Adoptivtochter Willemers, kennengelernt, eine in Musik und Tanz ausgebildete, hellwache junge Frau. Er beobachtete sie, ihr Wesen entzückte ihn, und vermutlich hörte er, der in der Nähe immer die Ferne einschloß, durchaus erleichtert, daß Willemer die um 24 Jahre jüngere, mit seinen Töchtern aufgewachsene Marianne zur Frau nehmen wolle. Sie heirateten, »ohne Frist und Aufgebot«, im September 1814.

Genau ein Jahr danach kam Goethe zu Besuch nach Frankfurt, wohnte bei den Willemers auf der Gerbermühle. Er war sechsundsechzig Jahre alt, doch er hatte sich, sichtbar nur für Marianne, in einen jungen Sänger verwandelt, in Hatem. Seit einiger Zeit schrieb er, angeregt durch die Beschäftigung mit dem persischen Poeten Hafis, an einem weiträumigen Gedichtzyklus, dem West-östlichen Divan. Das Buch Suleika lag vor ihm aufgeschlagen, nur fehlte Hatem noch seine Suleika.

Er fand sie in Marianne. »Nicht Gelegenheit macht Diebe, / Sie ist selbst der größte Dieb; / Denn sie stahl den Rest der Liebe / Die mir noch im Herzen blieb.« Ahnte er, daß sie ihm antworten, daß ihre Liebe sie Verse finden lassen würde, die den seinen ebenbürtig waren, sie an Wärme und Hingabe noch übertrafen? »Hochbeglückt in deiner Liebe / Schelt ich nicht Gelegenheit; / Ward sie auch an dir zum Diebe, / Wie mich solch ein Raub erfreut!«

Goethe reiste weiter nach Heidelberg. Willemer, Marianne und Rosine Städel, eine der Töchter Willemers aus erster Ehe, folgten ihm für ein paar Tage. Marianne genoß Hatems Gegenwart, vergaß sich, verlor sich in seinen Erzählungen. Sie gingen viel spazieren. Auf dem Schloß zeigte er ihr den Ginkgo-Baum, erklärte ihr seine Herkunft, seine Eigenart, daß er aus dem Osten stamme und, obwohl er Blätter trage, mit den Koniferen verwandt sei.

Als sie Abschied voneinander nahmen, versprach er, auf dem Heimweg nach Weimar sie auf alle Fälle zu besuchen. Er unterließ es, Suleikas Anspruch fürchtend, auf Ferne bedacht, legte aber einem Brief, den er an Rosine adressierte, ein Ginkgo-Blatt und eben das Gedicht für sie bei und fand, »daß man am besten täte, etwas ganz Unverständliches zu schreiben, damit erst Freunde und Liebende einen wahren Sinn hineinzulegen völlige Freiheit hätten«.

Marianne erinnerte sich an die Gespräche, nahm sich die Freiheit und verstand, den »geheimen Sinn zu kosten«. Nichts anderes teilte ihr Hatem mit, als daß die Zweisamkeit Einsamkeit bedinge, und führte ihr es mit des Baumes Blatt anschaulich vor. Es ist eines und möchte sich teilen, mehr noch: trennen, um sich im Doppel als Ganzes zu verstehen. Aber könnte es nicht ebenso bedeuten, daß es sich von sich entferne? So weit will Hatem es nicht kommen lassen. Zwar fragt er: »Sind es zwei«, doch fügt er, sie – nicht sich – beschwichtigend, hinzu: »die sich erlesen / Daß man sie als Eines kennt?« Die sich gewählt, die sich gefunden. Und den Widerspruch kann ohnedies nur Hatem lösen, indem er ihn aushält, in sich aufnimmt und auslebt: »Fühlst du nicht an meinen Liedern / Daß ich Eins und doppelt bin?«

Er, nicht sie. So nahm er sie mit und ließ sie allein. Sie sahen sich nie mehr. Daß er auf Ferne bestand, wollte und konnte sie nicht wahrhaben. Suleika ersehnte Hatems Nähe: »Sag ihm nur, doch sags bescheiden, / Seine Liebe sei mein Leben, / Freudiges Gefühl von beiden / Wird mir seine Nähe geben.«

Vollmondnacht

Herrin! sag' was heißt das Flüstern?
Was bewegt dir leis' die Lippen?
Lispelst immer vor dich hin,
Lieblicher als Weines Nippen!
Denkst du deinen Mundgeschwistern
Noch ein Pärchen herzuziehn?
»Ich will küssen! Küssen! sagt ich.«

Schau! im zweifelhaften Dunkel
Glühen blühend alle Zweige,
Nieder spielet Stern auf Stern,
Und, smaragden, durchs Gesträuche
Tausendfältiger Karfunkel;
Doch dein Geist ist allem fern.
»Ich will küssen! Küssen! sagt ich.«

Dein Geliebter, fern, erprobet
Gleicherweis' im Sauersüßen,
Fühlt ein unglückselges Glück.
Euch im Vollmond zu begrüßen,
Habt ihr heilig angelobet,
Dieses ist der Augenblick.
»Ich will küssen! Küssen! sag' ich.«

GERT UEDING

Verborgen glühende Bedeutung

»Immer sehnt sich mein Herz nach deinen Lippen«, lautet die Hafiszeile in Mariannes Brief, welche Goethe zu seinem Gedicht inspirierte. Es trägt das Datum vom 24. Oktober 1815, dem Tag des ersten Vollmonds nach dem Abschied von Marianne Willemer, als die Liebenden jene Gedenkstunde verabredeten.

Die Konstellation des Gedichts ist klar erkennbar: ein Gespräch zwischen der Dienerin und ihrer Herrin, die sonst im »West-östlichen Divan« Suleika heißt, über Hatem, den fernen Geliebten, über das Unglück der Trennung und die Seligkeit der Erinnerung. Auch die Verabredung selber gibt keine Rätsel auf, ein Liebesspiel, das (ich weiß es gewiß) auch heute noch unter Liebenden seine Anhänger hat – ebenso wie die hübsche Mode der Chiffren-Briefchen, die Goethe und Marianne wechselten: harmlose Plaudereien auf der Oberfläche, und nur der wahre Adressat vermag die eigentliche, verborgen glühende Bedeutung zu entziffern.

Etwas von einer solchen »Geheimschrift« (das nächste Gedicht des »Buches Suleika« handelt ausdrücklich davon) haben auch diese Strophen – gerade durch ihre offensichtliche Harmlosigkeit. Die Dienerin ist zugleich Vertraute, sie weiß von der Verabredung ihrer Herrin, ihre Fragen nach der Ursache für Suleikas Entrückung wirken (auf jeden Fall von der letzten Strophe her gesehen) wie bloße Anspielungen auf das gemeinsame Geheimnis. Die

Antwort läßt sie unbefriedigt, doch nicht, weil sie lückenhaft wäre, sondern weil die Fragen einen ganz anderen Sinn haben. Ein Dialoggedicht bilden diese Verse nur auf den ersten Blick: die Worte der einen haben die Aufgabe, die angemessene Umgebung und Atmosphäre für die verzückte Rede der anderen zu schaffen.

Das eigentliche Rätsel des Gedichts ist die von den Interpreten so genannte Dienerin: Von ihr erfahren wir nur durch die Anrede »Herrin! sag' was heißt das Flüstern?«. Doch ist das schon genug, ihre Identität zu bestimmen, und ist nicht auch im folgenden »Geheimschrift« genannten Gedicht von der »Herrin« die Rede, doch unzweifelhaft so, daß wir in dem Sprecher Hatem erkennen? Das Gedicht des Hafis, in dem die Refrainzeile steht, ist ebenfalls ein Dialog zwischen den beiden Liebenden, und wird nicht tatsächlich, wer immer hier zu Suleika tritt, in Wahrheit zum Medium des Geliebten? Und mag dann nicht, bedenkt man Autor und Adressatin, bedenkt das Schlüsselspiel der Verse und Briefchen, die hin- und hergingen, eine andere und wirklich gemeinsame Vollmondnacht hinter dieser auftauchen, in den verabredeten Augenblick gleichsam einschießen, ihn erfüllen?

So erklärte sich endlich jener Tempuswechsel in Suleikas Refrain-Rede, der auch einen Adressatenwechsel andeutet. »Ich will küssen! Küssen! sagt ich« – das bezieht sich auf Nachfrage und Anrede in den beiden ersten Strophen. »Ich will küssen! Küssen! sag' ich« – das ist die Forderung des Augenblicks an den Geliebten, das *carpe diem* setzt seine Präsenz voraus. Derart wird die Vollmondnacht aufs neue zur Liebesnacht, tauscht wenigstens die Gesichter mit ihr, und die Vergangenheit steht in dem günstigen

Moment wieder auf, der alle Bedingungen des einstigen Glücks erfüllt.
Warum aber dann nicht noch einen Schritt weitergehen und die nächtliche Liebesbegegnung des Gedichts auf dem Hintergrund einer anderen Beschwörungsszene sehen, die in Goethes Werk bedeutsam ist? Ich meine die Beschwörung der Helena, die Faust auf ebensolche Weise entzückt und auf den Gipfelpunkt seines Liebesglücks führt, wie die Suleika des Gedichts Erfüllung findet durch die nächtliche Beschwörung des Geliebten. Im Drama wird die zeitliche Ferne aufgehoben im idealen Raum, im Gedicht schwindet die räumliche Entfernung im zeitenthobenen Augenblick. Die Adressatin wird auch diese Botschaft wohl verstanden haben.
Womit nun die »Vollmondnacht« zum Schlüsselgedicht des ganzen Zyklus wird, der schließlich in weiten Teilen und vollends im Liebesbuch »Suleika« verabredet wurde, oder genauer: Verabredung ist, im wörtlichen Sinne. Denn es befinden sich Gedichte von Marianne darunter, sie wetteifern glücklich mit den schönsten, die Goethe schrieb. So blieben sie verbündet und trafen sich, wann immer die Kunst Vollmond sein ließ.

In einer Stadt einmal

An Fanny Caspers

In einer Stadt einmal
Auf dem Stadthaus
Ein großer Saal,
Darin ein lustig Mahl.

Unter den Gästen
Eine artige Maus,
Wie's bei solchen Festen
Geht, im Champagnersaus.
Sie hatte nicht so viel getrunken
Als Schiller, ich und alle,
Sie war mir aber um den Hals gesunken.
In keiner Falle
Fing man so lieblich Mäuschen;
Niedlich war sie, niedlicher im Räuschchen.
Ich hielt sie feste, feste,
Wir küßten uns auf's beste,
Doch wickelt sie sich heraus –
Fort war die Maus!
Die treibt sich in Osten und Süden;
Gott schenk' ihr Lieb' und Frieden.

Hanspeter Brode

Das Mäuschen in der Falle

Ein Gelegenheitsgedicht aus der Feder eines Sechsundsechzigjährigen, gewiß, aber in diesem Alter schreibt man über erotische Dinge nicht so spielerisch, wie es hier den Anschein hat. Fanny Caspers war Schauspielerin am Weimarer Hoftheater, und Direktor Goethe hat so manche Rolle mit ihr durchgearbeitet, zum Beispiel die der Amenaide in seiner eigenen Übersetzung von Voltaires »Tancred«. Der eine oder andere Theaterabend mag, wie hier, mit Festgelage und Champagner beschlossen worden sein. Als Fanny Caspers später aus der Ferne um ein Widmungsblatt bat, übersandte ihr Goethe diese Zeilen. Offenbar war ihm die inzwischen fast anderthalb Jahrzehnte zurückliegende Episode genau und buchenswert im Gedächtnis geblieben.

Das Gedicht beginnt wie eine naiv daherholpernde Märchenerzählung. Die Tischgenossin vergangener Tage wird mit »Maus« und »Mäuschen« in zart angedeuteter erotischer Symbolik angesprochen, aber die Diminutive sowie die Adjektive »niedlich« und »lieblich« drängen den Vorgang sogleich ins spielerisch Unverbindliche zurück, zumal auch angesichts des geheimen Doppelsinns von »Räuschchen«: Fanny Caspers war in einem volkstümlichen Lustspiel »Das Räuschchen« erfolgreich gewesen. Die umnebelnde Wirkung des Alkohols wird in dem Vers »Ich hielt sie feste, feste« stammelnd abgebildet, die Küsse und das Sichlösen aus trunkener Umarmung könnten

dann immerhin andeuten, daß es sich um eine momentane Aufwallung der Gefühle handelte, die von der spröden Geliebten im entscheidenden Moment abgebogen wurde.
Indessen rücken der große Name Schillers, die Nennung Gottes und vor allem der Segenswunsch der letzten Zeilen den innigen Moment vor ganz andere Horizonte. Der Schlußgestus des Gedichtes gemahnt vielmehr an den »West-östlichen Divan« und nicht an spontane Sinnlichkeit. Entschiedene Distanz waltet, so, als ob der Schreiber sich die Zufallspartnerin einer verflossenen schwachen Stunde diskret vom Halse schaffen wollte.
Und doch erfüllte Goethe die Bitte um ein Widmungsblatt. Irgend etwas an dieser Tändelei muß sich eingeprägt haben bei ihm, auch im Sinne der Beförderung des eigenen Selbstverständnisses. Goethe hat sich auch sonst gelegentlich mit Fanny Caspers rückblickend beschäftigt, sicherlich ausgehend vom Kristallisationspunkt dieser champagnerseligen Nachtfeier. Im Juni 1821 gab er gegenüber Kanzler von Müller gesprächsweise zu verstehen, daß die Aktrice »eines jener lieblichen, aber neutralen ... weiblichen Wesen sei, die, mit geringer Sinnlichkeit ausgestattet, um so sicherer durch die Welt gehen, weil sie eben nicht mehr anreizen, als daß man gerne bei ihnen verweilt.«
Das läßt nun tiefer blicken, womöglich bis hinab auf Seelenhaushalt und Triebstruktur des großen Mannes. Fanny Caspers war für ihn eine unproblematische und in ihren Ansprüchen genau kalkulierbare Partnerin. Sie zeichnete den Alten gesellschaftlich dadurch aus, daß sie ihm zu fortgeschrittener Stunde und vor illustrer Öffentlichkeit

»um den Hals gesunken« war. Das hätte dem aristokratischen Schiller und den übrigen Trunkenbolden an der Tafel nicht passieren können, das mußte seiner Männlichkeit schmeicheln, ohne ihn zu weiteren Schritten zu verpflichten. Dieses streng eingegrenzte, fast rituelle Liebes- und Lippenspiel muß Goethe gefallen haben, weil es seiner Disposition entsprach. Und darum erinnerte er sich mit Behagen und ein wenig Schalkheit nach vielen Jahren noch an das »Mäuschen«, das ihm damals so beiläufig-lieblich in die »Falle« gegangen war.

Nachklang

Es klingt so prächtig wenn der Dichter
Der Sonne bald, dem Kaiser sich vergleicht;
Doch er verbirgt die traurigen Gesichter,
Wenn er in düstren Nächten schleicht.

Von Wolken streifenhaft befangen
Versank zu Nacht des Himmels reinstes Blau,
Vermagert bleich sind meine Wangen
Und meine Herzensthränen grau.

Laß mich nicht so der Nacht, dem Schmerze,
Du allerliebstes, du mein Mondgesicht!
O, du mein Phosphor, meine Kerze,
Du meine Sonne, du mein Licht!

Renate Schostack

Verfinsterung der Seele

Das Gedicht, das in den meisten Anthologien fehlt, gehört nicht zu den perfekten Gebilden der Lyrik. Da rundet sich nichts; einer, der mit einer großartigen Gebärde anfängt, bleibt stecken; die Formfehler (ein fehlendes »bald«), die schlecht gebrauchten Wörter (»schleichen«, »Phosphor«) sind peinlich offenbar. Dennoch ist dies eines der interessantesten Poeme Goethes, hält es doch den Moment fest, da das Denkmal selbst vom Sockel steigt, der Dichter sich des orientalischen Maestro-Überwurfs entledigt.
»Nachklang«, im November 1815 für die Sammlung des »West-östlichen Divan« geschrieben, ist ein Abgesang auf Vergangenes. Zwei Monate zuvor hatte Goethe Marianne von Willemer in Heidelberg zum letztenmal getroffen. Man braucht nicht auf biographische Details einzugehen. Dennoch drängt sich der Vergleich mit dem Gedicht »An den Mond« auf, in dem das Titelwort vorweggenommen ist. Goethe hatte es einst an Charlotte von Stein geschickt. Auch dort Elegisches: »Jeden Nachklang fühlt mein Herz / Froh- und trüber Zeit«. Dreißig Jahre liegen zwischen beiden Gedichten, die Stimmung hat sich verändert. Dort melancholische Sehnsucht; hier der blanke Schmerz.
Doch zunächst tritt der, der hier von sich in der dritten Person spricht, wie ein Großfürst der Dichtung auf. Die Draperie, dem Divan durchaus angemessen, rauscht. Er zitiert sich selbst: »Helios, der Große«, so hat er sich im unmittelbar vorher entstandenen Gedicht (»Hochbild«)

genannt; von des »Kaisers Orden«, den »Kaisergütern«, »unseres Daseins Kaisersiegel« war allenthalben viel die Rede gewesen. Jetzt liest man's anders. Das hochstilisierte Dasein birgt vornehm verborgenes Leid.

Aber dann fällt die Maske. Fast unmerklich stiehlt sich der Dichter hinaus aus der Divan-Welt, wo der »Schleier irdischer Liebe« angeblich »höhere Verhältnisse« verhüllt. (Dies schrieb Goethe über das Buch »Suleika« im »Morgenblatt für gebildete Stände«.) Zwar spiegelt sich der Zustand der Seele – die späte Lyrik vorwegnehmend – noch distanziert im Meteorologischen; doch das Bekenntnis kann nur in der ersten Person vorgebracht werden.

Diese vollkommene zweite Strophe fordert dazu auf, sich der Farbenlehre zu erinnern, wo Blau – eine der beiden »reinen« Hauptfarben – durch Licht aufgehellte Finsternis bedeutet. Indessen geht es nicht um Philosophisches in diesem Gedicht, nicht um den allgemeinen Kampf zwischen Licht und Finsternis, durch den der trübe Erdengast sich zur Persönlichkeit steigern muß. Diese Nacht kann nur das Licht der Liebe aufheben.

Weinend, blaß, abgemagert, ein Bild des Jammers, so wendet sich der zu Beginn herrscherlich Kostümierte an die Geliebte. Es ist ein Hilferuf, wie er ihn so unverhüllt in seiner ganzen Lyrik nirgends ausgestoßen hat. Daneben verblaßt der »Nachtgesang« zu bloßem Getändel (»O gib, vom weichen Pfühle, / Träumend, ein halb Gehör.«), und nur in Gretchens Gebet (»Ach, neige, / Du Schmerzensreiche, / Dein Antlitz gnädig meiner Not.«) spricht sich, dort freilich an eine überirdische Macht gerichtet, eine ähnliche Seelenlage aus. Die Verhältnisse haben sich umgekehrt: Die Sonne ist nicht mehr der Dichter, sondern die Geliebte. Sie erscheint in allen Intensitätsgraden des Lichts, mild und still leuchtend, verführerisch fluoreszierend, strahlend hell.

Der diese Verse an eine Einunddreißigjährige richtete, war übrigens sechsundsechzig Jahre alt. Und Marianne von Willemer hat er nie mehr gesehen.

Lesebuch

Wunderlichstes Buch der Bücher
Ist das Buch der Liebe;
Aufmerksam hab' ichs gelesen:
Wenig Blätter Freuden,
Ganze Hefte Leiden;
Einen Abschnitt macht die Trennung.
Wiedersehn! ein klein Kapitel,
Fragmentarisch. Bände Kummers
Mit Erklärungen verlängert,
Endlos, ohne Maß.
O! Nisami! – doch am Ende
Hast den rechten Weg gefunden;
Unauflösliches wer löst es?
Liebende sich wiederfindend.

Walter Helmut Fritz

Die Algebra der Liebe

Als Leser hat man sofort das Gefühl großer innerer Nähe zu diesem Gedicht, einem Altersgedicht vom Dezember 1815, aus dem »Buch der Liebe« des »West-östlichen Divan«. Die zugleich persönliche wie allgemeine Erfahrung, aus der es kommt; seine Härte, Illusionslosigkeit, Direktheit; das knappe Nennen, mit seinen Pausen, das stellenweise fast Stichwortartige der Zeilen – das alles erreicht uns unmittelbar.

Goethe hat die Verse (vier- und dreitaktige Trochäen, die wie freie Rhythmen wirken) dem Text eines – gegen Schluß genannten – türkischen Autors nachgedichtet. Aber sie sind, ihre innere Stimmigkeit, ihre Intensität zeigt es, zu *seinem* Gedicht geworden, das gelesen sein will auf dem Hintergrund seiner Begegnung mit Marianne von Willemer in den Jahren 1814 und 1815 in Frankfurt und Heidelberg.

Liebe – ein Buch, das Buch der Bücher, das »wunderlichste« dazu, mit Abschnitten, Blättern, Kapiteln, Heften. Sogar »Bände« werden daraus. Ein Beispiel für die Buchmetaphorik (das Buch der Natur, des Universums, des Geistes, der Geschichte, der Schönheit, der Seele), die durch Jahrhunderte in zahlreichen Gedichten der verschiedensten Literaturen auftauchte.

Ein Gedicht zunächst voller Trauer, »endlos ohne Maß«. Es provoziert Fragen. Warum ist uns Glück nur für Momente erreichbar? Machen wir den Fehler, daß wir Dauer suchen, wo keine Dauer möglich ist; daß wir uns an etwas klammern, an das wir uns nicht klammern dürfen; daß wir uns der Wirklichkeit mit falschen Vorstellungen nähern und sie deshalb verfehlen?

Am Ende: Helligkeit, Zuversicht, Erleichterung. Ein *Happy-End*? Oder nur ein »klein Kapitel«? Jedenfalls begreift man (auch wenn das nicht ausdrücklich gesagt wird), daß der alternde Mann – durch Glück und Unglück früherer Begegnungen – erst gelernt hat, was es bedeutet, wenn das Gefühl der Liebe lebendig ist. Er nimmt es nicht mehr als Selbstverständlichkeit hin. Er hat verstanden, daß es kein Recht auf Liebe gibt, keinen Anspruch, sondern daß sie von Augenblick zu Augenblick ein Geschenk ist. Er weiß, was Zeit bewirkt. Vergänglichkeit ist ihm eine unablässig wahrgenommene Realität. Er kennt das Unerbittliche daran. »Liebende, sich wiederfindend« ist eine Zeile, die *nach* solchen Ensichten niedergeschrieben wurde.

Wie der Wissenschaftler den Kosmos der Natur erforscht, erforscht der Dichter Goethe – und davon gibt auch sein »Lesebuch« Zeugnis – einen Liebes-Kosmos mit allen Stufen von der Sehnsucht bis zur Erfüllung, vom vertrauten Miteinander-Leben bis zur unerklärlichen Fremdheit, von der Trennung bis zum Wiedersehen. Er weiß, daß es nicht nur eine »Algebra« der Natur, sondern auch eine der Liebe gibt.

Prooemion

Im Namen dessen, der Sich selbst erschuf!
Von Ewigkeit in schaffendem Beruf;
In Seinem Namen der den Glauben schafft,
Vertrauen, Liebe, Tätigkeit und Kraft;
In Jenes Namen, der, so oft genannt,
Dem Wesen nach blieb immer unbekannt:
So weit das Ohr, so weit das Auge reicht,
Du findest nur Bekanntes das Ihm gleicht,
Und deines Geistes höchster Feuerflug
Hat schon am Gleichnis, hat am Bild genug;
Es zieht dich an, es reißt dich heiter fort,
Und wo du wandelst, schmückt sich Weg und Ort:
Du zählst nicht mehr, berechnest keine Zeit,
Und jeder Schritt ist Unermeßlichkeit.

Hermann Kurzke

Forscherglück

Gut, daß das Wort »Gott« nicht fällt in diesem Gedicht. Es ist schon als Schlußstein zu vieler Gebäude mißbraucht worden. Goethe ist im Religiösen diskret. Er heuchelt keine Vertrautheit mit dem Höchsten. Der so oft Genannte »blieb immer unbekannt«. Die ihn traktieren wie ihresgleichen, sagte Goethe zu Eckermann, sind von seiner Größe nicht wirklich durchdrungen, sonst würden sie verstummen und ihn vor Verehrung nicht nennen mögen.

Trotzdem ist das Gedicht keineswegs bescheiden. Es besteht aus einer beschwörenden Ermächtigungsformel und einer feierlichen Erklärung. Der Dichter und Naturforscher Goethe spricht mit einer gewaltigen Legitimation, »im Namen« dieses Unbekannten, als sein Beauftragter.

Daß alles Bekannnte jenem Unbekannten gleiche, verkündigt er. Im Bekannten und Vergänglichen, mit Auge und Ohr, unseren gewöhnlichen Sinnen, müssen wir ihn suchen, den Unbekannten und Unvergänglichen. Alles Bekannte ist nur bekannt, weil es ihm gleicht. »Alles Vergängliche ist nur ein Gleichnis.« Selbst der höchste Feuerflug des Geistes erreicht nicht den Schöpfer selbst, sondern nur sein Abbild im Bekannten.

Aber es gibt einen Trost. Die Unzulänglichkeit des Menschen ist nicht demütigend, sondern beglückend. Bild und Gleichnis reißen heiter fort, schmücken Weg und Ort. Als der erwachende Faust in die Sonne schaut, muß er sich geblendet abwenden. Als er dann jedoch den im Licht der Sonne funkelnden Wasserfall erblickt, erkennt er: »Am farbigen Abglanz haben wir das Leben.« Nicht das unbarmherzige Weißlicht des Absoluten ist dem Menschen bestimmt, sondern sein Widerschein im Geschaffenen, das farbig gebrochene Licht, das den Weg des Forschers schmückt.

»Prooemion«, zu deutsch soviel wie »Einleitung« oder »Vorspruch«, wurde zuerst 1817 als Motto eines Heftes mit Aufsätzen zur Naturwissenschaft gedruckt. Das Gedicht war eine Art Programmerklärung. Als Sammler und Liebhaber ohne Verwertungsinteressen erging sich Goethe im Reich der Natur. Die Zunft lächelte respektvoll. Was hat der Dilettant ihr zu sagen?

Der Ton seines Gedichtes bleibt lange sonor und gemessen. Aber die zwei letzten Reimpaare bringen eine rasante Steigerung. Etwas überwältigt den Sprecher. Wenn er sich in der farbig geschmückten Welt bewegt, reißt es ihn fort von Bild zu Bild, er staunt, und, was er direkt nicht erreichen kann, das Ewige, Raum- und Zeitlose, wird ihm beim Herumwandern im Begrenzten und Vergänglichen zuteil: »Du zählst nicht mehr, berechnest keine Zeit, / Und jeder Schritt ist Unermeßlichkeit.« In diesem unerwarteten Hochgerissenwerden, Hinausgeschleudertwerden liegt der entscheidende Reiz des Gedichts.

Bis heute unverloren ist das Glück des Forschers: Eine Entdeckung »reißt ihn heiter fort«. Das Glück des Findens ist Abglanz vom Urlicht. Das Forscherherz schlägt pantheistisch. Das bleibend Irrationale noch der gegenwärtigen, hochgezüchteten Forschung ist das Wunder des

Einfalls. Was verbissene Arbeit in Monaten nicht erzielt, bringt eine plötzliche Eingebung manchmal in Sekunden.

Goethes Weltfrömmigkeit verlangt das gläubige Übersteigen des Irdischen nicht. Wer sich nur staunend ergeht, macht es schon richtig. Er braucht sich keine frommen Gedanken dazu zu machen. Er braucht nicht einmal ans Urlicht zu glauben. Nur wer das Staunen verlernt hätte, nur der Wissenschaftsphilister, dessen Glaubensbekenntnis die Kosten-Nutzen-Rechnung ist, der nur die Ausbeutung der Natur, nicht das Ergriffensein von ihr kennt, müßte mit Goethes Verachtung rechnen.

Frühling über's Jahr

Das Beet schon lockert
Sich's in die Höh,
Da wanken Glöckchen
So weiß wie Schnee;
Safran entfaltet
Gewalt'ge Glut,
Smaragden keimt es
Und keimt wie Blut.
Primeln stolzieren
So naseweiß,
Schalkhafte Veilchen
Versteckt mit Fleiß;
Was auch noch alles
Da regt und webt,
Genug, der Frühling
Er wirkt und lebt.

Doch was im Garten
Am reichsten blüht,
Das ist des Liebchens
Lieblich Gemüt.
Da glühen Blicke
Mir immerfort,
Erregend Liedchen,
Erheiternd Wort.
Ein immer offen,
Ein Blütenherz,

Im Ernste freundlich
Und rein im Scherz.
Wenn Ros' und Lilie
Der Sommer bringt,
Er doch vergebens
Mit Liebchen ringt.

Karl Otto Conrady

Heiteres Glück vor langer Zeit

So locker, so spielerisch schrieb der ›späte Goethe‹ manche Verse. Ein Natur- und Liebesgedicht zugleich. Sorgsam geteilt ist es in den Preis des Frühlings und das Lob der Geliebten. Was immer auch den Zauber der Jahreszeit ausmachen mag, das »doch« am Beginn des zweiten Teils leitet hin zur Verherrlichung des »Liebchens«, mit dessen Vorzügen sich weder Frühling noch Sommer messen können. Ein altes Thema aus der Tradition der Liebeslyrik: Die Frau, der gehuldigt wird, übertrifft noch alle Reize der Natur. Ihr ist es zu verdanken, daß das ganze Jahr hindurch Frühling bleibt, wie wohl die Überschrift »Frühling über's Jahr« zu verstehen ist.
Der Einsatz des Gedichts könnte kaum moderater sein. Freilich drückt sich so kein Gärtner aus, der den Boden arbeitend auflockert. Das Beet selbst erscheint als lebendig wirkend, und die von normaler Satzfügung leicht abweichende Stellung der Wörter schafft zudem so etwas wie poetischen Überschuß. Dann folgen Momentaufnahmen des Geschehens im Garten, in den der Frühling eingekehrt ist. Wie Figuren in einem heiteren Spiel treten sie auf, Schneeglöckchen und Krokus, Primel und Veilchen. Schon bald aber hält der Betrachter mit einer Formel einfachsten Sprechens summierend ein und faßt danach zusammen: »Genug, der Frühling / Er wirkt und lebt.«
Farben leuchten hervor, das Weiß der Märzbecher, das Gelbe und Gelbrote des Krokus (»Safran«). In seiner

»Farbenlehre« sprach Goethe dem Gelben »eine heitere, muntere, sanft reizende Eigenschaft« zu, nahm bei ihm »eine strebende Steigerung ins Rote« wahr und sah im Gelbroten die »aktive Seite« der Farbe »in ihrer höchsten Energie« ausgeprägt. Unverkennbar ist etwas von diesen Empfindungen der »sinnlich-sittlichen Wirkung« der Farben auch in die Verse über den Safran eingegangen. Schöner aber als alles im Garten ist »des Liebchens lieblich Gemüt«. Und der Schluß steigert noch: Auch und sogar der Sommer muß vor dem, was die Geliebte bietet, kapitulieren.

Das Gedicht ist von einer geradezu rokokohaften Leichtigkeit. Manches mutet wie freundliches Zitieren aus einer längst vergangenen Lyriksprache an. Der fast Siebzigjährige, ohnehin nie auf eine bestimmte Schreibart festgelegt, scheint sich hier auch am Spiel mit literarischen Reminiszenzen zu erfreuen.

Am biographischen Ort gibt sich »Frühling über's Jahr« allerdings als ein Gedicht zu erkennen, das wie gegen die Bedrängnis der Lebenssituation angeschrieben ist. Auf den 15. März 1816 datiert eine eigenhändige Reinschrift. Endlich waren die Kriegsjahre vorbei; 1816 zog der erste Frühling ins Land, »den man seit langer Zeit ohne Grauen und Schrecken herankommen sieht« (an Zelter, 14. 4. 1816). Doch um Christiane, mit der er seit 1788 zusammenlebte und die er erst 1806 geheiratet hatte, mußte sich Goethe seit längerem ernstlich sorgen. Wiederholt litt sie an schweren Krämpfen im Unterleib, deren Ursache damals niemand diagnostizieren konnte.

Wochen in Karlsbad 1815 brachten etwas Linderung, aber im Winter 1815/16 verschlimmerte sich ihr Zustand. Das

Frühjahr ließ hoffen; sie konnte wieder in Haus und Garten arbeiten und freute sich auf die warme Jahreszeit. So liest sich »Frühling über's Jahr« wie eine späte Huldigung an die Lebensgefährtin, an deren Todestag am 6. Juni 1816 der Verstörte seine Erschütterung in vier Zeilen drängte: »Du versuchst, o Sonne, vergebens, / Durch die düstren Wolken zu scheinen! / Der ganze Gewinn meines Lebens / Ist, ihren Verlust zu beweinen.«
Machen wir uns jedoch nichts vor: Keinem ernst zu nehmenden Lyriker heute würde man es durchgehen lassen, in ähnlicher Ungebrochenheit und naiv-optimistisch sich gebender Heiterkeit eine Frühlingsszenerie zu bedichten und das Lob auf »des Liebchens lieblich Gemüt« anzustimmen. Zu zernarbt ist unser Verhältnis zur Natur nach dem, was wir in ihr angerichtet haben, zu wenig können uns bloß naturhafte Vorgänge besänftigen, und zeitgerechte Liebesdichtung vermag ohne sondierende Reflexion über Glück und Schwierigkeit der Partnerschaft kaum mehr zu bestehen. Ihren historischen Reiz müssen Goethes Verse darüber indessen nicht verlieren.

Um Mitternacht

Um Mitternacht ging ich, nicht eben gerne,
Klein, kleiner Knabe, jenen Kirchhof hin
Zu Vaters Haus, des Pfarrers, Stern am Sterne
Sie leuchteten doch alle gar zu schön;
Um Mitternacht.

Wenn ich dann ferner in des Lebens Weite
Zur Liebsten mußte, mußte weil sie zog,
Gestirn und Nordschein über mir im Streite,
Ich gehend, kommend Seligkeiten sog;
Um Mitternacht.

Bis dann zuletzt des vollen Mondes Helle
So klar und deutlich mir ins Finstere drang,
Auch der Gedanke willig, sinnig, schnelle
Sich um's Vergangne wie um's Künftige schlang;
Um Mitternacht.

Benno von Wiese

Lebenslauf in drei Strophen

Warum ich das Goethesche Altersgedicht »Um Mitternacht« besonders liebe, gestehe ich nur ungern. Es ist vor allem die erste rätselhafte Strophe, die mich an Angst und Trost der eignen Kindheit erinnert. »Klein, kleiner Knabe«, besser, knapper und dennoch verdoppelnd und steigernd, ließ sich das nicht mehr sagen. Die raffinierte, scheinbare Primitivität dieser Strophe dichtet aus der Perspektive des Kleinkindes und zugleich aus der Distanz des Gotheschen Alters. Das Autobiographische wird dabei auf eine sehr moderne Weise verfremdet. Goethes Vater war gewiß kein Pfarrer, eher für den Sohn eine Art Schulmeister, und das geräumige, gravitätische Elternhaus war nicht am Kirchhof gebaut. Realistisch ist diese Strophe gewiß nicht; so gelesen, wäre sie geradezu absurd. Aber das psychische, religiöse Trauma dieser Kind-Strophe mit seinem »nicht eben gerne« nimmt bereits vorweg, was Goethe später an Mißbehagen empfand, wo ihn Kirchhof, Tod und Christentum allzusehr bedrängten.

»Die Empfindung der Vergangenheit und Gegenwart in Eins«, so hat Goethe in »Dichtung und Wahrheit« ein ihn immer wieder beherrschendes Gefühl genannt. Es ist dieser Sinn für das ebenso Geschichtliche wie Gegenwärtige der menschlichen Existenz, der mir in diesem Gedicht vertraut ist, mag er auch noch so sehr unserem heutigen sterilen Gegenwartskultus widersprechen. Es will viel heißen, wenn ein alter Dichter seinen ganzen Lebenslauf in drei knappen Strophen gliedern und zusammenfassen konnte. Hier ist eine Abstraktion und Reduktion von höchster Anschaulichkeit vollzogen. Das im Kosmos ewig Wiederkehrende ist zugleich das Einmalige, es steht dabei sinngebend und gültig nicht nur für das Goethesche Leben, sondern für das Leben überhaupt.

Goethe hat dieses im Februar 1818 entstandene Gedicht sein »Lebenslied« genannt und schrieb in den Annalen von 1818 darüber: »Ein wundersamer Zustand bei hehrem Mondenschein brachte mir das Lied ›Um Mitternacht‹, welches mir desto lieber und werter ist, da ich nicht sagen könnte, woher es kam und wohin es wollte.«

Drei Stufen enthalten die Phänomene, die für Goethe zugleich die Lehre bedeuten: Trauma und Glück der Kindheit, Eros des Mannes, Erinnerung und Weisheit des Alters; die erste lyrisch-schwermütig und sich selbst verhüllend, die zweite dramatisch mit offen eingestandenen autobiographischen Zügen, »Gestirn und Nordschein über mir im Streite« dürften sich auf den italienischen Süden und den Weimarischen Norden beziehen und das doppelte, hart aufeinanderstoßende »mußte« auf Goethes Verhältnis zu Frau von Stein; die dritte mystisch mit dem Hinübergreifen des Alters in das Zukünftige, vielleicht bereits Transzendente.

Alle drei Stufen werden von der Lebenstiefe her gespiegelt, von der refrainhaft dreimal wiederholten Mitternacht, alle drei Stufen sind aber zugleich ein Vorgang, der im aufgehenden Vollmond kulminiert. Jede Stufe steht für sich, hat ihre eigne Perspektive und ihre gesättigte Anschaulichkeit, aber das Gedicht trennt und vereinigt sie zugleich. Solcher Abstand der Erinnerung bei voller Ver-

gegenwärtigung, als ob alles gerade jetzt geschähe, ist typisch für den Goetheschen Altersstil.
Fürchtet sich der klein-kleine Knabe noch immer vor dem Fremden, Ungeheuren? Liebt er noch immer die schönen Sterne? Ist das Müssen und die Seligkeit des Eros, die die Phantasie schon im Gang zur Geliebten vorwegnahm, auch jetzt noch lebendig? Der »schnelle« Gedanke vermag alles Vergangene zurückzuholen und mit dem Zukünftigen zu verbinden, mag auch die Gegenwart dabei etwas »Gespenstermäßiges« bekommen.

Die Jahre nahmen dir

»Die Jahre nahmen dir, du sagst, so vieles;
Die eigentliche Lust des Sinnenspieles,
Erinnerung des allerliebsten Tandes
Von gestern, weit- und breiten Landes
Durchschweifen frommt nicht mehr; selbst nicht von Oben
Der Ehren anerkannte Zier, das Loben,
erfreulich sonst. Aus eignem Tun Behagen
Quillt nicht mehr auf, dir fehlt ein dreistes Wagen!
Nun wüßt ich nicht was dir Besondres bliebe?«

Mir bleibt genug! Es bleibt Idee und Liebe!

Werner Ross

Lied des alten Mannes

Goethe ging auf die neunundsechzig zu, als er diesen Dialog in Versen niederschrieb, der dann neun Jahre später, 1827, in die »Ausgabe letzter Hand« des »West-östlichen Divans« wanderte, in das »Buch der Betrachtungen«, das einen sanften Titel hat, aber auch Zeuge ist der Bitterkeit, des Sarkasmus, des Galgenhumors eines alten Mannes.
Die Plagen des Alters ließen sich aufzählen, wie es in acht Versen von den zehn des Gedichtes geschieht. Ein offenbar jüngerer Gesprächspartner trägt sie nun schnippisch vor, sich auf die Klage des Alten stützend (»du sagst«), das Ganze im leichten Sprechton, *parlando*, in ungleich gebauten und oft übergreifenden Versen. Alles vorbei, ist der Refrain, vor allem »die eigentliche Lust des Sinnenspieles«, das Handfeste der Liebe gegenüber allem Tändeln und Werben.
Das eine Abenteuer leitet zum anderen über: von der Liebe zum Reisen. »Durchschweifen« rückt das Reisen in die Nähe des Räuberns, des Beutemachens, war es nicht so in Rom und Venedig gewesen, und noch bei der Reise an den Rhein, die dem »Divan« die schönsten Gedichte beschert hatte? Und dann als nächstes Lebensgut der Glanz von oben, die Gunst der Hohen und der Höchsten, die Kaiserin selbst in Karlsbad, der Kaiser, die Korrespondenz mit König und Fürsten, alles eitel, und eitel schließlich auch das letzte: das eigene Werk.
Da steht Goethes Lieblingswort »Behagen«, diese heitere,

opulente, bürgerlich-breite Abart der Zufriedenheit, dieses Sich-Gütlich-Tun nach vollbrachter Arbeit, aber durchgestrichen in der Bilanz ist das eine wie das andere, das »dreiste Wagen«, die Lust des Anfangens, Planens, Phantasierens. Man bastelt am Alten herum, kramt in den Schubladen, aber mit Siebzig fängt man nichts Großes mehr an. Soweit also die Gardinenpredigt des Jungen.
Der Alte antwortet wie ein Spieler, der plötzlich zur Verwunderung und Verwirrung aller noch zwei Trümpfe hervorzaubert. Er legt sie bedachtsam auf den Tisch, da, alle können sie in Ruhe anschauen. Kein Wort zuviel: nur das »Mir bleibt genug!« als Gegenrechnung, und die nackten Namen der beiden Trümpfe: »Idee und Liebe«. Der eine Vers soll die neun des Partners aufwiegen. Das allerletzte Wort, Liebe, antwortet präzis auf das, was in der Aufzählung der Güter höchstes ist: die »Lust des Sinnenspieles«.
Stechen die Trümpfe des Alten? Oder haben wir das Recht, sie für eher blasse und schale Alterströstlichkeiten anzusehen? Blaß kommt uns die *Idee* vor, und was ist *Liebe* ohne das »Eigentliche«? Zum Glück hält Goethe selbst eine Antwort bereit. Er hat das Begriffspaar an einer anderen Stelle ebenso geheimnisvoll und ebenso energisch-kategorisch eingesetzt, in einer der »Maximen und Reflexionen«. Sie handelt von dem Dank, den man Uhrmachern und Kalendermachern, und mit ihnen den Mathematikern schulde. Sie ordnen Zeit und Raum; wenn man sie aber »in ehrfurchtsvoller Weise« gewähren läßt, dann werden wir etwas gewahr, was weit über Zeit und Raum hinausgeht – »und ohne welches sie weder tun noch wirken könnten«: Idee und Liebe.

Der Kundige weiß Bescheid: Aus dem Raunen dieser Sätze spricht die platonische Weltdeutung, die auf der Mathematik, als ihrem Strukturgesetz, und auf dem Eros, als der die Welt durchflutenden Kraft, beruht. Platon läßt den Sokrates versichern, wie froh er nun als alter Mann sei, loszukommen von der Lust des Sinnenspieles und frei zu werden für den höheren Eros, die Schau der kosmischen Schönheit, der Urbilder unserer Erdenhübschheiten.

Was denn das Eigentliche in der Liebe sei, bleibt freilich eine Grundfrage. Und ob man dieses Altersgedicht Goethes als großartig oder schwächlich empfindet, hängt auch davon ab, ob man noch den Sphärenklang der beiden letzten großen Worte im Ohr hat oder nicht.

Epirrhema

Müsset im Naturbetrachten
Immer eins wie alles achten;
Nichts ist drinnen, nichts ist draußen:
Denn was innen das ist außen.
So ergreifet ohne Säumnis
Heilig öffentlich Geheimnis.

Freuet euch des wahren Scheins,
Euch des ernsten Spieles:
Kein Lebendiges ist ein Eins,
Immer ist's ein Vieles.

Ludwig Harig

Alles ist Spiel

Ich sollte mich schämen, dieses Gedicht aus dem naturwissenschaftlichen, ja weltanschaulichen Gesamtzusammenhang Goethescher Gedankenlyrik herauszureißen, um auf meine eigene, vielleicht abwegige Weise darüber zu sprechen. Doch das Thema, das Goethe anschlägt, und die wunderschöne These, auf die er hinsteuert, ermuntern mich, es als eine persönliche Ansprache zu verstehen und dieser geziemlich zu antworten. Sicher erschließt »Epirrhema« seinen Sinn am ehesten, wenn man es zusammen mit den Gedichten »Die Metamorphose der Pflanzen« und »Metamorphose der Tiere« liest, wenn man sich vorstellt, wie der Dichter gewissermaßen aus dem klassischen Chor heraustritt und dieses »Dazugesprochene« deklamiert. Goethe spricht so leicht, so locker, er wagt sich bis zur Aufhebung festgefügter Anschauungen vor, geht allerdings nicht so weit, die für mich entscheidenden Wörter zu nennen, ohne daß er zuvor vom heiligen Geheimnis spricht.

»Epirrhema« steht in der »Ausgabe letzter Hand« als persönliches Wort des Dichters an sein Publikum zwischen den beiden Gedichten »Die Metamorphose der Pflanzen« und »Metamorphose der Tiere«: hier deutet er der Geliebten die tausendfältige Mischung des Blumengewühls im Garten; dort entwirft er den Freunden, die seinen Ideen folgen, das Prinzip der haushälterischen inneren Organisation der Tiere. Im klassischen Versmaß beschreibt er,

wie das Einzelne nur für einen Augenblick einzigartig ist und sich schon im nächsten Moment wechselseitig auseinanderfaltet, wie auf diese Weise das Fremdeste sich sucht und findet, um tausendfache Verbindungen einzugehen, wie das Mannigfaltige fruchtbringend ineinandergreift, sich zusammenringt und fortentwickelnd verknüpft.
Im »Epirrhema« faßt Goethe die Erkenntnis seiner Naturbetrachtung zusammen und gibt das Movens des ineinandergetauschten Lebendigen preis. Es ist die freie, die von allem Zwang entbundene Fertigkeit des Schöpferischen, das Experimentieren mit dem Zufall, wie Novalis sagt. Goethe nennt es Schein, nennt es Spiel, und er weist beiden Begriffen nicht die landläufigen Eigenschaften zu, sondern kehrt vielmehr die erwarteten Zuordnungen um und preist den reziproken Sinn des Weltentwurfs: alles ist sein Gegenteil, der Schein ist wahr, das Spiel ist ernst.
Spricht Goethe, wie es das Epirrhema erfordert, in eigener Sache? Was ist ihm das Spiel wert? Wie weit geht er, wenn das Spielerische nicht mehr bloß bewegender Grund der Naturentwicklung, Antriebskraft aller sichtbaren Wandel- und Veränderbarkeit ist, sondern ihn selbst, den Dichter als Homo ludens, mit seiner Wirkkraft erfaßt? Und welche Konsequenzen hat er, nach gelassener Betrachtung, für sein eigenes Tun gezogen? Den Deutern der Naturgeschehnisse leuchtet das Spielerische ein, den Auslegern der Kunstereignisse gilt es nicht viel: sein Ansehen ist so gering, daß das Spiel in Verruf gekommen ist und rasch als Spielerei abgetan wird.
Doch nicht nur die Natur, auch die Kunst spielt mit Werden und Vergehen, mit Blühen und Verwelken, spielt mit dem Leben, spielt mit dem Tod. Kafka spricht in seinem

Tagebuch von diesem Spiel des Schreibenden mit Leben und Tod. Er nutze mit Berechnung die auf den Tod gesammelte Aufmerksamkeit des Lesers aus, sei aber bei viel klarerem Verstande als er. Spiel, Berechnung, Kunstaufwand heißen die Vokabeln seiner Poetik; seine Berechnung, sein Kunstaufwand sind so geschickt eingesetzt, daß er stets danach trachtet, das Spielerische in seinem Werk zum Verschwinden zu bringen, er sagt, seine »Schilderungen« des Sterbens seien »im geheimen ein Spiel.« Doch es ist kein falscher Schein, der im heiteren Spiel aufleuchtet. Der vielgescholtene Sprachspieler nimmt das Spiel ernst, damit der schöne Schein als wahr hervorkomme und, wie Goethe es fürs Naturbetrachten fordert, Freude wecken möge.

Wenn du am breiten Flusse wohnst

Wenn du am breiten Flusse wohnst,
Seicht stockt er manchmal auch vorbei;
Dann wenn du deine Wiesen schonst
Herüber schlemmt er, es ist ein Brei.

Am klaren Tag hinab die Schiffe,
Der Fischer weislich streicht hinan;
Nun starret Eis am Kies und Riffe,
Das Knabenvolk ist Herr der Bahn.

Das mußt du sehn und unterweilen
Doch immer was du willst vollziehn!
Nicht stocken darfst du, vor nicht eilen;
Die Zeit sie geht gemessen hin.

Friedrich Dieckmann

Eisgang und Überflutung

Diese drei Strophen, 1821 zuerst gedruckt, sind wie das frische Grün in der Krone eines alten Baumes, der sich, frei und geschützt stehend, zu riesig schattendem Wuchs verbreitet hat; seine Blätter scheinen um so grüner, da ein so mächtiger Stamm sie treibt. Aber nicht Frühling ist hier die Zeit. Dies ist ein Februar-Gedicht, zwischen Eis- und Tauwetter schwankend, mit völlig grandioser Melodie, die sich erst in der zweiten Strophe dem vorgesetzten Metrum fügt. Die Eigenständigkeit, die sich hier mit großer Gebärde ihrer selbst versichert, der eigenen, Stockung wie Übereilung meidenden Zeit, zeigt sich als eine prosodische Souveränität, die majestätisch heißen müßte, wenn sie sich irgend in Szene setzte.

Doch sie ist völlig Kunstnatur und herrscht so selbstverständlich in der Sprache, daß man genau hinhören, hinlesen muß, um zu bemerken, wie der jambische Schritt drei Verse lang durch Gegenbetonungen überwältigt wird. Der Unmut des Betrachters über das breiig-seichte Wesen des übergetretenen Flusses zeigt sich als rhythmische Opposition; erst als im fünften Vers der Fluß ordentlich befahrbar ist, tritt der Jambus ungehindert in Kraft.

Anlaß und Hintergrund des Gedichts, das im Februar 1818 den Blick von einer Lynkeus-Zinne festhält, der sich dem Achtundsechzigjährigen im Erker eines Dorfgasthofs bei Jena über dem rechten Saaleufer eröffnete, lassen sich aus mannigfachen Papieren erschließen. Es stellt sich heraus, daß »das Knabenvolk«, das nicht nur eisläuft, sondern vor allem die »Scheitholzflößanarchie« der Überschwemmung bewirkt (an Zelter, 19. März 1818), die Lehrer und Schüler der Universität Jena sind. Sie hatten es mit der Pressefreiheit, die der Großherzog Karl August, ein Volks- und Jugend-Freund von Mut und Charakter, seinem Land verfassunggebend gewährt hatte, gar zu wörtlich genommen und, nachdem Karl August die Studenten im Oktober 1817 auch noch zu einer fulminanten Lutherfeier auf die Wartburg hatte ziehen lassen, die diplomatische Intervention dreier östlicher Großmächte – Preußens, Österreichs und Rußlands – auf den Plan gerufen. Mit einem Verbot der sonderlich vorprellenden Zeitschrift »Isis« gab die Weimarer Regierung dem Druck nach; kommentarlos, aber unterstrichen steht die Nachricht davon am 24. Januar 1818 in Goethes Tagebuch.

Sind Erklärungen der Tod der Dichtung? Sie sind es dann, wenn sie Miene machen, das Kunstwerk, das nur als Überbietendes eines ist, auf seinen Ursprung zurückzuziehen, als ob dieses sich in seinen Anlässen erschöpfte. Die entgegengesetzte Blickrichtung ist zuständig: wie Dichtung die prosaische Natur der Sache, die hier aus Briefen und Tagebuchnotizen zwiespältig scheint, in eine Gestalt aufhebt, die ihren empirischen Grund großartig überbaut.

Ihre Botschaft, die nicht nur am Ende steht (das ganze Gedicht gibt ihr Laut), klingt stärkend in alle Lebensstufen. Mehr noch als das Alter ist Jugend der Gelassenheit gegenüber dem Gang der Zeit bedürftig. Jugend ist immer älter als die Alten. Das macht, sie kommt aus einer späteren Zeit; so ist ihr vieles bewußt, was die Alten, die ihrer

Erfahrung nach (Erfahrung ist vor allem Jugenderfahrung) die Jüngeren sind, nicht wissen können. Und diese Jungen, die die Wissenderen und die Bedürftigeren sind, erleben es nur zu leicht, wie das Alter, das sich an seine jüngere Jugend klammert, den Fluß der Geschichte gefrieren macht. Dann bleibt als ihre Bewegungsform nur die Eislaufpirouette oder das Einbrechen. So ging es dem Jenaer Knabenvolk ein Jahr später unter dem Eishauch der Karlsbader Beschlüsse.

Im Dorfe war ein gross Gelag

Im Dorfe war ein groß Gelag,
Man sagt' es sei ein Hochzeittag,
Ich zwängte mich in den Schenken-Saal,
Da drehten die Pärchen allzumal,
Ein jedes Mädchen mit seinem Wicht,
Da gab es manch verliebt Gesicht.
Nun fragt' ich endlich nach der Braut –
Mir einer starr in's Angesicht schaut:
»Das mögt ihr von einem andern hören!
Wir aber tanzen ihr zu Ehren,
Wir tanzen schon drei Tag und Nacht,
Und hat noch niemand an sie gedacht.«

Will einer im Leben um sich schauen,
Dergleichen wird man ihm viel vertrauen.

Gertrud Fussenegger

Stilles Entsetzen

Der Beginn gibt sich unauffällig, bescheiden; harmlose Reimerei, könnte man meinen, hübsche Folklore – und wäre das Gedicht nicht von Goethe, man läse vielleicht gar nicht weiter. Aber dann, in den Zeilen sieben und acht, passiert es: der Gast fragt nach der Braut. Die natürlichste Sache auf einem Hochzeitsfest – und doch scheint er ein Tabu gebrochen zu haben: »Mir einer starr in's Angesicht schaut...« Der Befragte wehrt ab, er will nicht wissen, wer die Braut ist, er will es keinesfalls aussprechen. »Das mögt ihr von einem andern hören...«

Unheimliches weht heran. Plötzlich ist das »Gelag« im »Schenken-Saal«, wo sich »die Pärchen allzumal« mit verliebten Gesichtern im Reigen drehen, eine suspekte, eine von finsteren Geheimnissen durchwaberte Veranstaltung. Wer ist denn nun diese merkwürdige Braut, »an die noch niemand ... gedacht«, vielleicht weil man an sie nicht zu denken wagte? – Ist sie ein Monstrum, ein Gespenst? Eine Todesgöttin, ein alles verschlingender Dämon? Ist sie Nemesis?

Und wer sind die Leute, die zu ihren Ehren »tanzen schon drei Tag und Nacht«? Welchem Bann unterliegen sie? Ist es wirklich nur Tanzlust, die sie antreibt – oder Wahnsinn – oder ein geheimnisvolles Diktat?

Nun merken wir: wir haben uns in diesem Gedicht geirrt. Was wir zuerst für muntere Reimerei hielten, für verbale Dekoration, springt uns plötzlich von hinten an und macht uns schaudern. Wir hätten von Anfang an hellhöriger sein sollen; Vokabeln wie Gelag, Schenken-Saal, Wicht hätten uns darauf vorbereiten sollen, daß es hier nicht ohne Hintergründiges, ohne Abgründiges abgehen wird. Aber so schnell horchen wir nicht auf. So ahnungsvoll sind wir nicht. Der Nachsatz muß uns erst ausgiebig belehren: Hier geht es nicht um einen Einzelfall, auch nicht um ein Mythen- und Märchenmotiv. Hier geht es um ein Stück Lebenserfahrung, um blutige Realität. Die ganze Menschheitsgeschichte besteht aus Tanzfesten dieser Art.

»Im Dorfe war ein groß Gelag« gehört zu den unbekannteren Gedichten Goethes. Nicht ohne Grund: er hat es nachlässig behandelt, ihm nicht einmal einen Titel gegeben: »Hochzeit« hat es Eckermann genannt. Das Gedicht ist nicht vor 1819 entstanden, also sicher erst nach dem Wiener Kongreß. Das Biedermeier entfaltete soeben seine kalmierenden Kräfte. An wen hat Goethe bei dieser »Parabel« gedacht?

Uns bleibt nichts übrig, als an unsere eigene Lebens- und Geschichtserfahrung zu denken.

Wandersegen

Die Wanderjahre sind nun angetreten
Und jeder Schritt des Wandrers ist bedenklich.
Zwar pflegt er nicht zu singen und zu beten;
Doch wendet er, sobald der Pfad verfänglich,
Den ernsten Blick, wo Nebel ihn umtrüben,
In's eigne Herz und in das Herz der Lieben.

Joachim Kaiser

Sanft überraschende Erhebung

Sechs Zeilen nur. Vollkommene Deutlichkeit in jedem Augenblick. Goethe hat diese sechszeilige Stanze vor »Wilhelm Meisters Wanderjahre« gestellt, und zwar 1821, als Siebzigjähriger. In der zweiten Fassung der »Wanderjahre« von 1829 fehlt das Einleitungsgedicht. Nun können wir es unter Rubriken wie »Alterswerke«, »Späte Lyrik« finden.

Vollkommene Deutlichkeit in jedem Augenblick? Lesen wir die beiden ersten Zeilen unbefangen, also ohne sie von vornherein als gleichmäßig betonte, fünfhebige Jamben zu skandieren, dann spüren wir: der »Wandersegen« beginnt nicht poetisch pulsierend, nicht in gehobenem, rhythmisch beschwingtem Ton, sondern da herrscht Prosa-Nüchternheit. Etwas Bedeutungsvolles geschieht. Und dabei ist etwas bedenklich. Unser Wanderer scheint kein junger Mann mehr zu sein: der würde sich nicht bei jedem Schritt Gedanken machen. Der Wanderer dieses Gedichtes blickt ernst: die lustigeren *Lehr*jahre (mit Philine-Beschlafen und Hamlet-Interpretieren) hat er hinter sich.

Die ersten beiden Zeilen sind Prosa, fast im spröden Kanzleistil, gelten einem Sachverhalt und seinen Konsequenzen. Die dritte Strophe behält diesen Ton bei, ja sie scheint ihn noch mit einer argumentierenden »Zwar-doch«-Gegenüberstellung zu verstärken. »Zwar« pflegt der Mandant, Verzeihung, der Wanderer, dieses und jenes nicht zu tun – »doch« dafür ... Indem wir dieser eher logischen als lyrischen Redeweise vernünftig folgen, ändert sich aber sanft die Position, die Luft, der Ton. Und es beginnt unversehens die Erhebung, die Elevation.

Soeben vernahmen wir noch ruhige Prosasätze. Doch während wir uns an diese Sprechebene gewöhnen, die keine sehr poetische Landschaft zu sein scheint, holt uns (kaum zu ertasten, zu verbalisieren, wie) das Lyrische sanft ein. Die gedichtete Verwandlung, die das Vorhergehende nachträglich wandelt und das Folgende prägt, vollzieht sich in der vierten Zeile. »Sobald der Pfad verfänglich«: das ist keine ungebrochen prosaische Wendung mehr, sondern etwas anderes, »wo Nebel ihn umtrüben«: das ist schon gar keine ungebrochene prosaische Wendung mehr, sondern auch etwas anderes...

Das Gedicht begann ohne gefühlvolle Vorgabe. Ernst, logbuchartig. Dann löste es sich auf zarten Wegen des kleinsten Übergangs unversehens von dieser Realitäts- und Sprachebene. Erhob sich zum Gewählteren, Schwingenderen. Und gewährt nun am Ende noch eine überwältigende »idealistische« Pointe. Die Kadenz und Krönung des Wandersegens, nämlich der Gedanke an die »Lieben«, erscheint hier als – Überraschung! Vollkommen logisch und doch unerwartet. Denn: »trüben« – »Lieben«, das ist ein unreiner Reim. Der siebzigjährige Goethe riskiert eine Freiheit, eine deutlich regelwidrige Härte, die uns trifft wie ein sanfter Blitz.

Spielen wir das Experiment durch, hier an Stelle des Überraschenden das Korrekte zu setzen. Wie schal reimte sich beispielsweise ein (mögliches) »ge-trieben« auf »Lieben«. Zerstört wäre die Mixtur aus Überraschung und Ahnung.

Die Kurve dieses wunderbaren Aufschwungs vom Nüchternen zum zart Erhabenen läßt sich in Korrespondenz bringen mit dem gedichteten *Gedankengang*. Der Mensch als Mittelpunkt und freie Instanz. Er macht sich nichts vor. Poetischer Schwung fällt ihm nicht von vornherein vom Himmel. Das Lyrische ist nicht wohlfeil präsent, es wird der Realität abgezwungen. In bedenklicher Situation *betet* und *singt* Goethes Wanderer nicht. Er ist von dieser Welt. Er verläßt sich auch nicht auf die hilfreich musische Beschwörung, wie es noch der Maultierführer aus dem »Divan« tat, der *sang*, »die Sterne zu erwecken / Und die Räuber zu erschrecken«.

Über Angst, Aberglauben und Glauben scheint unser Wanderer hinaus. Um so ernster blickt er zu jenen Instanzen, die ihm Hilfe versprechen im Trüben: in das eigene, unwandelbare Herz. Und, überraschend, trostreich, segensvoll: in das Herz der Lieben.

Neugriechische Liebe-Skolie

Diese Richtung ist gewiß,
Immer schreite, schreite!
Finsternis und Hindernis
Drängt mich nicht zur Seite.

Endlich leuchtest meinem Pfad
Luna! klar und golden;
Immer fort und immer grad
Geht mein Weg zur Holden.

Nun der Fluß die Pfade bricht,
Ich zum Nachen schreite,
Leite, liebes Himmelslicht!
Mich zur andern Seite.

Seh' ich doch das Lämpchen schon
Aus der Hütte schimmern,
Laß um deinen Wagenthron
Alle Sterne glimmern.

Christoph Perels

Himmelslicht und Amors Lampe

Nicht nur in der kurzen Straßburger Episode 1770/71 hat sich Goethe mit Volksliedern beschäftigt, sondern sein Leben lang. So las er auch um die Jahreswende 1824/25 Volkslieder, diesmal neugriechische, angeregt durch den unablässigen Nachrichtenstrom, der vom Schauplatz des Freiheitskampfes der Griechen gegen die Türken nach Deutschland und Weimar drang. In jüngeren Jahren hatte er an Herders »Stimme der Völker« mitgearbeitet, später Arnims und Brentanos »Des Knaben Wunderhorn« gelesen und rezensiert. Das Motiv von den zwei Liebenden, die ein Wasser trennt, ist weltweit verbreitet, die Spätantike kennt es in der Hero-und-Leander-Sage ebenso, wie es in lappländischen oder englischen Volksliedern begegnet. Solche universalen Motive waren dem alten Goethe wichtig als »Phaenomene des Menschengeistes, die sich wiederholt haben und wiederholen werden, und die der Dichter nur als historische nachweist«. Die »Wunderhorn«-Version »Der verlorne Schwimmer«, welche den glücklichen oder tragischen Ausgang fragend offenläßt, nennt er 1806 »anmutig und voll Gefühl«.

Mit den vier kleinen Liedstrophen von 1825 gibt Goethe ein völlig eigenes Gedicht. Denn die neugriechischen Verse, denen er die Anregung verdankt, kehren das bekannte Motiv geradezu um – der Liebende will vor der Geliebten über das Wasser fliehen: »Licht, mein Lichtchen, leuchte mir, daß ich übersetze; denn in dieser Nachbarschaft würde ich den Verstand verlieren.« Nicht von Sehnsucht, Glück und Untergang handelt das Volkslied, sondern vom Eros, der in den Wahnsinn treibt.

Weder diese noch die tragische Wendung der Liebesgeschichte ist Goethes Sache. Mit wenigen antikisierenden Elementen – »Skolie« gehört bereits dazu als Name für altgriechische Festgedichte, dann die Göttin Luna mit ihrem Wagenthron und die arkadische Hütte – knüpft das Gedicht an die glückliche Liebeserfahrung der »Römischen Elegien« an; das Gebet nicht an das eigene Lichtlein, sondern an Luna als das »leitende Himmelslicht« erinnert an jenes beseligende Gesetz, das die Natur den Liebenden bereithält und das seit dem »West-östlichen Divan« in Goethes Alterswerk als Allvertrauen so oft wiederkehrt. Von Amors Lämpchen in der Hütte strahlt eine magnetische Kraft aus, sie wird von Luna, die den Liebenden führt, im Kosmischen beglaubigt: kein Umweg und kein Abweg, »Immer fort und immer grad / Geht mein Weg zur Holden«.

Die Folge der den Jüngling verzaubernden und den Leser bezaubernden Lichterscheinungen aus der Finsternis der ersten Strophe zum klaren und goldenen Mond in der zweiten, dem lieben Himmelslicht in der dritten und schließlich dem leuchtenden Sternenhimmel in der letzten Strophe gibt dem Gedicht eine bezwingende innere Form. Im Äußeren aber zeigt es die scheinbare souveräne Läßlichkeit des Goetheschen Altersstils, die freilich in Wahrheit die Freiheit des geistigen Spiels auch in Anerkennung universaler Gesetzlichkeit behauptet. Im Anrufen der Göttin die Erfüllung vorwegnehmend, umfängt am Ende das festlich strahlende, nächtliche Himmelszelt die Hütte

als den kleinen, irdischen Ort menschlichen Liebesglücks.
Das Gedicht steht versteckt unter der Rubrik »Aus fremden Sprachen«, wie Goethe es wollte. In Wahrheit gehört es unter seine ganz eigenen.

Eins und Alles

Im Grenzenlosen sich zu finden
Wird gern der Einzelne verschwinden,
Da löst sich aller Überdruß;
Statt heißem Wünschen, wildem Wollen,
Statt läst'gem Fordern, strengem Sollen
Sich aufzugeben ist Genuß.

Weltseele komm uns zu durchdringen!
Dann mit dem Weltgeist selbst zu ringen
Wird unsrer Kräfte Hochberuf.
Teilnehmend führen gute Geister,
Gelinde leitend, höchste Meister
Zu dem der alles schafft und schuf.

Und umzuschaffen das Geschaffne,
Damit sich's nicht zum Starren waffne,
Wirkt ewiges, lebendiges Tun.
Und was nicht war, nun will es werden
Zu reinen Sonnen, farbigen Erden,
In keinem Falle darf es ruhn.

Es soll sich regen, schaffend handeln,
Erst sich gestalten, dann verwandeln;
Nur scheinbar steht's Momente still.
Das Ewige regt sich fort in allen:
Denn alles muß in Nichts zerfallen,
Wenn es im Sein beharren will.

Jürgen Jacobs

Rastloses Werden

Die markanten Schlußverse dieses gedankenschweren Altersgedichts stellen den Leser vor ein Paradox: Er soll einsehen, daß alles »in Nichts zerfallen« müsse, wenn es »im Sein beharren« wolle. Daß hier ein Widerspruch liegt, der nicht ganz leicht aufzulösen ist, hat Goethe selbst empfunden. Als er das Gedicht kurz nach der Niederschrift im Oktober 1821 einem Brief beilegte, sah er sich zu folgendem Kommentar bemüßigt: »Diese Strophen enthalten und manifestieren vielleicht das Abstruseste der modernen Philosophie.« Es handle sich nämlich um »Geheimnisse ..., die in Prosa gewöhnlich absurd erscheinen, weil sie sich nur in Widersprüchen ausdrücken lassen, welche dem Menschenverstand nicht einwollen.«

Die Zumutung an den gesunden Menschenverstand liegt nun vor allem in der These, daß ein Wesen sich nur durch Selbstaufgabe erhalten könne. Die beiden einleitenden Strophen sprechen davon, daß sich das individuelle Sein an die Sphäre des Göttlichen hingibt und in ihr auflöst. Das Gedicht schildert hier den Vorgang der »Entselbstung«, der nach Goethes Vorstellung als polare Entsprechung zum Prinzip der »Verselbstung« zu gelten hat. Das Pulsieren zwischen diesen beiden Polen ist das Grundgesetz des Lebensprozesses, der auf diese Weise den Bestand des Individuellen mit der Einheit allen Seins verknüpft.

Schon im Frühwerk zeigt sich das Ineinanderwirken

dieser beiden Prinzipien im Nebeneinander der Hymnen »Prometheus« und »Ganymed«.
Die beiden folgenden Strophen betrachten die Notwendigkeit der Selbstaufgabe unter einem anderen Aspekt: Das Lebensgesetz der permanenten Umgestaltung läßt nicht zu, daß irgendein Wesen in seiner einmal gewonnenen Form erstarrt. Es muß sich verändern und verwandeln, es muß bereit sein, sich im Prozeß ewiger Neugestaltung aufzugeben. Dies ist kein schmerzlicher Vorgang, sondern bedeutet »Genuß«. Denn nur im unaufhörlichen Umschaffen seiner selbst nimmt der Einzelne an der produktiven Bewegung des Lebens teil. Das Sich-selbst-Aufgeben bedeutet zugleich Selbstbewahrung, weil das »Ewige«, das alles Dasein trägt, auch in der neuen Gestalt fortwirkt. In Goethes Vorstellung des rastlosen Werdens ist also das Prinzip der Besonderung des Einzelwesens mit dem Gedanken von der Einheit alles Seienden verbunden: Eins und Alles sind unauflöslich zusammengedacht.
Die provozierenden Schlußzeilen betonen allerdings einseitig die Notwendigkeit der Auflösung, des Zerfallens des Einzelwesens. Goethe lieferte deshalb später in dem Gedicht »Vermächtnis« die Formel, die den Versen von »Eins und Alles« antwortet:

Kein Wesen kann zu Nichts zerfallen!
Das Ew'ge regt sich fort in allen,
Am Sein erhalte dich beglückt!

Hier ist das Moment des Überdauerns betont, das indessen nur im dynamischen Spiel der unaufhörlichen Umgestaltungen vorgestellt werden kann. Das spätere

Gedicht will das frühere nicht widerlegen, es bietet nur dessen gedankliche Ergänzung, das notwendige Gegenstück. Freilich besteht dem Wortlaut nach ein handfester Gegensatz zwischen den beiden Texten. Aber so ist das mit den »Geheimnissen« des alten Goethe: Sie sind nur in Widersprüchen zu fassen, die dem gemeinen Menschenverstand anstößig scheinen müssen.

An Ulrike von Levetzow

Du Schüler Howards, wunderlich
Siehst Morgens um und über dich,
Ob Nebel fallen, ob sie steigen,
Und was sich für Gewölke zeigen.

Auf Berges Ferne ballt sich auf
Ein Alpenheer, beeist zu Hauf,
Und oben drüber flüchtig schweifen
Gefiedert weiße luftige Streifen;
Doch unten senkt sich grau und grauer
Aus Wolkenschicht ein Regenschauer.

Und wenn bei stillem Dämmerlicht
Ein allerliebstes Treugesicht
Auf holder Schwelle dir begegnet,
Weißt du, ob's heitert? ob es regnet?

Karl Otto Conrady

Von Wolken und später Hoffnung

Den Gesamtsinn dieser Verse aus dem Jahr 1823 versteht auch, wer nichts von dem englischen Meteorologen Luke Howard (1772-1864) weiß. Jemand, der Nebel und Wolken Bedeutung beimißt, pflegt morgens Umschau zu halten (Strophe 1). Dann kann es sein, daß sich ihm drei Arten von Wolkengebilden präsentieren: Haufenwolken, die sich wie ein Alpengebirge ausnehmen, Schichtwolken darüber, und unten lagert sich eine dunkle Regenwolke (Strophe 2). Von Wolkenbildungen vermag der Kenner aufs bevorstehende Wetter zu schließen.

Das »und« zu Beginn der dritten Strophe, fast adversativ aufzufassen, lenkt übergangslos in anderen Bereich: Bei jener Begegnung auf »holder Schwelle« kann der Erwartungsvolle aus dem »allerliebsten Treugesicht« nicht ablesen, ob Glück oder Enttäuschung auf ihn warten, mag er auch kundiger Schüler Howards sein.

Schlichter Ausdruck und Artistik der Lyriksprache finden in diesem Gedicht ihren kalkulierten Platz. So liebte es der alte Goethe. Nüchtern berichtend bleibt die erste Strophe, auch wenn das ironisierende »wunderlich« eingeschoben ist. Dann gehören je zwei Zeilen den eindrucksvoll veranschaulichten Wolkenformen (Howards Cumulus-, Stratus- und Nimbuswolken).

In der Schlußstrophe beläßt freilich die ausgesuchte Akkuratesse der Diktion, die an die spielerische Leichtigkeit früherer rokokohafter Dichtung erinnert, Situation und

gedachte Person in einem schwebenden Ungefähr. Ungewöhnlich genug gegen Ende das im Alt- und Mittelhochdeutschen noch erscheinende, im Duden nicht mehr verzeichnete und hier intransitiv gebrachte Verb »heitern« (wie es Goethe nur noch einmal im »Faust« benutzte).
Bei alldem sind diese Verse ein höchst privates Gelegenheitsgedicht. Damals, im Sommer 1823, warb der über Siebzigjährige in »temporärer Verjüngung«, wie er solche Phasen nannte, um die achtzehnjährige Ulrike von Levetzow und wünschte tatsächlich, noch einmal zu heiraten. Drei Sommer lang, von 1821 bis 1823, umschwärmte der alte Mann in der gelösten Ferienstimmung Marienbads das junge Mädchen. Aber alles blieb nur eine leidenschaftliche Wunschphantasie. Ulrike, die unverheiratet bis 1899 lebte, protokollierte im hohen Alter: »Keine Liebschaft war es nicht« und wollte damit »all das Fabelhafte«, was über die Marienbader Zeit geschrieben wurde, widerlegen.
Nie ließ Goethe während der langen Badeaufenthalte in Böhmen seine Naturforschung ruhen, zu der auch die sorgfältige Beobachtung des »Luftgetümmelwesens« gehörte, das ihn gerade damals faszinierte. Einige Jahre zuvor hatte er die von Howard für die verschiedenen Wolkenformen eingeführte Terminologie lebhaft begrüßt, weil sie ihm »einen Faden darreichte«, den er bisher vermißt hatte, und er lobte den englischen Forscher in Prosa und Gedichten. So konnte er sich als »Schüler Howards« apostrophieren, als er am 14. August 1823 unser Gedicht und einige andere Verse als »Fallsterne, wie sie in schöner klarer Nacht vorüberstreifen«, einem Brief an die Schwiegertochter Ottilie beifügte.

Noch spricht er, ohne freilich die »grau und grauer« sich senkenden Regenschauer auszusparen, wie ein Wartender, Hoffender (und verhüllt der Briefempfängerin in Weimar wohlweislich die konkrete »Affäre«), noch liegt über allem, vom »wunderlich« der Anfangszeile an, etwas heiter (Selbst-)Ironisches, und noch bleiben die Schlußfragen offen. Erst im September, auf der Rückreise nach Thüringen, formt er Stanze um Stanze jener großen »Elegie«, des Requiems seiner letzten Liebeshoffnung, mit dem leicht abgewandelten Motto aus seinem »Torquato Tasso«: »Und wenn der Mensch in seiner Qual verstummt / Gab mir ein Gott zu sagen, was ich leide.«

An Madame Marie Szymanowska

Die Leidenschaft bringt Leiden! – Wer beschwichtigt
Beklommnes Herz dich, das zu viel verloren?
Wo sind die Stunden überschnell verflüchtigt?
Vergebens war das Schönste dir erkoren!
Trüb ist der Geist, verworren das Beginnen;
Die hehre Welt, wie schwindet sie den Sinnen!

Da schwebt hervor Musik mit Engelsschwingen,
Verflicht zu Millionen Tön' um Töne,
Des Menschen Wesen durch und durch zu dringen
Zu überfüllen ihn mit ewger Schöne:
Das Auge netzt sich, fühlt im höhern Sehnen
Den Götter-Wert der Töne wie der Tränen.

Und so das Herz erleichtert merkt behende
Daß es noch lebt und schlägt und möchte schlagen,
Zum reinsten Dank der überreichen Spende
Sich selbst erwiedernd willig darzutragen.
Da fühlte sich – o daß es ewig bliebe! –
Das Doppel-Glück der Töne wie der Liebe.

Walter Hinck

Aussöhnung

Die Polin Marie Szymanowska, Hofpianistin in St. Petersburg, gehörte mit der Berliner Sängerin Anna Milder-Hauptmann zu dem kultivierten Kreis, der 1823 während Goethes Sommeraufenthalt im böhmischen Marienbad für gesellige Glanzpunkte sorgte. Nicht nur der Lyriker, auch der Brief- und Tagebuchschreiber Goethe bekennt, in diesen Tagen machtvoll von der Musik ergriffen zu sein. Das Spiel der Pianistin und die Stimme der Sängerin heben, wie er an den Freund, den Komponisten Karl Friedrich Zelter schreibt, den »von einer krankhaften Reizbarkeit« Befallenen »über sich selbst, zugleich auch aus der Welt und über sie hinaus«. »Dämonisches« im »höchsten Grade« spricht Goethe später der Musik zu, aber er nennt sie auch mit Mozart »himmlisch«.

Bei einem anderen Lyriker hätte der Eingang des Gedichts, die Sentenz über das Leiden durch Leidenschaft, wohl die folgenden Verse zur bloßen Illustration verurteilt. In Goethes Gedicht bringt der lapidare, aber auch leicht mit dem Wortspiel liebäugelnde Satz eine Situation auf den Punkt, die dann überwunden wird. Deshalb mochten die Strophen dem Autor willkommen sein als Schlußstein für eine Dreiergruppe von Gedichten, für die berühmt gewordene »Trilogie der Leidenschaft«.

Die Abfolge der Gedichte in dieser »Trilogie« wird bestimmt vom Sinnzusammenhang, nicht von der Entstehungschronologie, nach der wir die Gedichte gerade in umgekehrter Reihenfolge lesen müßten. Die Verse an Marie Szymanowska, die als Schlußgedicht den neuen Titel »Aussöhnung« bekommen, wurden Mitte August 1823 der Künstlerin ins Stammbuch geschrieben. Sogar eine eigene französische Übersetzung für die des Deutschen kaum mächtige Polin fertigte Goethe an.

Am mittleren und wahrhaft den Mittelpunkt bildenden Gedicht, »Elegie« (bekannt als »Marienbader Elegie«), schrieb und feilte Goethe auf der Rückfahrt von Böhmen nach Weimar in der ersten Septemberhälfte, schwer enttäuscht nach der vergeblichen Werbung um eine junge Komtesse. Und das erste Gedicht der »Trilogie«, »An Werther«, entstand Ende März 1824 in Weimar. Aber da auch dieser Rückblick des Vierundsiebzigjährigen auf das Jugendwerk das »Labyrinthische« der Leidenschaften beschwört, schließt er sich wie von selbst den Zeugnissen jener unglücklichen Altersleidenschaft an, die mit den Namen Marienbad und Ulrike von Levetzow verbunden ist, jenes späten Erdbebens der Seele, dem die deutsche Literatur eine gewaltige Elegie verdankt.

»Aussöhnung«, dieser zweite Titel des Gedichts trifft sehr genau den Vorgang der Heilung, den die Musik bewirkt. Aber sein volles Gewicht gewinnt er doch erst auf dem Hintergrund der »Marienbader Elegie«, zumal ihrer letzten Verse: *Mir ist das All, ich bin mir selbst verloren, / Der ich noch erst den Göttern Liebling war; ... / Sie drängten mich zum gabeseligen Munde, / Sie trennen mich, und richten mich zugrunde.* Das übersteigt bei weitem den Klageton der Elegie; hier treibt der Schmerz die lyrische Rede ins Pathos der Tragödie.

An der Tragödie erläutert Aristoteles die Kraft der Kunst

zur Katharsis, zur Entladung und Reinigung der leidenschaftlichen Erregungszustände, zur Befreiung der Seele. Als »aussöhnende Abrundung« deutet Goethe die Katharsis des Dramas und sieht in der Musik einen »analogen Fall« (»Nachlese zu Aristoteles' Poetik«). Das Schlußgedicht der »Trilogie der Leidenschaft« setzt die Vorstellung von der befreienden Wirkung der Kunst, von der Musik als Balsam herzzerreißender Erfahrung ganz in dichterische Bildlichkeit um. Das »Doppel-Glück der Töne wie der Liebe« liegt im Schnittpunkt von Kunst und Leben.

Am acht und zwanzigsten August 1826

Des Menschen Tage sind verflochten,
Die schönsten Güter angefochten,
Es trübt sich auch der freiste Blick;
Du wandelst einsam und verdrossen,
Der Tag verschwindet ungenossen
In abgesondertem Geschick.

Wenn Freundes Antlitz dir begegnet,
So bist du gleich befreit, gesegnet,
Gemeinsam freust du dich der Tat.
Ein Zweiter kommt sich anzuschließen,
Mitwirken will er, mitgenießen,
Verdreifacht so sich Kraft und Rat.

Von äußerm Drang unangefochten,
Bleibt, Freunde, so in eins verflochten,
Dem Tage gönnet heitern Blick!
Das Beste schaffet unverdrossen;
Wohlwollen unsrer Zeitgenossen,
Das bleibt zuletzt erprobtes Glück.

Freundschaftsglück

In raunenden Tönen verkünden diese Verse, welche Wandlung des Menschen Leben durch die Macht der Freundschaft erfährt. Die symmetrische Struktur des Gedichts deutet geheimnisvoll auf solche verwandelnde Kraft. Dieselben Worte, die anfangs das triste Leben ohne Freunde prägnant bezeichnen, kehren am Ende wieder, um den beglückenden Zustand des Lebens mit Freunden zu charakterisieren. Was in der ersten Strophe nur Negatives ausdrückte, das erscheint in der dritten Strophe in eindeutig positiver Konnotation.

Wiederholung und Wechsel betonen eindrucksvoll die entscheidende Veränderung. Zu Anfang nennt der alte Dichter des Menschen Tage »verflochten« – ein freundliches Understatement für die vielen Plagen, die das Leben mit sich bringt. Die Schlußstrophe bezeichnet mit demselben Wort »verflochten« den Glückszustand der Freundschaft, mehrere »verflechten« sich gleich den Blumen eines Kranzes. »Angefochten« fühlt sich der Einsame, »unangefochten« bleiben Freunde dank ihrer Verbindung. Mit dem »getrübten Blick« des Freundlosen kontrastiert der »heitere Blick« im befreundeten Kreise. Das »verdrossene« Wandeln des Einsamen verkehrt sich in »unverdrossenes Schaffen« – gemeinsam mit Freunden.

Das Wunder der Verwandlung vollzieht sich im Zentrum des Gedichts, in der zweiten Strophe, die wie eine Mittelachse beide Welten trennt: die der Einsamkeit und die der

Freundschaft. Das Wunder erfolgt durch »begegnen«, das Wort steht in beziehungsvollem Reim mit »segnen«. *Ein* begegnender Freund befreit von der Trübsal der Isolation, erweckt die Freude gemeinsamen Tuns und Wirkens. Ein *Zweiter* gesellt sich dazu. Es fällt auf, daß das Beglückende vor allem wieder in Aktivität gesehen wird, in ihrer Steigerung durch weiteren Zuwachs. Es fällt ferner auf, daß das Gedicht hier nur von einer allerkleinsten Freundesschar spricht, von nicht mehr als drei zu einem Bund Vereinten.

Und doch ist durch solche kleine Schar die Welt wie neu geschaffen. Kommen andere hinzu und schließen sich ebenso zusammen, so erfahren alle die beglückende Macht der Freundschaft. Es wird möglich, dem Tag mit heiterem Blick zu begegnen. Genaugenommen schildert die letzte Strophe jedoch das Freundschaftsglück nicht als Zustand, sondern in Form von Rat und Wunsch. Goethe ruft den vielen zu, die ihm zu seinem 77. Geburtstag gratulieren: Mögen die Freunde immer verbunden und dadurch auch unangefochten von äußerem Drang bleiben! Mögen sie das Beste unverdrossen schaffen! Das gemeinsame Schaffen gibt der Freundschaft wiederum ihre Hauptbedeutung.

Das Gedicht verdankt seinen Ursprung einer tiefen Verstimmung Goethes. Es ging dabei um eine Angelegenheit, in der er besonders verwundbar war: die Herausgabe seines Briefwechsels mit Schiller. Mehrere Jahre lang hatte Goethe auf die Redaktion der rund tausend Briefe, eines ihm teuren Freundschaftsdenkmals, viele Gedanken und Arbeit verwandt. 1826 war es soweit, daß der Druck beginnen sollte. Da trat ein unerwartetes Hindernis ein: ausgerechnet die Schillerschen Erben attackierten Goethe mit unbilligen Zahlungsforderungen. Mißtrauisch-ungeduldig pochten sie auf den ihnen zugesagten halben Honoraranteil, sie dachten an gerichtliche Klage. Der Konflikt wurde beigelegt, versetzte Goethe jedoch in die Stimmung, die unser Gedicht spiegelt. Er sah »die schönsten Güter angefochten«. In dem Wort »angefochten« konzentriert sich der Erlebnisgehalt des Gedichts. Gerade der Briefwechsel mit Schiller war für Goethe ein schönstes Gut – »der größte Schatz, den ich vielleicht besitze«, schrieb er einmal seinem Verleger.

Die gefahrvolle Vereinsamung, die nach der Rückkehr aus Italien auf ihm lastete, war durch die Begegnung mit Schiller, diesem *einen* Menschen, gewichen. In ihm fand Goethe erstmalig einen Geist, der ihn ganz begriff und mit dem ein Bund und gemeinsames Wirken sinnvoll waren. Durch ihre Freundschaft ward den Deutschen etwas geschenkt, was sie nie besessen hatten: eine klassische Epoche. Ein zweiter vertrauenswürdiger Helfer schloß sich an, der Schweizer Heinrich Meyer. Auf dem Zusammenwirken der drei beruhte nun die Institution der Weimarer Kunstfreunde, der W. K. F., auf die Goethe mit besonderer Dankbarkeit sah als Mittel zur Verteidigung klassischer Ideale.

In dem Geburtstagsgedicht von 1826 erinnert das Drei-Freunde-Bündnis noch an die Arbeitsgemeinschaft der W. K. F. – auch dies Motiv kam Goethe als Reminiszenz aus dem Briefwechsel mit Schiller. Die in dem Gedicht angesprochenen Freunde betrachtet Goethe gleichsam als Nachfolger des Kreises der W. K. F. und entläßt sie so mit einem freimütigen Kompliment. Etwas eingeschränkt wird es nur am Schluß. In der Abschiedsverbeugung des Dichters vor dem Wohlwollen der Zeitgenossen liegt eine versteckte Mehrdeutigkeit. Das Glück solchen Wohlwollens kann späte Belohnung sein, es mag aber auch sehr lange, *ad calendas graecas*, auf sich warten lassen.

Bei Betrachtung von Schillers Schädel

Im ernsten Beinhaus war's, wo ich beschaute,
Wie Schädel Schädeln angeordnet paßten;
Die alte Zeit gedacht' ich, die ergraute.
Sie stehn in Reih' geklemmt' die sonst sich haßten.
Und derbe Knochen die sich tödlich schlugen
Sie liegen kreuzweis, zahm allhier zu rasten.
Entrenkte Schulterblätter! was sie trugen,
Fragt niemand mehr, und zierlich tät'ge Glieder,
Die Hand, der Fuß zerstreut aus Lebensfugen.
Ihr Müden also lagt vergebens nieder,
Nicht Ruh im Grabe ließ man euch, vertrieben
Seid ihr herauf zum lichten Tage wieder,
Und niemand kann die dürre Schale lieben,
Welch herrlich edlen Kern sie auch bewahrte.
Doch mir Adepten war die Schrift geschrieben,
Die heil'gen Sinn nicht jedem offenbarte,
Als ich in Mitten solcher starren Menge
Unschätzbar herrlich ein Gebild gewahrte,
Daß in des Raumes Moderkält und Enge
Ich frei und wärmefühlend mich erquickte,
Als ob ein Lebensquell dem Tod entspränge.
Wie mich geheimnisvoll die Form entzückte!
Die gottgedachte Spur, die sich erhalten!
Ein Blick der mich an jenes Meer entrückte
Das flutend strömt gesteigerte Gestalten.
Geheim Gefäß! Orakelsprüche spendend,
Wie bin ich wert dich in der Hand zu halten?

Dich höchsten Schatz aus Moder fromm entwendend,
Und in die freie Luft, zu freiem Sinnen,
Zum Sonnenlicht andächtig hin mich wendend.
Was kann der Mensch im Leben mehr gewinnen,
Als daß sich Gott-Natur ihm offenbare?
Wie sie das Feste läßt zu Geist verrinnen,
Wie sie das Geisterzeugte fest bewahre.

Günter Blöcker

Geheimschrift der Formen

Zuweilen ist es eine einzige Zeile, die den Ruhm eines Gedichts ausmacht, in unserem Fall das jedes Ästhetenherz anrührende »Wie mich geheimnisvoll die Form entzückte!« Das eigentlich Erstaunliche aber, ja das fast Skandalöse an dieser kostbaren Wendung ist, daß sie sich keineswegs auf einen ästhetischen Tatbestand bezieht, sondern auf einen – im ursprünglichen Wortsinne – existentiellen.

Der Dichter befindet sich im »Beinhaus«, einer Stätte, wo – noch zur Goethe-Zeit – ausgegrabene menschliche Gebeine verwahrt wurden. Das Makabre der Örtlichkeit wird uns eindringlich nahegebracht. »Entrenkte Schulterblätter« – das hat eine beinahe lautmalerische Präsenz; und mit dem Hinweis, daß niemand die übriggebliebene »dürre Schale« lieben könne, wird ein Gefühlsklischee bestätigt.

Dann aber geschieht etwas Außerordentliches. Der Morphologe Goethe meldet sich zu Wort, der »Adept«, der die Geheimschrift der Formen, auch der verwitterten, zu lesen vermag. In der »starren Menge« aufgereihter Schädel fällt ihm jener eine auf, in dem die »gottgedachte Spur« sich »unschätzbar herrlich« erhalten hat und unvermindert von dem Genie des Dahingegangenen Zeugnis ablegt.

Für einen grandiosen Augenblick wird die versunkene Schöpferkraft noch einmal überwältigend gegenwärtig:

»Ein Blick der mich an jenes Meer entrückte / Das flutend strömt gesteigerte Gestalten.« Gottfried Benn, darin wohl eigene Stilfiguren wiedererkennend, gehörte zu den Bewunderern gerade dieser beiden Zeilen.

Schillers Name fällt in dem Gedicht nicht (der Titel stammt nicht von Goethe, er ist eine Zutat der Nachlaßherausgeber). Dennoch drängt sich die biographische Auslegung auf, ja sie erst macht die eigentümliche Verschränkung von intimer Seelenbewegung und strenger Abstraktion (der Schlußteil!) voll verständlich. Tatsächlich hat Goethe im Entstehungsjahr 1826 in ergriffener Betrachtung vor Schillers Schädel gesessen, allerdings nicht im Beinhaus, sondern in seinem eigenen Hause, wohin die Reliquie im Zuge einer Umbettung für einige Zeit gebracht worden war.

Das Gedicht ist also das ins Poetische erhobene Protokoll einer sehr persönlichen Erfahrung; und es ist eine kunstvoll verschlüsselte Huldigung an den vor mehr als zwanzig Jahren Verstorbenen, dem Goethe sich in diesem Augenblick so nahe fühlte, »als ob ein Lebensquell dem Tod entspränge«. Die den Spuren Dantes folgenden Terzinen mit ihrem gemessenen Duktus und dem Kettenwerk der übergreifenden, die Strophen eng aneinander bindenden Reime lieferten dafür die adäquate, die »heroische« Form.

Aus den Gruben, hier im Graben

Aus den Gruben, hier im Graben,
Hör' ich des Propheten Sang;
Engel schweben ihn zu laben,
Wäre da dem Guten bang?
Löw' und Löwin hin und wieder,
Schmiegen sich um ihn heran;
Ja, die sanften frommen Lieder
Haben's ihnen angetan.

Engel schweben auf und nieder
Uns in Tönen zu erlaben,
Welch ein himmlischer Gesang!
In den Gruben, in dem Graben
Wäre da dem Kinde bang?
Diese sanften frommen Lieder
Lassen Unglück nicht heran:
Engel schweben hin und wieder,
Und so ist es schon getan.

Denn der Ew'ge herrscht auf Erden,
Über Meere herrscht sein Blick,
Löwen sollen Lämmer werden
Und die Welle schwankt zurück.
Blankes Schwert erstarrt im Hiebe;
Glaub' und Hoffnung sind erfüllt;
Wundertätig ist die Liebe,
Die sich im Gebet enthüllt.

Dolf Sternberger

Poesie und Prophetie

Das »kleine Gedicht«, wie es im Tagebuch am 10. Oktober 1826 genannt ist, gehört in den Zusammenhang jenes späten Prosawerks, das den einfachen Titel »Novelle« erhalten hat. (Eine vierte Strophe ist hier fortgelassen, sie gehört wohl zur Erzählung, das Gedicht selbst hat seine Coda in der dritten.)

Es ist ein Geflecht aller möglichen wunderbaren Errettungen, Bewahrungen, Befriedungen aus heiligen Überlieferungen der Bibel und der Legende. Daniel in der Löwengrube, der Prophet, der zerfleischt werden sollte und der doch unversehrt hervorging – »man spürte keinen Schaden an ihm«, heißt es in der Schrift, »denn er hatte seinem Gott vertraut«: die Erinnerung erscheint hier verquickt mit dem Motiv des Gesangs in der extremen Not, wie es der anderen Erzählung von den drei Männern im Feuerofen zugehört hatte, Gefährten Daniels, die jenen weltumgreifenden Lobgesang anstimmten in der Marter und die gleichfalls »mitten im Feuer erhalten« wurden und »erlöset aus der Hölle«, exemplarisch (und freilich auch höchst exzeptionell, da denn aus neueren Öfen, wie wir wissen, keiner mehr wiedergekehrt ist).

Und die derben hebräischen Urbilder wiederum übermalt von raffaelisch holden Engelsfiguren, die denn ihrerseits den Part der Töne von den geplagten Männern zu übernehmen scheinen, indem der notgeborene irdische sich alsbald in einen schützenden himmlischen Gesang wan-

delt, wie die Verse fortgehen und vom einen ins andere hinüberspielen.
Kaleidoskopisch leicht und beglückend wechseln die Wörter in der Wiederholung ihren Ort, verschiebt sich auch der Sinn. Einmal »laben« Engel den Propheten mit Speise (wie geschrieben steht), dann wieder »laben« sie uns alle, die wir staunend teilnehmen, mit ihren Liedern; einmal sieht man die Löwen »hin und wieder« gehen, dann die Engel »auf und nieder« schweben, und so bringen die selbigen Elemente des Ausdrucks schöne Varianten der Bewegung hervor. Das Gedicht scheint wie von selbst sich zu entwickeln, auch in sich zurückzukehren, es bald so, bald ein wenig anders zu probieren, wie wenn einer auf einem Instrument locker improvisiert ohne strenges Fugato, fast kunstlos trällernd, seine wenigen Motive bald in der Höhe, bald in der Tiefe unversehens wiederkehren läßt.
Mit der dritten Strophe allerdings hebt ein anderer Ton und stärkerer Klang an, der Vortrag gewinnt etwas Brausendes, und mit jeder einzelnen Verszeile tritt eine neue deutliche Erscheinung auf den Plan, eine nach der anderen, parataktisch. Da sind, in einer Abbreviatur, die Fabeltiere aus der messianischen Prophezeiung des Jesaja – »die Wölfe werden bei den Lämmern wohnen«, hieß es dort (im elften Kapitel), »und Löwen werden Stroh essen wie die Ochsen« –, und da folgt sogleich das Wunder des Moses, da die Meereswogen vor dem Zug der Kinder Israel zurückwichen nach beiden Seiten und einen trockenen Weg freigaben, und schließlich ein drittes – oder viertes oder fünftes – Urbild märchenplötzlicher Rettung und Sigel göttlichen Eingriffs, das Schwert des Feindes oder

Mörders, das im Hieb erstarrt: unvergeßlich knapp gefaßt, ein altes Wundermotiv aus der Heiligenlegende. Dies alles aufgeführt Schlag auf Schlag, in phantastischer Montage, und zusammengefügt zu einem triumphalen Korso apokalyptischer Beschwörungen. Und am Ende der Choralklang der erfüllten Hoffnung, der vollendeten Versöhnung – mit den Urworten, nicht den orphischen, sondern denen des Apostels Paulus – und auch mit der ungeheuren Pointierung, welche dessen eigentliche Tat und unverlierbaren Ruhm ausmacht: »... aber die Liebe ist die größte unter ihnen.«

Das Wort aus dem Ersten Korintherbrief findet hier einen Widerhall, aber zugleich ein neues Attribut: daß die Liebe es sei, welche die Wunder tue. Das scheint ein originaler Satz, eine spezifische Gewißheit dieses Gedichtes und des theologischen Dichters zu sein, den wir darin vernehmen. Daß sie sich im Wunder der Gebetserhörung offenbare, ist seine letzte Verkündigung, unbezweifelt, nicht anders als die der Auferstehung am Schluß des »Faust«. Es ist eine poetische Verkündigung, nicht eine prophetische. Aber was ist der Unterschied?

Wir unsererseits hegen wohl Zweifel, können gar den Einspruch nicht unterdrücken. Und doch bleibt die Friedenswunderwelt Daniels und Jesajas und der ganze zarte und mächtige Gesang des Schaustellerkindes uns tief im Gemüt. Wir können weder daran glauben noch davon lassen.

Gedichte sind gemalte Fensterscheiben

Gedichte sind gemalte Fensterscheiben!
Sieht man vom Markt in die Kirche hinein,
Da ist alles dunkel und düster;
Und so sieht's auch der Herr Philister:
Der mag denn wohl verdrießlich sein
Und lebenslang verdrießlich bleiben.

Kommt aber nur einmal herein!
Begrüßt die heilige Kapelle;
Da ist's auf einmal farbig helle,
Geschicht' und Zierrat glänzt in Schnelle,
Bedeutend wirkt ein edler Schein;
Dies wird euch Kindern Gottes taugen,
Erbaut euch und ergetzt die Augen!

Horst Bienek

Ein Gleichnis

Dieses Gedicht über Gedichte ist ein Altersgedicht. Wann es genau entstanden ist, hat auch die biberemsige Goethe-Forschung nicht feststellen können. Es erschien zum ersten Mal in der Ausgabe »Gedichte letzter Hand« im Jahre 1827, da war Goethe 78 Jahre alt. Dort steht es in der zweiten Abteilung von »Parabolisch« als mit »I« numerierter Text; ohne Titel. Es könnte kurz vorher verfaßt sein.

Wenn wir das Gedicht also als Parabel nehmen, als ein Lehrstück, als ein Gleichnis (was gewiß so beabsichtigt war, und keines der späteren Stücke dieser Abteilung läßt sich im Rang damit messen), so hat Goethe damit wohl ins Schwarze getroffen. Allein die erste Zeile – mit dem deutlichen Zeichen des Ausrufs – »Gedichte sind gemalte Fensterscheiben!« ist so etwas wie eine Poetologie der Deutschen geworden. Eine so schlagende und erschöpfende Antwort auf alle Rätselfragen des Gedichts, und eine so kurze und bundige dazu! Ich meine noch heute den erlösenden Seufzer ganzer Generationen von Deutschlehrern zu hören. Endlich haben wir eine Antwort auf die bohrenden und hochgemuten Fragen deutscher Jünglinge. Und das vom größten aller deutschen Dichter.

Meine ganze Kindheit war von diesem Satz, diesem Gedicht illuminiert. Im Deutsch-Unterricht wurde er demonstriert. Im Gespräch holte es der Stadtbibliothekar hervor. Onkel Gerhard, der als einziger in der Verwandt-

schaft eine kleine Bibliothek besaß und dieserhalb als literarische Autorität galt, berief sich optimistisch darauf. Und auch im Don-Bosco-Bund hatte der Herr Kaplan dieses schöne, aber weltliche Gleichnis parat.
Meine ganze Jugend war davon verfinstert. Ich begann Eichendorff und Mörike zu lesen, Hölderlin und Rilke, Trakl und Heym. Und ich merkte, jenes Gleichnis half mir überhaupt nicht zum Verständnis dieser Verse. Nein, es genügte eben nicht, in die »heilige Kapelle« einzutreten, da wurde es weder farbig noch hell, und ich konnte mich weder daran erbauen noch ergötzen. Gedichte waren eben nicht bemalte Fensterscheiben! Die Gedichte, die ich jetzt las, waren Geheimnis, Rätsel, Schweigen, Unergründliches, Ahnungsvolles. Dunkel war es in ihnen, und ab und zu blitzten ein paar Lichter auf. Erleuchtungen der Seele.
Ich war achtzehn, und ich polemisierte überall, wo es mir gestattet war, gegen Goethe. In dem Alter ist man ohnehin der Meinung, die Klassiker taugen nicht für die eigene Gegenwart. Erst sehr viel später begriff ich, daß ich mehr gegen den Mißbrauch dieser Parabel, gegen die allzu leichte und allzu gedankenlose Übernahme polemisiert hatte.
Wiedergelesen, spürte ich, daß ich dem Gedicht unrecht getan hatte. Und erst heute beginne ich es langsam zu begreifen. Ja, es ist ein Altersgedicht. Und da erst konnte es sich Goethe erlauben, seine philosophische Weisheit (und Belehrung) in ein so einfaches Bild zu kleiden.
Ich lese das Gedicht immer wieder. Und wenn ich für die erste Zeile auch heute noch wenig Lust aufbringe, so begeistert mich die letzte immer mehr. Vertiefung in ein Ge-

dicht ist nicht alles. Aber es führt zu seiner Mitte hin. Vielleicht kann ich das erst jetzt sagen, nachdem mir so viele Postulate der Moderne – Gedichte sind Manifeste (Majakowski), Ichbefragungen (Benn), Erleuchtungen des Augenblicks (Ungaretti), Epiphanien (Pound) – fragwürdig geworden sind.
Manchmal denke ich, dieses Goethe-Gedicht hätte der erste Beitrag zu dieser Frankfurter Anthologie sein können. Jedenfalls macht es verständlich, warum nun schon mehr als zehn Jahre lang Woche für Woche in dieser Zeitung der Versuch gemacht wird, ein Gedicht zum Leuchten zu bringen. »Dies wird euch Kindern Gottes taugen, / Erbaut euch und ergetzt die Augen!«

Sag, was könnt' uns Mandarinen

Sag was könnt' uns Mandarinen,
Satt zu herrschen, müd zu dienen,
Sag was könnt' uns übrig bleiben,
Als in solchen Frühlingstagen
Uns des Nordens zu entschlagen
Und am Wasser und im Grünen
Fröhlich trinken, geistig schreiben,
Schal' auf Schale, Zug in Zügen?

Werner Ross

Geistig schreiben

Das ist das kurze Eingangsgedicht zu einem kurzen Zyklus, fünfzehn Gedichte im ganzen, ein einziges davon zweistrophig, das berühmte »Dämmrung senkte sich von oben«. Goethe war in den hohen Siebzigern und aufgeschlossener denn je. Er korrespondierte mit Freunden und Jüngern in Frankreich, Italien, in Amerika, und er prägte für diesen literarischen Kommerz über alle Grenzen hinweg den Begriff »Weltliteratur«. Was er an Raffael lobte, bezog er auch auf sich: daß er »mit immer gleicher und größerer Leichtigkeit« arbeitete.

War dem Sechziger der Perser Hafis verwandt erschienen, der Mystiker des Trinkens und des Liebens, so schaute er nun noch ein bißchen weiter in die Ferne – in jenes China, das in seiner Jugend, in zärtlichen Rokokozeiten, stärker nach Europa herübergewirkt hatte als jetzt, wo sich alles national verhärtete: China, das Land des zerbrechlichen Porzellans und der weisen Greise, des Teetrinkens und der Kalligraphie. Ein typischer Vers aus dem Zyklus, »Schlanker Weiden Haargezweige scherzen auf der nächsten Flut«, nimmt, sozusagen ins Chinesische übersetzt, noch einmal den Klang des Mondgedichtes auf, das er als junger Mann schrieb: »Schwester von dem ersten Licht, Bild der Zärtlichkeit in Trauer.«

Es wird, so könnte man den Vorgang umschreiben, nicht mehr gedichtet, sondern mit zartesten Tuschstrichen gepinselt. Das leichteste Material ist gerade gut genug. In zwei Versen wird eine ganze Lebenssituation gefaßt, die des hohen Hofbeamten namens Goethe, für den Gehorchen und Befehlen wie zwei Register der gleichen Tätigkeit sind. Das macht auch den Mandarin aus, der schon im achtzehnten Jahrhundert das Vorbild wurde für eine durch Examina gefilterte Karriere, Höfling und Intellektueller in einem.

Zum Hofamt gibt es die Alternative, die bei Goethe Gartenhäuschen heißt, Park, Ländlichkeit. »Norden« steht im Chinesischen für Peking, für den Hof. Peking ist die kalte Nordstadt. Goethe findet schon Weimar viel zu nördlich. Aber was hilft's? Karlsbad darf er sich nur von Zeit zu Zeit verordnen. Aber es bleibt auch in Weimar die Chinoiserie, das verspielte Idyll, man darf fröhlich trinken, Wein, oder ist in der Schale bloß Tee, das feine Salongesöff, das die Romantiker mit ihren »ästhetischen Thees« zur Mode gemacht hatten?

Und man kann geistig schreiben, Zug in Zug, wie es statt des erwarteten »Zug um Zug« heißt. Goethe hat ein bißchen Arabisch getrieben, an das Chinesische hat sich der alte Mann nicht mehr herangewagt. Aber etwas Bestimmtes hat ihn bei beiden Sprachen gefesselt: die Schrift. Es ist eine Banalität, daß chinesische Schriftzeichen gemalt werden; aber wer's sich einmal hat zeigen lassen, weiß, daß da Zug *in* Zug gepinselt, ein allgemeineres Schriftzeichen durch Einmalen weiterer Zeichen konkretisiert wird, bis da die wunderbaren Schrift-Schmetterlinge stehen, jeder ein kleines Kunstwerk für sich. So, malend, hat sich Goethe am Arabischen versucht, das seinerseits die Schriftzeichen mit Punkten und Strichen und Haken ergänzt.

»Geistig schreiben«, das bezieht sich zunächst auf die

Schrift selbst, die den Sinn nicht aus Buchstaben zusammensetzt, sondern in *ein* Zeichen faßt. Aber es meint auch noch etwas anderes, was den Schaffensprozeß des alten weisen Meisters charakterisiert. Es wird nicht mehr mit der Form gerungen. Der Bildhauer gibt kein Gleichnis mehr ab. Der Künstler hat nun eine Handschrift, und wenn er ein paar Verse in ein Album schreibt, so geschieht es leicht, einfach, ohne Prätention, ohne Nachdenken, wie man denn als weltberühmter Mann dergleichen zu fassen habe, aber doch auf seine Weise geist-reich, mit dem Markenzeichen versehen. Schreiben nicht nur als Vehikel, sondern als Herstellung reiner, »geistiger« Form, das meint der alte Mann. Freilich nicht in jenem Elfenbeinturm, vor dem heute wieder die Dichter Schlange stehen, sondern draußen im Grünen, gesellig, als Ferienvergnügen wie Pingpong und Federball.

Der Guckuck wie die Nachtigall

Der Guckuck wie die Nachtigall
Sie mögten den Frühling fesseln,
Doch drängt der Sommer schon überall
Mit Disteln und mit Nesseln;
Auch mir hat er das leichte Laub
An jenem Baum verdichtet,
Durch das ich sonst zu schönstem Raub
Den Liebesblick gerichtet;
Verdeckt ist mir das bunte Dach,
Die Gitter und die Pfosten,
Wohin mein Auge spähend brach,
Dort ewig bleibt mein Osten.

Peter Demetz

Der Augenmensch, ein Voyeur?

Goethes späte und spröde »Chinesisch-deutsche Jahres- und Tageszeiten« werden von vielen bewundert, aber nicht alle Stücke des fragmentarischen Zyklus haben die gleiche Aufmerksamkeit auf sich gezogen. Das sechste Stück gilt, üblicherweise, nicht an und für sich, und kann doch sehr gut auf eigenen Füßen stehen. Es hat jene intellektuelle Anmut, Selbstironie und literarische Erinnerungsfähigkeit, die zu den ersten Bedingungen der modernen Poesie zählen, und der Achtundsiebzigjährige handhabt das Poetische wie lässig und mit halben Selbstzitaten: das Kunstlose ist überall Kunst.

Wozu die Chinoiserie? so möchte man (mit einer der Figuren Max Frischs in seiner »Chinesischen Mauer«) fragen, und selbst wenn man nicht wüßte, daß sich Goethe im Winter 1826/27 wieder einmal chinesische Schmöker, in unzureichenden Übersetzungen, zu Gemüte geführt hatte, so läge die Gegenfrage nahe, ob ihn nicht die Möglichkeit freute, sich als Mandarin in Szene zu setzen, sich im gravitätisch chinesischen Zeremoniell zu üben, wie er es verstand, und zu sehen, wie es sich »in diesem sonderbar-merkwürdigen Reiche noch immer leben, lieben, und dichten lasse« (*Chinesisches*, 1827).

Rilke hat ganz recht, wenn er meint, Goethe bringe in diesen Versen vieles zusammen, »ein Spielend-Dekoratives«, aber auch die »bedeutendste lyrische Ergreifung, wie sie seine mächtigsten Zeilen besitzen«. Es wird schwierig sein, das Dekorative und die lyrische Ergreifung hier noch reinlich zu trennen, denn dieser Mandarin schreibt mit der linken Hand, und wie es sich gehört, Dichtung über dichterische Tradition.

Die Strophen geben sich einfach und blitzen von Assoziationen, poetischen Versatzstücken und verdeckten Widersprüchen. An der Neige des Frühlings sind Kuckuck und Nachtigall wirksame, aber paradoxe Bundesgenossen; der Kuckuck (bei Goethe anderswo »Blüthensänger, *o coucou*«) als sprichwörtlicher Frühlingsbote und die Nachtigall im schmelzenden Abendlicht sind einander, in der deutschen Volks- und Fabeltradition, stracks entgegengesetzt, denn der eintönig schreiende Kuckuck (dem der Volksmund auch sonst Skandalöses nachsagt) will vergebens wie die Nachtigall sein, die unnachahmlich tönt. Noch widersprüchlicher, wenn nicht gar entmutigender, der herandrängende Sommer mit seinen Laubmassen, aber auch den ganz und gar nicht chinesischen »Disteln« und »Nesseln«, zumindest im symbolischen Sinn. Im Alten Testament, vor allem bei den Propheten, signalisieren sie Stätten der Leere und Unfruchtbarkeit; und unser Weimarer Mandarin, bibelfest auf gut lutherische Art, erinnert uns an Hoseas Klage über Verlust und Vertreibung.

Die unerwartete Tiefe der Assoziation verrät etwas von der Tiefe seiner Enttäuschung – unser Mitgefühl ist allerdings gemindert durch sein Geständnis, er hätte die schöne Nachbarin mit räuberischem Liebesblick, und ohne jede Schicklichkeit, bis in ihren Pavillon verfolgt, dessen »buntes Dach« und »Gitter« noch von ferne die chinesischen Rokoko-Architekturen des »vollkommenen

Parks« in Goethes »Triumph der Empfindsamkeit« (Akt IV) ins Gedächtnis rufen, »... Wasserfälle, Teiche, ... Kiosken, Tings«.

Soll sich das Unschickliche des Liebesräuberblickes in das anakreontische Zeremoniell des Gedichtes verwandeln? Ein seltener Augenblick; der Augenmensch, der Mandarin Goethe, »zum Sehen geboren, zum Schauen bestellt«, ertappt als leider verhinderter Voyeur? Die schöne Nachbarin und das Publikum sollten ihm verzeihen, schon um der letzten und fast majestätischen Gedichtzeile willen, in welcher so viele seiner mächtigen Gedichte mitsprechen.

Dämmrung senkte sich von oben

Dämmrung senkte sich von oben,
Schon ist alle Nähe fern;
Doch zuerst emporgehoben
Holden Lichts der Abendstern!
Alles schwankt in's Ungewisse
Nebel schleichen in die Höh;
Schwarzvertiefte Finsternisse
Wiederspiegelnd ruht der See.

Nun im östlichen Bereiche
Ahnd' ich Mondenglanz und Glut,
Schlanker Weiden Haargezweige
Scherzen auf der nächsten Flut.
Durch bewegter Schatten Spiele
Zittert Luna's Zauberschein,
Und durch's Auge schleicht die Kühle
Sänftigend in's Herz hinein.

Ludwig Harig

Deutscher Abend, chinesisch

Es ist meine höchste Lust, den Tag früh mit Schauern kalten Wassers über meinen Kopf zu beginnen, vormittags dazusitzen und zu schreiben und am Nachmittag spazierenzugehen. Wir treten in den hohen Buchenwald ein, schlendern einen Pfad in den Talgrund hinab, unten sitzen wir eine Viertelstunde lang auf einer Bank, sehen dem Flirren des Lichts auf dem Fischteich zu, räkeln uns im Abendstrahl der Sonne, und immer sind wir zu zweit.
Wie oft fällt uns, wenn es dann plötzlich frisch wird und wir zu frösteln beginnen, Goethes Abendgedicht ein, in dem Oben und Unten, Nähe und Ferne, Licht und Finsternis, Ruhe und Bewegung untrennbar ineinanderverschränkt sind und er die Natur, mit allen ihren gegenläufigen Kräften, ein harmonisches Doppelspiel treiben läßt. Dann zitieren wir den Vers: »Und durch's Auge schleicht die Kühle / Sänftigend in's Herz hinein« und stellen uns vor, wie bei Goethe das Auge die Funktion der Haut übernimmt, und freuen uns wie Kinder, wenn ihre Phantasie alle sinnlichen Grenzen überwindet und sie ungehindert durch die engsten Pforten der Wahrnehmung schlüpfen.
Wieviel Unbefangenheit haben wir uns bewahrt, ein Gedicht, das eine eben erlebte Situation beschreibt, lustvoll in uns aufzunehmen und sinnvoll zu begreifen? Als ich Goethes Gedicht kennen- und auswendig lernte, war ich sechzehn; ich wußte damals nicht, daß er es als alter Mann

geschrieben hatte, allein die beiden Schlußverse deuteten auf Bedachtsamkeit und Abgeklärtheit hin, indem ich sie etwa mit Eichendorffs Versen, die im gleichen trochäischen Spazierschritt daherkommen, verglich: »Und es schweifen leise Schauer / Wetterleuchtend durch die Brust«. Hier das Wetterleuchten, dort das Besänftigen, hier das Schweifen, dort das Schleichen, hier die dynamischen Schauer, dort die lindernde Kühle.

Dann aber kamen die Literaturwissenschaftler. Sie erzählten mir, daß Goethe im Frühling 1827, bei herrlichstem Wetter, »ganz unschuldigerweise«, wie er an Zelter schrieb, »ohne auch nur irgendeinen Gedanken, als daselbst eine freundliche Stunde zu verweilen«, in seinen Garten an der Ilm gefahren, doch den Frühling über dort geblieben sei und unter dem Eindruck der Natur und der nicht lange zurückliegenden Lektüre chinesischer Romane den Gedichtzyklus »Chinesisch-deutsche Jahres- und Tageszeiten«, einen Bilderkreis von vierzehn kurzen Gedichten, geschrieben habe, darunter dieses Abendgedicht. Und mehr noch: Sie trieben ihren verschwenderischen Aufwand an Begriffen, Topoi chinesischer Landschaftsschilderung, Muster chinesischer Tuschemanier, Formelhaftes chinesischer Naturlyrik darin zu entdecken.

Mit einem Mal suchte ich nur noch nach diesem Chinesischen, doch hier in diesem am wenigsten chinesischen deutsch-chinesischen Gedicht gibt es nicht einmal Mandarine, kein Spalierobst, keine chinesischen Pfauen und indischen Gänse wie in einigen anderen Gedichten des Zyklus, aber das Römische ist, fast unbemerkt, in das Gedicht eingetreten, der Mond als Luna, das Weibliche als

Männliches; Max Kommerell sagt: »Es ist, als ob Luna die Kühle in der Sichtbarkeit wäre.« Und nun bin ich völlig verwirrt.

Was ist an diesem Gedicht so chinesisch? Und ist überhaupt etwas chinesisch daran? Liegt unter dem germanistischen Wörterschutt etwa eine Chinoiserie begraben? Ich wollte mich einem Gedicht Goethes, das ich mehr als vierzig Jahre auswendig kenne, behutsam nähern, »ganz unschuldigerweise, ... ohne auch nur irgendeinen Gedanken, als daselbst eine freundliche Stunde zu verweilen«; sollte mir am Ende nur das Chinesische der Germanisten geblieben sein?

Nun weiss man erst

Nun weiß man erst was Rosenknospe sei,
Jetzt, da die Rosenzeit vorbei;
Ein Spätling noch am Stocke glänzt
Und ganz allein die Blumenwelt ergänzt.

Katharina Mommsen

Spätes Glück

Diese Verse gehören den »Chinesisch-deutschen Jahres- und Tageszeiten« an, die der 77jährige Goethe in seinem Weimarer Gartenhaus schrieb. Ein Vierzeiler, fast naiv einfach anmutend, aber von einer grandiosen Einfachheit – auch in den sprachlichen Mitteln. »Den höchsten Sinn im engsten Raum« bezeichnend, wie ein orientalisches Segenspfand, und kostbar wie dieses durch die synthetische Kraft des Geistes. In der Miniaturtechnik des zum Sehen geborenen und zum Schauen bestellten alten Dichters konzentriert sich der Blick auf ein einziges Phänomen: eine verspätete Rosenknospe, die »ganz allein die Blumenwelt ergänzt«.

Es fällt nicht schwer, uns hineinzufühlen in Naturbild und Situation: Der Dichter erlebt ein Totalgefühl der »Rosenzeit«, das evoziert wird durch den Anblick der letzten Rose, obwohl – oder gerade weil – der Sommer vorüber ist. Das Glänzen der Knospe wird zum Abglanz glücklichen Erlebens: Die »Blumenwelt« in ihrem unzerstörten Zauber wird als unverlierbares Innenbild erfahren, als geheime Offenbarung beim Anblick des Rosenspätlings.

So wird das Vorbeisein der Rosenzeit und die schmerzliche Situation des Abschieds von der Blumenwelt nicht zur schweren Bedrängnis oder gar zur tragischen Situation. Der Weise, dessen Sommer vorüber ist, kann sich begnügen mit der Abbreviatur der ganzen Blumenwelt. Erfahrungsgesättigt, gelingt ihm, im Gegenwärtigen Vergangenes nachzuvollziehen. Diese Zusammenschau von Vergangenem und Gegenwärtigem ermöglicht ihm auch das lächelnde und weise Sichbescheiden und die Bejahung der Spätzeit – eine Haltung, die vom jungen Menschen nicht zu erwarten wäre.

Unversehens sind wir aus dem Naturbild herausgetreten in den lebensgeschichtlichen Augenblick: Beim Anblick der letzten Rose spürt der Dichter etwas vom Schwinden des Lebenssommers, von der Kühle des Lebensherbstes und den unergründlichen Schauern des Todes, die die Spätzeit mit sich bringt. Goethe faßt in diese vier Verse auch einen seelischen Vorgang, in dem das Gefühl der entschwundenen Jugend in einer herbstlich veränderten Welt sich überwältigend aufdrängt. Einen Anflug von Wehmut und Schwermut über Unwiederbringliches enthält das Wort »vorbei«. Doch die geistige Sprache der Spätdichtung nimmt nicht Klageform an. Es drückt sich auch hier das Goethesche Vertrauen auf das Ganze der Natur, das Ganze des Lebens aus. Und so klingt die Schlußwendung von der späten Rose, die »ganz allein die Blumenwelt ergänzt«, affirmativ, ja euphorisch.

Eine letzte, knospenhafte Liebe bringt, obwohl die eigentliche Zeit der Liebe vorbei ist, noch einmal den vollen Duft und Genuß des ganzen Liebesglücks zurück in sublimierter Erotik. So kann man im seltsam hintergründigen Preis der letzten Rosenknospe auch den Preis der letzten Lebensliebe des Dichters finden. Das schmerzliche Zuspät und Vorbei, das großartige Sichhalten ans Unvergängliche: Idee und Liebe im schönsten Sinne, Liebe, die ihre Erfüllung im bloßen Anschaun und Lobpreis der Verherrlichten findet.

Man mag, da Goethe die Schönheit chinesischer Lyrik erst im höchsten Alter entdeckte, sich fragen, warum er sie nicht schon längst wahrgenommen hatte. Es gab sie ja seit langem, und Übersetzungen, wie sie ihm vorlagen, hätten ihm schon früher das ganze Gefühl ihres Werts vermitteln können, wie es jetzt, sozusagen in allerletzter Minute geschah. Dennoch durfte Goethe dies späte Glück des Begegnens bejahen. Denn die Begegnung hatte ihren rechten Augenblick. Es entstand daraus ein Werk, in seiner Eigenart durchaus zu vergleichen dem »West-östlichen Divan«, nur nicht dem Umfang nach: der Divan beruhte auf der ganzen Breite persischer Dichtung. Doch Substanz und Form der von chinesischer Lyrik inspirierten Gedichte waren von so sublimer Neuheit, daß Goethe selber auch hier die Verbindung von chinesischer und deutscher Poesie als eine Sternstunde der Menschheit empfinden konnte.

Als Allerschönste

Als Allerschönste bist du anerkannt,
Bist Königin des Blumenreichs genannt;
Unwidersprechlich allgemeines Zeugnis,
Streitsucht verbannend, wundersam Ereignis!
Du bist es also, bist kein bloßer Schein,
In dir trifft Schau'n und Glauben überein;
Doch Forschung strebt und ringt, ermüdend nie,
Nach dem Gesetz, dem Grund, Warum *und* Wie.

Hans Bender

Huldigung an die Rose

»... ich liebe die Rose als das Vollkommenste, was unsere deutsche Natur als Blume gewähren kann; aber ich bin nicht Tor genug, um zu verlangen, daß mein Garten sie mir schon jetzt, Ende April, gewähren soll. Ich bin zufrieden, wenn ich sehe, wie ein Blatt nach dem anderen den Stengel von Woche zu Woche weiter bildet; ich freue mich, wenn endlich der Juni mir die Rose selbst in aller Pracht und in allem Duft entgegenreicht.« So wird in Ekkermanns Aufzeichnung vom 27. April 1825 Goethes Liebe zur Rose bezeugt; auch der Ort bezeichnet, wo er die Rose aufmerksamer als irgendwo sonst betrachten konnte; sie wahrscheinlich selbst gehegt und gepflegt hat: im unteren Garten an der Ilm, der sein Gartenhaus umgab. Als Lyriker hat Goethe im Gedicht-Zyklus »Chinesisch-deutsche Jahres- und Tageszeiten« der Rose gehuldigt. 1827 entstand dieser Zyklus, neben anderen Texten, die bedeutsam wurden für sein Alterswerk.

Mehr Tage als in den Jahren davor und danach verbrachte Goethe im Jahre 1827 in seinem Gartenhaus und Garten. Dort konnte er freier von höfischen und gesellschaftlichen Pflichten schreiben, diktieren, lesen, sammeln und »in jeder Stunde des Tags und der Nacht« der Natur nahe sein. Im Jahre 1827 schrieb er endlich wieder, was im Alter seltener und seltener wurde, Gedichte. Gedruckt wurden sie drei Jahre später, im »Berliner Musenalmanach für das Jahr 1830«. Nun erst waren sie ganz vollendet und trugen

die erweiterte Rubrik: »Chinesisch-deutsche Jahres- und Tageszeiten«.
Vierzehn Gedichte, unterteilt durch römische Ziffern, in Strophen geordnet, gepaart oder gekreuzt gereimt, die aussprechen, was der Dichter eben wahrnimmt: Jahres- und Tageszeiten, Landschaft, Garten, Bäume, Blumen, Tiere. Sie sagen, welche Stimmungen und Gedanken die Welt umher in ihm weckt.
Deutsche Bilder sind es hauptsächlich, doch der Dichter ist zugleich erfüllt von Eindrücken chinesischer Literatur, die er gelesen hat. In ihr hat er kleine lyrische Formen entdeckt: Kurzgedichte, wie hingetuscht, stilisiert, ziseliert, spruchhaft, wissend, weise, etwas lehrhaft auch. Der Dichter hat in der chinesischen Literatur zudem den Widerhall der eigenen Anschauung der Welt und Wirklichkeit vernommen. Natur ist göttlich. Im Vergänglichen zeigt sich das Unvergängliche. Im Wechsel der Erscheinungen und Formen offenbart sich das Gesetz. In der Pflanze und Blume vor allem. »Es ist das ewige Gesetz, / wonach die Ros' und Lilie blüht.« So sagt es das elfte Gedicht in den Schlußzeilen.
Drei Gedichte des Zyklus handeln von der Rose. Goethes Bekenntnis in Prosa, das Eckermann zwei Jahre vorher aufgeschrieben hat, war bereits die Skizze zu ihrem Verlauf. Der Rose »in aller Pracht« und »in allem Duft« gilt das zehnte Gedicht. Sie, die eben erblühte Rose, wird als die »Allerschönste« und als die »Königin des Blumenreichs« gepriesen. Sie wird dem Dichter zum »wundersam Ereignis«. In ihr treffen Wesen und Erscheinung zusammen. Ihre Betrachtung weckt Glauben. »Wundersam« ist die Rose, weil sie den »Sprung« vom »Glauben« zum

»Schau'n«, den die Bibel uns Menschen im Diesseits verwehrt, doch ermöglicht. Aber selbst »Schau'n und Glauben« genügen nicht; »Forschung« muß sie ergänzen. Forschung, wie Goethe sie verstand und als Naturwissenschaftler auf der Suche nach dem »Gesetz« sein Leben lang geübt hat. In strenger, lyrischer Erhöhung wird es ausgesprochen und die Huldigung an die Rose damit vollendet.

Den Vereinigten Staaten

Amerika, du hast es besser
Als unser Kontinent, das alte,
Hast keine verfallene Schlösser
Und keine Basalte.
Dich stört nicht im Innern,
Zu lebendiger Zeit,
Unnützes Erinnern
Und vergeblicher Streit.
Benutzt die Gegenwart mit Glück!
Und wenn nun eure Kinder dichten,
Bewahre sie ein gut Geschick
Vor Ritter-, Räuber- und Gespenstergeschichten.

Walter Hinck

Das morgenfrische Land

Dieses Gedicht aus den »Zahmen Xenien«, der Spruchsammlung des späten Goethe, ist mit seinem ersten Vers offenbar ins unabnutzbare Stoßseufzer-Repertoire der deutschen Sprache eingegangen; und selbstverständlich erteilte auch Büchmann in seinem »Zitatenschatz« dem »Amerika, du hast es besser« den Ritterschlag. Unser Jahrhundert hat das »geflügelte Wort« nicht widerrufen, im Gegenteil: die Empfänger von Care-Paketen in den ersten Nachkriegsjahren bekamen den sehr willkommenen handgreiflichen Beweis sogar mit der Post ins Haus. Erst seit dem Vietnam-Krieg ist die Goldene Legende vom unaufhörlichen Gesegnetsein des transatlantischen Landes angeschlagen.

Als das »Land der unbegrenzten Möglichkeiten« stellten sich die Vereinigten Staaten mit dem rasanten industriellen und wirtschaftlichen Aufschwung den Europäern dar. Als das freie, »bessere« Land, als politischen Zufluchtsort haben nach dem Scheitern der bürgerlichen Revolution in Deutschland die Enttäuschten Amerika gepriesen oder erlebt.

Für Goethe wird Amerika weder als freiheitliche Sozietät noch als Wohlstandsgesellschaft zum »Gelobten Land«. Der amerikanische Unabhängigkeitskampf und die demokratische Verfassung haben ihm zeit seines Lebens nur ein müßiges Interesse abnötigen können. Nicht täuschen darf das »republikanische« Modell mit freien Wahlen und

Frauenstimmrecht, das im Roman »Wilhelm Meisters Lehrjahre« für die Schauspielertruppe erwogen wird – es bleibt ein Denkmodell für eine Außenseitergruppe der Gesellschaft.

In »Wilhelm Meisters Wanderjahren« gilt die Kassandrabotschaft, die dem beginnenden technischen Zeitalter (dem »Gewitter« des »überhand nehmenden Maschinenwesens«) entgegengehalten wird, noch nicht für Amerika, das als Gegenwelt, als Tätigkeitsfeld für schöpferische europäische Kolonisatoren lockt. Als möglich erscheint am utopischen Horizont die Wiederherstellung antik-gesunder Lebensformen auf amerikanischem Boden, eine Art von Erneuerung des alten Griechenland. Aber doch auf der Grundlage einer adlig-bürgerlichen – und eben deshalb unamerikanischen – Ständeordnung.

Auf solche Zusammenhänge spielt das Gedicht »Den Vereinigten Staaten« nicht an. Es ist eine Dankadresse Goethes an ein Amerika, das ihn mit neuen naturwissenschaftlichen Erkenntnissen beglückt, mit den Entdeckungen eines Benjamin Franklin, mit Büchern über die Geographie, Geologie oder Mineralogie des neuen Kontinents, die ihm von Besuchern übermittelt werden. Es mag auch ein bißchen selbstloser Neid mitsprechen, Bewunderung für die morgenfrische amerikanische Wissenschaft, die noch nicht von verbissenen und unfruchtbaren Dauerzwistigkeiten heimgesucht wird wie die in Europa, wo gerade der Kampf der Neptunisten und der Vulkanisten um das Basaltgestein und seine Entstehung tobt.

Temperiert wird das Gedicht von der heiteren Distanziertheit zu dem, was man heute die kulturelle oder literarische »Szene« nennen würde. Mit dem romantischen

Zeitalter ist eine Epoche der historischen Erinnerung angebrochen, und die Welle der Vergangenheitsverklärung hat Schaumberge von Schloß- und Ritterpoesie und das Strandgut teils phantastischer, teils abstruser Räuber- und Gespenstergeschichten herangeschwemmt.
Hier sitzt freilich Goethe selbst im Glashaus. Hat doch auch er – etwa mit Balladen – dem Gespensterwesen Tribut gezollt. Und wer dächte bei Räubergeschichten nicht an »Rinaldo Rinaldini«, den Roman seines Schwagers Christian August Vulpius. So winkt hinter den ironischen Absagen an die literarische Mode der Schalk seiner Selbstironie.
Heute hat auch das damals noch fast geschichtslose Amerika seine Mythen der Erinnerung, vor allem aus den Tagen der Pionierzeit. Seine Fähigkeit, »die Gegenwart mit Glück« zu nutzen, hat es sich bewahrt. Aber an seinen Ersatzwelten und Utopien hätte Goethe kaum reine Freude gehabt, weder am Disneyland noch am Krieg der Sterne.

Nicht mehr auf Seidenblatt

Nicht mehr auf Seidenblatt
Schreib' ich symmetrische Reime;
Nicht mehr faß ich sie
In goldne Ranken;
Dem Staub, dem beweglichen, eingezeichnet
Überweht sie der Wind,
Aber die Kraft besteht,
Bis zum Mittelpunkt der Erde
Dem Boden angebannt.
Und der Wandrer wird kommen,
Der Liebende. Betritt er
Diese Stelle, ihm zuckts
Durch alle Glieder.
»Hier! vor mir liebte der Liebende.
War es Medschnun, der zarte?
Ferhad der kräftige? Dschemil der daurende?
Oder von jenen tausend
Glücklich-Unglücklichen Einer?
Er liebte! Ich liebe wie er,
Ich ahnd' ihn!«
Suleika, du aber ruhst
Auf dem zarten Polster,
Das ich dir bereitet und geschmückt.
Auch dir zuckts aufweckend durch die Glieder.
»Er ist der mich ruft, Hatem.
Auch ich rufe dir, o! Hatem! Hatem.«

Hilde Domin

Aber die Kraft besteht

Dies Gedicht, Nachzügler des »Buchs Suleika«, verstehe ich als ein Gedicht gegen den Tod: gegen das Sterben des Worts und das Sterben des Gedächtnisses. Es ist ein einsames, monologisches Gedicht, im Gegensatz zu den dialogischen Gedichten des Buchs Suleika. Daß Suleika am Schluß noch ein letztes Mal angeredet wird, ändert daran nichts. Hier handelt es sich um Künftiges, um das Fortleben der Liebenden und ihrer Liebe, nach dem Tode nicht nur des Dichters. Suleika denke man sich nicht auf dem »nun einsamen Lager« in Frankfurt (wie allgemein gelesen wird), sie liegt, für alle Zeiten, auf dem ihr von Goethe bereiteten Polster seiner Verse, »dem zarten Polster, / Das ich dir bereitet und geschmückt«.

Das ganze Gedicht steht und fällt mit der Sprengkraft der sechsten Zeile. Mit dem leidenschaftlichen Atemstoß dieses »Aber« werden die Reime Hatems dem »Überwehtwerden« entzogen und tief in der Erde angesiedelt: von wo sie aufsteigen können, wann immer sie gebraucht werden, wann immer Liebende sich in den »musterhaften« Liebenden vergangener Zeiten wiedererkennen. »Hör und bewahre / Sechs Liebespaare ... / Hast du sie wohl vermerkt, / Bist im Lieben du gestärkt«. Diesen musterhaften Liebespaaren, in beiden Gedichten namentlich aufgezählt, dem unsern und dem eben zitierten Eingangsgedicht des »Buchs der Liebe«, werden Hatem und Suleika, Goethe und Marianne Willemer, für alle Zukunft als siebtes Paar zugesellt: duch die magische Kraft des unverwehten Worts.

Das »Aber« hat Goethe nachträglich über die Mitte der Zeile in sein Manuskript eingesetzt, mit einem großen »A« (was aber kein Grund zum Zeilenbruch ist, auch »symmetrisch«, Zeile 2, schreibt er mir Majuskel). Diese Korrektur erst gibt dem auf dem Vokal aufsteigenden Atem das Mehr an Kraft gegen den Wind, dessen das Wort zum Überleben bedurfte. Dies ist übrigens nicht das einzige Mal, daß Goethe sein Wort ausdrücklich und fast mit der gleichen Metapher für die Nachwelt retten wollte. »Vom Dünenschutt der Stunden« solle Faust II nicht »überschüttet« werden, schreibt er kurz vor seinem Tode an Wilhelm von Humboldt, als Begründung, warum er das Manuskript seinen Freunden nicht mitteile.

Die viel umstrittene Frage, oft künftige Liebende nun auf den – inzwischen asphaltierten – Wegen des Schloßparks in Heidelberg sich diese Liebe verlebendigen sollen oder beim Lesen des Buchs, scheint schon insofern gegenstandslos, als erst dies Buch der »Terrasse hochgewölbten Bogen«, auf der sein »Kommen und sein Gehn« war, die besondere Bedeutung verleiht. Ort und Buch sind nicht trennbar. (Daß dieser Ort heute als »Scheffelterrasse« bekannt ist, zeigt, wie wenig Glück der Divan bei den deutschen Lesern hatte.) »Die Chiffre, von der lieben Hand gezogen, / Ich fand sie nicht, sie ist nicht mehr zu sehn«, klagt Marianne 1824. In den Septembertagen 1815 wurden tatsächlich Zeichen in diesen Sand geschrieben (»Doch da war von deiner Hand / Meine Chiffre leis gezogen«), das kehrt in der Metaphorik des Gedichtes wieder, aber doch nur als Metapher.

Das Gedicht, von Goethe in keine seiner beiden Divanausgaben aufgenommen – es wurde erst 1836 veröffentlicht –, ist als Abgesang, Verabschiedung in die Zukunft zu lesen. Es ist nicht mehr in Heidelberg entstanden, stamme es nun aus dem Jahre 1816 oder, wahrscheinlicher, 1818/19. Um so merkwürdiger, daß bedeutende Gelehrte es wortwörtlich in den Sand des Heidelberger Parks geschrieben wissen wollen (»Dem Boden angebannt«). Dabei hat Goethe »den Poeten« mehrfach vor der Tücke des Sands gewarnt: »Seiner Klagen Reim', in Sand geschrieben, / Sind vom Winde schon verweht«, paraphrasiert er im »Buch Hafis« eine Sure des Koran.

Bei dem »überwehenden Wind« sollten wir an den Wüstenwind denken, nicht an den geschützt liegenden Garten in Heidelberg. »Der Wandrer«, der kommen wird, wie einst Goethe kam, »musterhaft in Freud' und Qual«, der »Glücklich-Unglücklichen einer«. Er wird Hatems Weckruf hören, der ihn anruft aus dem »Mittelpunkt der Erde«, von weiter her als eines Menschen Grab.

»Jede Zeile soll unsterblich, / Ewig wie die Liebe sein«, mit diesen Versen schickt Goethe das erste Exemplar des Divan 1819 nach Frankfurt. »Die Stätten, wo Liebende geweilt haben, bilden ein heimliches höheres Reich auf Erden«, schrieb Max Rychner. Aber was wüßten wir von ihnen, ohne das unverwehte Wort der Dichter, das uns durch alle Glieder zuckt?

Dem aufgehenden Vollmonde

Dornburg, 25. August 1828

Willst du mich sogleich verlassen!
Warst im Augenblick so nah!
Dich umfinstern Wolkenmassen
Und nun bist du gar nicht da.

Doch du fühlst wie ich betrübt bin,
Blickt dein Rand herauf als Stern!
Zeugest mir daß ich geliebt bin,
Sei das Liebchen noch so fern.

So hinan denn! hell und heller,
Reiner Bahn, in voller Pracht!
Schlägt mein Herz auch schmerzlich schneller,
Überselig ist die Nacht.

Reinhard Baumgart

Das erotische Gestirn

Bleibt denn angesichts eines solchen Wortgebildes noch irgend etwas zu raten, zu sinnen, zu wünschen, zu kommentieren? Trägt es nicht seinen Sinn und seine Absicht im klaren, baren Wortlaut vor, der sich auch, wie hier vom Mond gewünscht wird, »Reiner Bahn, in voller Pracht« entfaltet? Doch sobald man diese Kernzeile des Gedichts zitiert, gerät man in ein erstes Staunen und Stutzen. Nicht nur wegen der kühn verkürzten Form von »Reiner Bahn« oder wegen der hell tönenden Vokalfülle dieser acht Silben, sondern weil man instinktiv spürt, daß mit derart strahlender Himmelsbahnbeschreibung, ja -beschwörung sich eher die tägliche Sonne als der nächtliche Mond ansingen ließe. Drei Tage vor dem Eintritt in sein achtzigstes Lebensjahr hat Goethe in seinem letzten Mondgedicht eine erstaunliche Umwertung unserer gerade von ihm mitgeprägten Gemütserwartungen an ein echt deutsches Mondpoem vollzogen.

Wie anders summte sein »Füllest wieder Busch und Tal« ein halbes Jahrhundert vor dieser Dornburger Vollmondnacht. Damals wurden das Gespenstische und das Trübe, das Milde und das Heimelige, die Weltschmerz- und Weltfluchtgedanken unter dem nächtlichen Gegengestirn zur Sonne beschworen. Daß *la luna*, gegen den Eigensinn der deutschen Sprache, in allen mythischen Vorstellungen weiblich besetzt ist, war damals unüberhörbar. Doch genau dieses Diesige und Summende, das Brütende und

Melancholische hat der Greis aus seinen Dornburger Strophen geradezu hinausgefegt. Sie intonieren einen Gegengesang, in aktivem Dur statt passivem Moll. Sie trauen sich sogar eine Art lyrische Befehlsgewalt über die Himmelserscheinung zu. Erst befreit sich der Mond, dem »betrübten« Gemüt zuliebe, aus düsteren Wolkenmassen, dann sollen ihn die hellen Zurufe der letzten Strophe hoch ins Firmament treiben.
So weit, so gut, so überdeutlich. *La luna* zu entweiblichen, zu verwandeln in einen fast taghellen Sonnenmond, das würde passen ins Dornburger Lebensprogramm Goethes im Sommer 1828. Mit dem Rücken zu dem in Trauer um den verstorbenen Großherzog vertieften Weimar versucht er sich im Schloß über der Saale in täglicher Anschauung von Himmel und Erde, von Wolken, Gestirnen und Pflanzen so triumphal wie trotzig zu bestätigen, daß die Welt eben doch eine universal vernünftige Einrichtung ist. Diesem betont lichten Glaubensbekenntnis hat auch der Mond im wahrsten Sinne zu folgen. Auch er soll sich, bewegt durch Wortmagie, befreien zu Reinheit und Pracht, um zwei Liebenden als kosmisches Wahrzeichen ihrer Liebe zu dienen.
Wer damit in erster Instanz gemeint war, das wissen wir: Hafis und Suleika, also Goethe und Marianne von Willemer. Diese beiden hatten ihr Vollmondgelöbnis in einem anderen, einem dringend schwülen Gedicht der Divan-Zeit längst besiegelt und veröffentlicht: »Ich will küssen! Küssen! sag' ich«, so flüsterte da in dreifachem Refrain eine weibliche Stimme im Mondlicht, Hafis zitierend und einen unerreichbaren Geliebten anflehend. Säuberlich hat der alte, nun nicht mehr persische, nur noch thüringische

Troubadour folglich seiner mondverlobten Marianne diesen letzten lyrischen Beleg seiner treuen Erinnerung in Abschrift übersandt.
Das hilft auch erklären, warum sich am Ende nach aller Finsternisbekämpfung und Reinheitsbeschwörung noch ein euphorisches, ein fast dionysisches Bekenntnis im Wortlaut und im Rhythmus des Gedichts durchsetzt, »überselig«, mit »schmerzlich« beschleunigtem Herzschlag. Damit wird *la luna* doch wieder gerettet als ein weibliches, als ein erotisches Gestirn. In einem der letzten großen Gelegenheitsgedichte Goethes, das also erst vollständig lesbar wird, wenn man die anderen Gelegenheiten kennt, die in ihm wie in einem Resonanzboden mitschwingen.

Der Bräutigam

Um Mitternacht, ich schlief, im Busen wachte
Das liebevolle Herz, als wär' es Tag;
Der Tag erschien, mir war als ob es nachte,
Was ist es mir, so viel er bringen mag?

Sie fehlte ja, mein emsig Tun und Streben
Für sie allein ertrug ich's durch die Glut
Der heißen Stunde, welch erquicktes Leben
Am kühlen Abend! lohnend war's und gut.

Die Sonne sank und Hand in Hand verpflichtet
Begrüßten wir den letzten Segensblick,
Und Auge sprach, in's Auge klar gerichtet:
Von Osten, hoffe nur, sie kommt zurück.

Um Mitternacht der Sterne Glanz geleitet
Im holden Traum zur Schwelle, wo sie ruht.
O sei auch mir dort auszuruhn bereitet,
Wie es auch sei das Leben, es ist gut.

Adolf Muschg

Die nie gelöschte Liebesqual

Bräutigam: ein Stand, gemeinhin, für jüngere Männer, ein Zustand des Harrens und Hoffens an der Schwelle, aber nicht mehr für lange; eine befristete Verfassung, mit der sich ein unbegrenztes Gefühl verbindet – wie paßt das alles zu einem sechsundsiebzigjährigen Dichter?

Er scheint einen Traum zu erzählen, traumhaft bleibt die Syntax des Anfangs in der Schwebe: die Zeitbestimmung »um Mitternacht« läßt einen Hauptsatz erwarten mit Inversion von Subjekt und Prädikat. Aber diese Erwartung verliert sich in der fortgesetzten, gleichsam einer depressiven Optik verfallenen Vergangenheitsform, bis – nach dem Atemstocken des Gedankenstrichs – die Klage, so leise wie überraschend, ins Präsens ausbricht: »Was ist es mir (...)?« Über die Beteuerungen des Verlusts, mit ihrem unverhüllten Beschwörungston, senkt sich wieder der Schein von Zeitferne und wird am Schluß der zweiten Strophe, nicht ganz mühelos, gedämpft zum Ausklang in Versöhnung.

Der Umriß eines verbundenen Paars dämmert herauf, festigt sich in der Wir-Form, die Erinnerung gewinnt schon beinahe erzählende, am Ende der dritten Strophe: dialogische Gegenwart. Aber es ist kein Mund, es ist ein Auge, das zum Auge redet, wie ein »schaffender Spiegel« zum andern, in dem der Reflex der untergehenden Sonne zu einem Du zwischen Mann und Frau, zur Sprache der Hoffnung wird. Wie in Goethes physikalischem Lieblingsphänomen der »entoptischen Farben« »steigert« sich das Leuchten des erwiderten Augen-Blicks in der letzten Strophe zum Glanz der Sterne. Sie bezeichnen einen Raum, in dem die bräutliche Erwartung wohl vergangen, aber nicht verloren ist. Die Mitternacht, zum zweiten Mal zitiert, ist nicht mehr dieselbe: der schmerzhaft-individuellen Reminiszenz antwortet nun eine überpersönliche Erinnerung: danach darf sich der erschütterbare Mensch auch an seiner Grenze in der Gesellschaft einer unerschütterlichen, aber beweglichen Naturordnung wissen.

War das »gut« am Ende der zweiten Strophe noch ein Werk tapferer Fassung gewesen, der man den kurzen Atem anhören kann, so hat der letzte Satz, das letzte Wort des Gedichts den ruhigen Atem der versöhnten Gegensätze. Auch die Todesnähe, findet dieses letzte Wort, wird Nähe bleiben dürfen, gelassene, niemals widerrufbare Nähe zu dem, was wir lieben, in seiner menschlichen Gestalt. Neigung ist alles (sie verbirgt sich im älteren Sinn des abgegriffenen Wortes »hold«); »wir« dürfen uns gleichen Sinnes zum Sterben neigen, wie wir einander zugeneigt gewesen sind.

Das Gedicht folgt bis in Einzelheiten des Wortlauts, wie Ernst Beutler gezeigt hat, Goethes Schilderung des Verlöbnisses mit Lili Schönemann im 17. Buch von »Dichtung und Wahrheit«, an dem er nach 1821 gearbeitet hat. Die Braut von einst war 1817 gestorben; im »Bräutigam« findet sich die »nie gelöschte Liebesqual« des Jahres 1775 ins reine geschrieben. Die »Tränen unglücklicher Liebe«, die er damals gebeten hatte: »trocknet nicht!«, hier fließen sie noch – sie fließen *wieder*, ein halbes Jahrhundert später, unter dem Blick der scheidenden Lebenssonne. Aber diese wird »von Osten« erfrischt zurückkehren; aus jener Gegend also, in der einst der Geselle Herders, später der Dichter des »West-östlichen Divan« die Tiefe des Ursprungs verehren lernte; ein Reich der Erinnerung, in dem der Widerspruch zum allzu menschlichen Vergessen aufgehoben ist wie derjenige zwischen Augenblick und Ewigkeit, zwischen Leben und Kunst.

»Der Bräutigam« wurde zu Lebzeiten Goethes nur einmal, und zwar anonym, veröffentlicht, in einem Privatdruck der Schwiegertochter Ottilie. Der Entwurf des Gedichts findet sich auf der Rückseite eines Manuskriptblattes aus dem »Helena«-Akt, was Lieselotte Blumenthal die wahrscheinliche Datierung auf das Jahr 1824 erlaubte. Aber diese vermag das Geheimnis eines wunderbar stillen Meisterwerks der Lebenskunst nicht zu lüften, über das es keine überlieferte Äußerung Goethes gibt. Es ist »zeitlos« in der Tiefe seines Einverständnisses mit der Vergänglichkeit. Denn es »überwindet« sie nicht, sondern bleibt ihr zugeneigt wie einer schön geformten Muschel, in der das Ohr sein eigenes Rauschen *und* dasjenige des unerschöpflichen Elements vernimmt.

Früh wenn Tal, Gebirg und Garten

Dornburg, September 1828

Früh wenn Tal, Gebirg und Garten
Nebelschleiern sich enthüllen,
Und dem sehnlichsten Erwarten
Blumenkelche bunt sich füllen;

Wenn der Äther, Wolken tragend,
Mit dem klaren Tage streitet,
Und ein Ostwind, sie verjagend,
Blaue Sonnenbahn bereitet;

Dankst du dann, am Blick dich weidend,
Reiner Brust der Großen, Holden,
Wird die Sonne, rötlich scheidend,
Rings den Horizont vergolden.

Reinhard Baumgart

Magie und Vernunft

Dieses Gedicht aus Goethes achtzigstem Lebensjahr begann mich, kaum daß ich es wiedergelesen hatte, Tag und Nacht zu verfolgen. Mindestens die erste Zeile und die letzte, dazu eine Ahnung von dem weiten, hellen Sprachbogen, der von diesem Anfang zu jenem Ende sich spannt – diese drei Elemente tauchten immer wieder unwillkürlich, wie aus einem dämmernden Halbbewußtsein in mir auf. Die Dreistrophenmusik erwies sich als Ohrwurm. Tönt denn irgend etwas aus ihr, was an Schlagerseligkeit erinnern könnte?

Was an diesem Gedicht zuallererst auffällt und berührt, ist tatsächlich seine unüberhörbare C-Dur-Herrlichkeit, ein wahrhaft unverschämtes Positivitätspathos, vorgetragen in einer weitausholenden Sprachgebärde, die drei Strophen in einen einzigen Satz und alle Beobachtungen in einer Verheißung zusammenfaßt. Wir müssen nur genügend »fromm«, wie Goethe gern sagte, die Natur achten und ehren, dann wird sie es auch lohnen. Ein schlichtes, ein großartiges Versprechen, und mit ebenso schlichten wie großartigen Mitteln soll es auch beglaubigt werden. Diesem von Zeile zu Zeile sich unbeirrbar fortpflanzenden hellen Vokalklang ist ja kaum zu widersprechen und zu widerstehen. Ebenso nicht einer Sprachbahn, die viermal in drei Strophen durch die drei Dimensionen raumgreifend hin und her schweift, aus Ferne in Nähe, dann zurück hoch in den Äther und wieder zum betrachtenden

Subjekt und noch einmal hinaus an den Horizont. Aber diese Raumbewegung ist ja auch eine Reise durch die Zeit, von Sonnenaufgang bis Sonnenuntergang, und die vollzieht sich mit so verallgemeinernder Gewalt, daß sich (großartig und schlicht) mehr als nur andeutet: dieser Tageslauf könnte auch Bild eines Lebenslaufs sein, Weltbild und Lebensbild, und was sich ringsum schließlich vergoldet, wäre dann auch ein Lebensabend. Wer spätestens jetzt nicht zu staunen beginnt, ist für die Gedichte des alten Goethe verloren. Wie in denen das Banale und das Feierliche, Konkretes und Moralisches und Rätselhaftes, Magie und Vernunft, einfache, durchsichtige Sprachorganisation und geisterhafte Wirkung sich ineinander verschränken – sehr natürlich und etwas gravitätisch –, das ist nicht nach jedermanns Geschmack, dafür einzigartig. Doch, wie immer bei Goethe, erweitert sich auch dieses Gedicht, wenn man über die Umstände seiner Entstehung etwas erfährt. Denn dort in »Dornburg, September 1828« beschloß er ein zweimonatiges Exil, in das er sich gerettet hatte, gleich nachdem der Freund und Großherzog Karl August gestorben war. Das unausdenklichste, blindeste aller Ereignisse, der Tod, wird in Dornburg Anlaß zu Gedichten – auch »Zum Sehen geboren, zum Schauen bestellt« aus dem letzten »Faust«-Akt ist wahrscheinlich dort entstanden –, die mit weiten, offenen Blicken das Leben feiern als ein kostbares, weil sterbliches Unternehmen, eine Glücksspanne zwischen Lichteinbruch und Dämmerung. – Wir, kaum von sich vergoldenden, eher von sich verdunkelnden Horizonten angezogen wie die Lemminge vom Abgrund, hören solchen Gedichten staunend, ungläubig und wieder staunend zu.

Ihr verblühet, süsse Rosen

Ihr verblühet, süße Rosen,
Meine Liebe trug euch nicht;
Blühtet, ach! dem Hoffnungslosen,
Dem der Gram die Seele bricht!

Jener Tage denk' ich trauernd,
Als ich, Engel, an dir hing,
Auf das erste Knöspchen lauernd
Früh zu meinem Garten ging;

Alle Blüten, alle Früchte
noch zu deinen Füßen trug,
Und vor deinem Angesichte
Hoffnung in dem Herzen schlug.

Ihr verblühet, süße Rosen,
Meine Liebe trug euch nicht;
Blühtet, ach! dem Hoffnungslosen,
Dem der Gram die Seele bricht!

MARTIN LÜDKE

Hoffnungslos glücklich

»Claudius krankt, und Goethe geht mit Heiratsgedanken«, schrieb Ende April 1775 Herder an Hamann. Er irrte, soweit es Goethe betrifft. Goethe ging zwar, doch nicht mit Lili Schönemann, der damals sechzehnjährigen Frankfurter Bankierstochter, zum Traualtar, sondern Anfang Mai bereits mit den Brüdern Stollberg in die Schweiz. Der »Zauber von Lilis Wesen« habe den »Liebenden dergestalt in Banden« gehalten, spekuliert Eckermann, der seinen Goethe ja kannte, noch fünfzig Jahre später so richtig wie paradox, daß »er sich nur durch eine wiederholte Flucht zu retten imstande war«.

Zu retten? Wovor?

Die Rosen verblühen. Schlicht wird dies in den ersten beiden Versen konstatiert: die Liebe, die sie – vielleicht – hätte blühen lassen können, trug sie nicht. Sie blühten, seufzend wird es eingestanden, »ach, dem Hoffnungslosen«, der – wie so oft – verzichtet hat. Das »Lied«, meint Goethe selber, trachte nicht wie noch »Lilis Park« danach, »das Widerwärtige zu erhöhen und durch komisch ärgerliche Bilder das Entsagen in Verzweiflung umzuwandeln«, es drücke »eher die Anmut jenes Unglücks aus«. In dieser Spannung hat Goethe gelebt und aus ihr lebt das Gedicht.

Der äußere Hergang der Ereignisse, deren innere Dramatik sich hier andeutet, ist in »Dichtung und Wahrheit« (Buch 16–20) festgehalten. Dort, ins 19. Buch, ist auch

das Lied aufgenommen und zurückhaltend von ihm kommentiert: »Eine fortwährende Aufregung in glücklicher Liebeszeit, gesteigert durch eintretende Sorge, gab Anlaß zu Liedern, die durchaus nichts Überspanntes, sondern immer das Gefühl des Augenblicks aussprachen.« Und, möchte ich ergänzen, immer auch ein bißchen mehr. Lili Schönemanns Eltern hatten Bedenken gegen die Verbindung. Der Verfasser des »Werther«, der gerade wieder mit einer Satire auf die Rezensenten dieses Buches für neuerliche Aufregung gesorgt hatte, entsprach nicht ihren Vorstellungen eines Schwiegersohnes. Auch Goethes Vater war, aus anderen Gründen, abgeneigt. Nur das Brautpaar schien sich sicher. Goethe sagt, noch im März 1830, immerhin fünfundfünfzig Jahre später: »Ich wäre stolz gewesen, es der ganzen Welt zu sagen, wie sehr ich sie geliebt; und ich glaube, sie wäre nicht errötet zu gestehen, daß meine Neigung erwidert wurde.« Und Goethe gesteht Eckermann sogar: »Sie war in der Tat die erste, die ich tief und wahrhaftig liebte. Auch kann ich sagen, daß sie die letzte gewesen; denn alle kleinen Neigungen, die mich in der Folge meines Lebens berührten, waren, mit jener ersten verglichen, nur leicht und oberflächlich.« Er sei, behauptet Goethe, seinem »eigentlichen Glück nie so nahe gewesen als in der Zeit jener Liebe zu Lili.«
Die äußerlichen Hindernisse wären, das hat er immer gewußt, aus dem Weg zu räumen gewesen. Warum dann das Glück, das so nahelag, ausschlagen?
Die Goethe-Forschung, die mittlerweile erschöpfende Auskunft über jeden seiner Tage geben kann, versucht oft genug, uns auf eine biographische Fährte zu locken. Wir können sogar, mit K. R. Eissler, über Goethes Beziehung

zu seiner Schwester Cornelia spekulieren (die sich tatsächlich schroff gegen Lili gewandt hatte); wir können uns an den Vermutungen über Goethes Impotenz begeistern; wir können also, kurz gesagt, die schlichte Schönheit dieser Verse auf die privaten Probleme ihres Verfassers reduzieren.

Eine andere Lesart scheint mir ergiebiger. Trauer, Wehmut und Hoffnung, die festgehalten in den beiden mittleren Strophen, bleiben auf die Spannung der ersten und vierten Strophe bezogen (die wiederum miteinander identisch sind). Zwischen der Feststellung »Ihr verblühet, süße Rosen« und dem Seufzer »Blühtet, ach! dem Hoffnungslosen« ist das Rätsel dieses Gedichts eingeschlossen, die ganze »Anmut jenes Unglücks«. Hier muß eine (wohlverstanden) spekulative Deutung ansetzen. Denn hier wird das Allgemeine konkret: die Einsicht, daß ein Glück, das handgreiflich nahe liegt, sich unendlich weit entfernt, wenn man es zu greifen sucht. »Nur um der Hoffnungslosen willen«, schrieb Walter Benjamin am Ende seines Essays über die »Wahlverwandtschaften«, »ist uns die Hoffnung gegeben.« Das Glück, von dem diese Verse künden, blühte nur dem Hoffnungslosen.

»Lili, adieu«, schrieb Goethe in sein Tagebuch, als er, wenige Monate später, nach Weimar ging, »es hat sich entschieden«. Vielleicht hat die Einsicht, daß wir das Bild (auch) des (künftigen) Glücks stets aus der Vergangenheit beziehen (müssen), zu dieser Entscheidung mit beigetragen.

Vermächtnis

Kein Wesen kann zu nichts zerfallen,
Das Ew'ge regt sich fort in allen,
Am Sein erhalte dich beglückt!
Das Sein ist ewig, denn Gesetze
Bewahren die lebend'gen Schätze
Aus welchen sich das All geschmückt.

Das Wahre war schon längst gefunden,
Hat edle Geisterschaft verbunden,
Das alte Wahre fass' es an.
Verdank' es, Erdensohn, dem Weisen
Der ihr die Sonne zu umkreisen,
Und dem Geschwister wies die Bahn.

Sofort nun wende dich nach innen,
Das Zentrum findest du da drinnen
Woran kein Edler zweifeln mag.
Wirst keine Regel da vermissen,
Denn das selbstständige Gewissen
Ist Sonne deinem Sittentag.

Den Sinnen hast du dann zu trauen,
Kein Falsches lassen sie dich schauen
Wenn dein Verstand dich wach erhält.
Mit frischem Blick bemerke freudig,
Und wandle, sicher wie geschmeidig,
Durch Auen reichbegabter Welt.

Genieße mäßig Füll' und Segen,
Vernunft sei überall zugegen
Wo Leben sich des Lebens freut.
Dann ist Vergangenheit beständig,
Das Künftige voraus lebendig,
Der Augenblick ist Ewigkeit.

Und war es endlich dir gelungen,
Und bist du vom Gefühl durchdrungen:
Was fruchtbar ist allein ist wahr;
Du prüfst das allgemeine Walten,
Es wird nach seiner Weise schalten,
Geselle dich zur kleinsten Schar.

Und wie von Alters her, im stillen,
Eine Liebewerk, nach eignem Willen,
Der Philosoph, der Dichter schuf;
So wirst du schönste Gunst erzielen:
Denn edlen Seelen vorzufühlen
Ist wünschenswertester Beruf.

Eckhard Heftrich

Die kleine Schar der wahrhaft Edlen

Von Eckermann ist unterm 12. Februar 1829 überliefert, Goethe habe das frisch entstandene Gedicht »als Widerspruch der Verse: ›Denn alles muß zu nichts zerfallen, wenn es im Sein beharren will‹, geschrieben, welche dumm sind und welche meine Berliner Freunde bei Gelegenheit der Naturforschenden Versammlung zu meinem Ärger in goldenen Buchstaben ausgestellt haben«. Gewiß hat Goethe nicht die Schlußverse seines Gedichtes von 1821 »Eins und Alles« für dumm erklären wollen, die Verstimmung galt der isolierenden Verkürzung. Aber der Ärger hat wohl ein schlummerndes Bedürfnis geweckt, der Summe der Welt- und Naturanschauung von 1821 eine weitere folgen zu lassen.
Die aus der Antike übernommene Wendung »Eins und Alles« war ein Leitwort nicht nur der Dichter, sondern auch der Philosophen der klassischen Epoche der Deutschen, und Goethe diente es dazu, die Entelechie als Kraft des Umschaffens von Geschaffenem, als die im vergänglichen einzelnen wirkende ewige Gestaltungsmacht zu verherrlichen. Dem großgearteten Titel »Eins und Alles« durfte nun kein geringerer folgen, sollte die Waage ins Gleichgewicht kommen, und so wählte Goethe statt einer umfassenden Formel jenes Wort, in dem auch steckt, daß dem Individuum über dessen Tod hinaus sein Selbstbestimmungsrecht gewahrt bleibt.
Denn ein Vermächtnis ist die letztwillige Verfügung über

die Besitzverteilung an die Erben. Was der Dichter in diesem poetischen Testament den edlen Seelen vermacht, sind wiederum Einsichten in das Ganze, hier »das All« genannt. Es heißt auch »das Ewge«. Daß es sich fort in allen regt, hatte bereits der drittletzte Vers von »Eins und Alles« verkündet. Das Sein ist als das Ewige sowenig nur Schein und Täuschung wie das sich Regende, also beständig sich Wandelnde. Das Wunder der Metamorphose liegt darin, daß Sein und Werden nicht im Gegensatz von wahr und falsch zueinander stehen, sondern das Sein als Werden geschieht und dergestalt ewig ist.

Das Geheimnis des Werdens im Sein offenbart sich in den Gesetzen der Natur, deren Erkenntnis als das – freilich eher verborgene – alte Wahre das eigentliche Vermächtnis des Geistesadels bleibt. Zur Schar der wahrhaft Edlen, die der Zahl nach die kleinste ist, obwohl sie sich aus den Weisen der Jahrtausende rekrutiert, gehören auch jene, die das Gesetz der Gestirnbahnen, das schon die Antike geahnt, entdeckt haben. Der eine Weise, er heiße nun Kopernikus oder Kepler, steht für die Wiederholung einer wirklichen Umwälzung der Denk- und Sehgewohnheit. Sie soll jedoch nicht durch die Verleugnung der Anschauung zu gewinnen sein: »faß es an!«

Wenn dann nach dem Blick auf den gestirnten Himmel die Wendung nach innen gefordert wird, meint man zunächst, Goethe dichte nur Kant nach, zumal er vom selbständigen Gewissen redet. Aber ist das »da drinnen« zu findende »Zentrum« wirklich mit dem moralischen Gesetz in uns identisch? Hat Goethe hier, wie übrigens auch wenn er das Vertrauen in die Sinne mit der Wachheit des Verstandes verbindet, nicht vielmehr in der Annäherung an Kant diesen sich anverwandelt, ja einverleibt? Sein Liebeswerk nach eigenem Willen bleibt stets das des Dichters, auch wenn er das eines Philosophen gelten läßt. Wo dieser kritisch und streng zu scheiden versucht, sieht er Entsprechungen und läßt gar, provokatorisch genug, das Wahre vom Fruchtbaren bedingt sein.

So ist zwar auch die Sonne, die da über einer reichen Welt des sich an sich selbst erfreuenden Lebens aufgeht, die alte Sonne Platos, aber sie scheint nicht »bleich, nordisch, königsbergisch«; eine Götzendämmerung findet nicht statt. Darum ist der Augenblick, der Kairos, der den Griechen ein Gott war, hier wieder »Ewigkeit«. Einsichten solcher Art sind offenbare Geheimnisse, bleiben aber den Weisen vorbehalten. Wer zu ihnen gehört, hat seine Genossen nicht in der Zeit, sondern in der Vergangenheit und in der Zukunft.

Zu jeder Idee dieses Gedichtes finden sich zahlreiche Parallelen in Goethes Schriften, zumal in den naturwissenschaftlichen. Dennoch ist »Vermächtnis« weder ein Ideen- noch ein Gedankengedicht. Allenfalls darf man es zur Spruchdichtung zählen, aber nur, wenn man dieser uralten und stets von der Abstraktion bedrohten Gattung zugesteht, daß in ihr die Musikalität der Verse lebendig hält, was sich in Maximen oder Reflexionen nur bei einem starken Verlust von Sinnenhaftem fixieren läßt. Der wahre Zauber liegt im Rhythmus, gerade wenn er so unaufdringlich wie hier allein der Aussage zu dienen scheint.

Lynkeus der Türmer

Zum Sehen geboren,
Zum Schauen bestellt,
Dem Turme geschworen,
Gefällt mir die Welt.
Ich blick' in die Ferne,
Ich seh' in die Näh'
Den Mond und die Sterne,
den Wald und das Reh.
So seh ich in allen
Die ewige Zier,
Und wie mir's gefallen,
Gefall ich auch mir.
Ihr glücklichen Augen,
Was je ihr gesehn,
Es sei wie es wolle,
Es war doch so schön!

Gerhard Kaiser

Naturlyrik und Praxis

In der Lyrik des Straßburger Studenten und Frankfurter Advokaten geht Natur in Seele auf wie Seele in Natur. In dem objektivierenden Gedicht des alten Goethe ist diese Identifizierung auf ihren Ermöglichungsgrund durchsichtig gemacht. Die Welt wird erblickt, weil ein zum Sehen geborenes Ich da ist, dessen Gefallen an der Welt mit seinem Gefallen an sich zusammenfällt. Der vierfachen Nennung von Naturphänomenen: Mond und Sterne, Wald und Reh, entspricht eine vierfache Setzung des Personalpronomens »Ich« und eine vierfache, fast emphatische Wiederholung von Formen des Verbs »sehen«. Einfacher läßt sich die Korrespondenz von Selbst- und Weltwahrnehmung kaum aussprechen.

Ist das Weltverhältnis des Sturm und Drang nicht zurückgenommen, so klingt auch dessen Sprache in der Objektivität dieses lyrischen Sprechens untergründig nach. Der Sprechrhythmus der zweihebigen Jambenverse ist so nahe beim Metrum, daß in ihnen, verstärkt durch Wortwiederholungen und Binnenreime, Spruch und Lied zu einem fast monotonen, beschwörenden Singsang verschmelzen. Die unreinen Reime (Näh' und Reh, gesehn und schön) sind dem Volkslied abgehört. Die evokativen Schlüsselwörter Ferne und Näh', Mond und Sterne, Wald und Reh erinnern in ihrer Schlichtheit an Matthias Claudius. Singend schwingt das Ich im Rhythmus einer ruhend bewegten Welt freien Einklangs. Sein Leben formelhaft resümierend, spricht es eine Art Weltformel aus. Gibt das Gedicht wirklich eine Welt- und Lebensformel? Es ist Rollenlied des Türmers Lynkeus im fünften Akt von »Faust II«, das in aller lyrischen Stimmung exakt die Voraussetzung seines Wohlgefallens an der Welt nennt: Dem Turme geschworen gefällt ihm die Welt. Wer auf dem Turme ist, muß nicht im Elfenbeinturm sitzen; er kann Signale in die Handlungswelt geben, aber er handelt nicht mit.

Das Lied zieht nicht eine Summe von Welterfahrung, sondern – exakt – von Weltanschauung. Daß es das sagt, macht in seiner zeitüberdauernden Schönheit seine zeitübergreifende, Bibliotheken schöner Naturlyrik hinter sich lassende Modernität aus. Die im Anschauen der Natur erscheinende freie Harmonie der Welt bekennt sich als *Bild* von Versöhnung, nicht Praxis. Wie ist auch hier die Welt so stille, so traulich und so hold; aber sie ruht nicht mehr, wie bei Claudius, in der Hand des christlichen Vatergottes, sondern in der Kunst, in der das Schöne selig in ihm selbst scheint. Das Moment des schönen Scheins in der Naturharmonie ist in einer radikalen Selbstkritik des anschauenden Weltverhältnisses, das in der Kunst kulminiert, ausgegraben und aufgehoben

Während Lynkeus geistig in einer freien Natur spazierengeht, die sein Gesang in tiefer Nacht vergegenwärtigt, haben Mephistopheles und seine Gesellen faktisch ein fürchterliches Zerstörungswerk begonnen, in dem sich die Konsequenzen eines entfesselten Willens zur Naturbeherrschung zeigen, wenn die herrlichen alten Linden verglühen, die eine naturhaft-idyllische Lebenssphäre überwölbten. Das ist der Anfang vom Ende eines technischen Großunternehmens der Kolonisation. Indem Faust die industriellen Reservearmeen des 19. Jahrhunderts zur Verwirklichung herbeizupressen befiehlt, vergoldet es sich ihm trügerisch in der utopischen Vision eines freien, durch »Gemeindrang« regulierten Volkes.

Die Vision des blind handelnden Faust kontrastiert zum Lied des tatenlos sehenden Lynkeus, wie Illusion und Kunst kontrastieren. Das Gedicht ist so eingebunden in eine dramatische Szenenfolge von abgründiger Ironie, aber sie entwertet es nicht. Wäre in der modernen Welt die Kunst nicht mit ihren Bildern und Gegenbildern des Schönen, könnte in der Praxis nicht gewußt werden, was Versöhnung ist. Das Schöne fordert das Gute ein, an dem sich Praxis messen lassen muß. Noch ungehört spricht es vom Unerhörten.

Bibliographische Notiz

›Im Atemholen‹ wurde zitiert nach: *Goethes Gedichte in zeitlicher Folge.* Herausgegeben von Heinz Nicolai. Insel Verlag Frankfurt am Main 1982.

›Freudvoll und leidvoll‹ und ›Lynkeus der Türmer‹ wurden zitiert nach der Ausgabe: Johann Wolfgang von Goethe: *Werke.* Hamburger Ausgabe in 14 Bänden. Herausgegeben von Erich Trunz. Verlag C. H. Beck, München 1982.

Die Gedichte aus dem ›West-östlichen Divan‹ wurden zitiert nach: Johann Wolfgang Goethe, *West-östlicher Divan.* Herausgegeben von Hans-J. Weitz. Insel Verlag Frankfurt am Main 1974.

Alle übrigen Gedichte dieses Bandes wurden nach der Frankfurter Ausgabe der Werke Goethes zitiert: Johann Wolfgang Goethe, *Gedichte 1756-1799* und *Gedichte 1800-1832.* Herausgegeben von Karl Eibl. Deutscher Klassiker Verlag, Frankfurt am Main 1987/1988.

Bibliographische Notiz

[illegible]

[illegible]

[illegible]

[illegible]

Alphabetisches Verzeichnis der Überschriften und Gedichtanfänge

Abschied . . . 265
Ach, daß die innre Schöpfungskraft . . . 83
Alles kündet Dich an . . . 281
Als Allerschönste . . . 448
Am 28. August 1826 . . . 415
Amerika, du hast es besser . . . 452
An Charlotte v. Stein . . . 170
An den Mond (Schwester vor dem ersten Licht) . . . 25
An den Mond (Füllest wieder Busch und Tal) . . . 109
An Fanny Caspers . . . 356
An Madame Marie Szymanowska . . . 411
An Mignon . . . 230
An Schwager Kronos . . . 78
An Ulrike von Levetzow . . . 407
Anakreons Grab . . . 162
Arm am Beutel . . . 225
Aus den Gruben, hier im Graben . . . 424
Bei Betrachtung von Schillers Schädel . . . 420
Bei Mondeschein im Paradeis . . . 335
Da hatt ich einen Kerl . . . 55
Dämmrung senkte sich von oben . . . 440
Das Beet schon lockert sich's . . . 371
Das Mädchen spricht . . . 273
Das Sonett . . . 239
Das Veilchen . . . 59
Das Wasser rauscht' . . . 114
Dauer im Wechsel . . . 243

Dem aufgehenden Vollmonde 460
Dem Schnee, dem Regen 101
Den Vereinigten Staaten 452
Der Bräutigam 464
Der Chinese in Rom 221
Der du von dem Himmel bist 98
Der Fischer 114
Der Kaiserin Becher 277
Der König in Thule 68
Der Guckuck wie die Nachtigall 436
Der Park 141
Der Sänger 145
Der Schatzgräber 225
Der untreue Knabe 63
Des Menschen Seele 123
Des Menschen Tage 415
Dich, klein geblümt Gefäß 277
Die Jahre nahmen dir 380
Die Leidenschaft bringt Leiden 411
Die Liebende abermals 269
Die Nebel zerreißen 204
Die wandlende Glocke 285
Die Wanderjahre sind nun angetreten 395
Diese Richtung ist gewiß 399
Dieses Baums Blatt 348
Du Schüler Howards 407
Du siehst so ernst, Geliebter 273
Eigentum 294
Ein grauer trüber Morgen 29
Ein Strom entrauscht 261
Ein Veilchen auf der Wiese stand 59

Einen Chinesen sah ich 221
Eines ist mir verdrießlich 188
Eins und Alles 403
Epirrhema 384
Erlkönig 136
Es ist gut 335
Es klingt so prächtig 360
Es schlug mein Herz 33
Es war ein Kind 285
Es war ein Knabe 63
Es war ein König 68
Euch bedaur' ich 132
Fetter grüne, du Laub' 87
Frankreichs traurig Geschick 192
Freudvoll und leidvoll 158
Froh empfind ich mich 177
Früh wenn Tal, Gebirg und Garten 468
Frühling über's Jahr 371
Füllest wieder Busch und Tal 109
Ganymed 73
Gedichte sind gemalte Fensterscheiben 428
Gefunden 290
Gegenwart 281
Gesang der Geister über den Wassern 123
Getretner Quark 309
Gib mir 297
Gingo biloba 348
Glückliche Fahrt 204
Grenzen der Menschheit 118
Grün ist der Boden der Wohnung 200
Harfenspieler 150

Hast du nicht gute Gesellschaft gesehn? 196
Hatem/Suleika (Nicht Gelegenheit macht Diebe) . . 339
Heidenröslein 47
Herbstgefühl 87
Herbstlich leuchtet die Flamme 181
Herrin! sag' was heißt 352
Heute hast du gut 327
Hielte diesen frühen Segen 243
Hoffnung 94
Ich denke dein 217
Ich ging im Walde 290
Ich weiß, daß mir nichts angehört 294
Ihr verblühet, süße Rosen 471
Im Atemholen 301
Im Dorfe war ein groß Gelag 392
Im ernsten Beinhaus 420
Im Gegenwärtigen Vergangnes 317
Im Grenzenlosen sich zu finden 403
Im Namen dessen 367
In einer Stadt einmal 356
Kennst du das Land 154
Kein Wesen kann zu nichts zerfallen 475
Kleine Blumen, kleine Blätter 38
Künstlers Abendlied 83
Lesebuch 364
Lynkeus der Türmer 480
Mächtiges Überraschen 261
Mailied 42
Meeres Stille 208
Mignon (Kennst du das Land) 154
Mignon (Nur wer die Sehnsucht kennt) 166

Mit des Bräutigams Behagen . . . 248
Mit einem gemalten Band . . . 38
MorgenNebel, Lila . . . 50
Müsset im Naturbetrachten . . . 384
Nachklang . . . 360
Nachtgedanken . . . 132
Nachtgesang . . . 253
Nähe des Geliebten . . . 217
Natur und Kunst . . . 235
Neugriechische Liebe-Skolie . . . 399
Nicht Gelegenheit macht Diebe . . . 339
Nicht mehr auf Seidenblatt . . . 456
Nun weiß man erst . . . 444
Nur wer die Sehnsucht kennt . . . 166
O! gib, vom weichen Pfühle . . . 253
Phänomen . . . 313
Philine . . . 212
Pilgers Morgenlied . . . 50
Prooemion . . . 367
Rastlose Liebe . . . 101
Rezensent . . . 55
Ritter Curts Brautfahrt . . . 248
Ros' und Lilie morgentaulich . . . 317
Sag was könnt' uns Mandarinen . . . 432
Saget, Steine, mir an . . . 174
Sagt es niemand . . . 322
Sah ein Knab' ein Röslein stehn . . . 47
Schaff, das Tagwerk . . . 94
Schenke . . . 327
Schwester vor dem ersten Licht . . . 25
Selige Sehnsucht . . . 322

Sich in erneutem Kunstgebrauch 239
Singet nicht in Trauertönen 212
Spude dich Kronos 78
Suleika 344
Tiefe Stille herrscht 208
Trocknet nicht, trocknet 91
Über allen Gipfeln ist Ruh' 128
Über Tal und Fluß getragen 230
Um Mitternacht (Um Mitternacht ging ich) 376
Um Mitternacht, ich schlief 464
Und doch haben sie recht 331
Vermächtnis 475
Versunken 305
Voll Locken kraus ein Haupt 305
Vollmondnacht 352
Von wem ich's habe 105
Vor Gericht 105
Wandersegen 395
Wandrers Nachtlied (Der du von dem Himmel bist) 98
Wandrers Nachtlied (Über allen Gipfeln) 128
Warum ich wieder zum Papier 269
Was bedeutet die Bewegung 344
Was hör' ich draußen 145
Was Völker sterbend hinterlassen 257
Welch ein himmlischer 141
Wenn der uralte 118
Wenn du am breiten Flusse wohnst 388
Wenn zu der Regenwand 313
Wer nie sein Brod 150
Wer reitet so spät 136
War unersättlich 265

Wie im Morgenglanze 73
Wie herrlich leuchtet 42
Willkommen und Abschied 33
Willst du mich sogleich verlassen 460
Wink 331
Wo die Rose hier blüht 162
Woher sind wir geboren 170
Wonne der Wehmut 91
Wunderlichstes Buch der Bücher 364
Zünde mir Licht an 185
Zum Sehen geboren 480

Verzeichnis der Interpreten

Thomas Anz, geboren 1948 in Göttingen, ist Professor für Neuere Deutsche Literatur und Literaturvermittlung an der Universität Marburg. Er veröffentlichte unter anderem: »Literatur der Existenz im Expressionismus« (1977), »Expressionismus. Manifeste und Dokumente« (1982), »Gesund oder krank? Medizin, Moral und Ästhetik in der Gegenwartsliteratur« (1989), »Franz Kafka« (1989), »Es geht nicht um Christa Wolf« (1992) und »Literatur und Lust« (1998).

Rudolf Jürgen Bartsch, geboren 1921 in Köslin/Pommern, lebt als freier Schriftsteller und Schauspieler in Köln. Er veröffentlichte erzählende Prosa in Anthologien und den Roman »Krähenfang« (1964).

Reinhard Baumgart, geboren 1929 in Breslau, lebt als freier Schriftsteller in München. Er veröffentlichte unter anderem »Literatur für Zeitgenossen« (1966), »Aussichten des Romans« (1968), »Glücksgeist und Jammerseele«, Essays (1986) und »Selbstvergessenheit. Drei Wege zum Werk: Thomas Mann, Franz Kafka, Bertolt Brecht« (1989).

Hans Bender, geboren 1919 in Mühlhausen/Kraichgau, lebt in Köln. Er war von 1954 bis 1980 Mitherausgeber der Zeitschrift »Akzente« und veröffentlichte unter anderem die Erzählungsbände »Wölfe und Tauben« (1957), »Mit dem Postschiff« (1962) und »Bruderherz« (1987), den Roman »Wunschkost« (1959), den Sammelband »Worte Bilder Menschen« (1959) sowie die Aufzeichnungen »Einer von ihnen« (1979).

Horst Bienek, geboren 1930 in Gleiwitz, starb 1990 in München. Er veröffentlichte Gedichte (»Gleiwitzer Kindheit«, 1976), Romane (»Die Zelle«, 1968, »Die erste Polka«, 1975, »Septemberlicht«, 1977, »Zeit ohne Glocken«, 1979 und »Erde und Feuer«, 1982), sowie essayistische Arbeiten (»Bakunin, eine Intervention«, 1976) und »Das allmähliche Ersticken von Schreien, Sprache im Exil und heute« (1987).

Günther Blöcker, geboren 1913 in Hamburg, lebt in Berlin. Er ist Literaturkritiker und Essayist. Hauptwerke: »Die neuen Wirklichkeiten« (1957), »Heinrich von Kleist oder Das absolute Ich« (1960), »Kritisches Lesebuch« (1962) und »Literatur als Teilhabe« (1966).

Elisabeth Borchers, geboren 1926 in Homberg am Niederrhein, lebt in Frankfurt am Main. Sie veröffentlichte unter anderem: »Gedichte« (1961), »Der Tisch an dem wir sitzen« (1967), »Eine glückliche Familie und andere Prosa« (1970), »Gedichte« (1976), »Wer lebt« (1986), »Von der Grammatik des heutigen Tages« (1992) und »Was ist die Antwort« (1998).

Hanspeter Brode, geboren 1940 in Ludwigshafen, lebt dort. Er veröffentlichte unter anderem: »Benn-Chronik« (1978), »Günter Grass. Autorenbuch« (1979) und »Deutsche Lyrik – eine Anthologie« (1990).

Karl Otto Conrady, geboren 1926 in Hamm/Westfalen, war Professor für Neuere Deutsche Literaturwissenschaft an der Universität Köln. Er veröffentlichte unter anderem: »Lateinische Dichtungstradition und deutsche Lyrik des 17. Jahrhunderts« (1962), »Literatur und Germanistik als Herausforderung« (1974), »Goethe. Leben und Herausforderung« (1974) und »Goethe. Leben und Werk« (1982/1985).

Peter Demetz, geboren 1922 in Prag. Er ist Professor für Germanistik und vergleichende Literaturwissenschaft an der Yale University in New Haven (USA). Hauptwerke: »Rene Rilkes Prager Jahre« (1953), »Marx, Engels und die Dichter« (1959), »Formen des Realismus – Theodor Fontane« (1964), »Die süße Anarchie« (1970), »Worte in Freiheit: Der italienische Futurismus und die deutsche literarische Avantgarde« (1990) und »Prag in Schwarz und Gold« (1998).

Friedrich Dieckmann, geboren 1937 in Landsberg, lebt in Berlin. Er veröffentlichte unter anderem: »Streifzüge« (1977), »Theaterbilder« (1979), »Richard Wagner in Venedig« (1983), »Hilfsmittel wider die alternde Zeit« (1990), »Die Geschichte Don Giovannis« (1991) »Glockenläuten und offene Fragen« (1991), »Vom Einbringen« (1992), »Temperatursprung« (1995), »Der Irrtum des Verschwindens« (1996) und »Franz Schubert« (1996).

Hilde Domin, geboren 1909 in Köln, lebt in Heidelberg. Zu ihren Hauptwerken gehören die Gedichtsammlungen »Nur eine Rose als Stütze« (1959), »Rückkehr der Schiffe« (1962), »Hier« (1964), »Ich will dich« (1970) und die Prosabücher »Wozu Lyrik heute« (1968), »Das zweite Paradies« (1968, 1986), »Von der Natur nicht vorgesehen. Autobiographisches« (1974), »Aber die Hoffnung. Autobiographisches aus und über Deutschland« (1982).

Joachim C. Fest, geboren 1926 in Berlin, lebt in Kronberg bei Frankfurt am Main. Er war von 1973-1994

Mitherausgeber der »Frankfurter Allgemeinen Zeitung«. Zu seinen Veröffentlichungen gehören die Bücher »Das Gesicht des Dritten Reiches« (1963), »Hitler« (1973), »Aufgehobene Vergangenheit« (1981), »Die unwissenden Magier. Über Thomas und Heinrich Mann« (1985) und »Im Gegenlicht. Eine italienische Reise« (1988).

WALTER HELMUT FRITZ, geboren 1929 in Karlsruhe, lebt dort. Er ist Lyriker und Erzähler und veröffentlichte unter anderem die Bände »Cornelias Traum und andere Aufzeichnungen« (1985), »Immer einfacher, immer schwieriger« (1987) »Zeit des Sehens« (1989), »Die Schlüssel sind vertauscht« (1992), »Gesammelte Gedichte 1979-1994« (1994) und »Das offene Fenster« (1997).

WERNER FULD, geboren 1947 in Heidelberg, lebt in Inning/Ammersee. Er veröffentlichte unter anderem die Biographien Walter Benjamins (»Zwischen den Stühlen«, 1979) und Wilhelm Raabes (1993) sowie die Erzählung »Als Kafka noch die Frauen liebte« (1994).

GERTRUD FUSSENEGGER, geboren 1912 in Pilsen, lebt in Leonding/Oberösterreich. Sie schreibt Romane, Erzählungen, Essayistisches und Dramatisches. Hauptwerke sind »Die Pulvermühle« (1969), »Maria Theresia« (1980), »Sie waren Zeitgenossen« (1983), »Nur ein Regenbogen« (1987) und »Herrscherinnen« (1991).

ROBERT GERNHARDT, geboren 1937 in Reval/Estland, lebt als Zeichner und Autor in Frankfurt am Main, veröffentlichte unter anderem »Ich Ich Ich« (1982), »Kippfigur« (1986), »Körper in Cafés« (1987) und »Was gibt's denn da zu lachen?« (1988), »Gedanken zum Gedicht«

(1990), »Lug und Trug« (1991), »Wege zum Ruhm« (1996), »Lichte Gedichte« (1997) und »Klappaltar« (1998).

Ulla Hahn, geboren 1946 im Sauerland, lebt als Schriftstellerin in Hamburg. Sie veröffentlichte die Gedichtbände »Herz über Kopf« (1981), »Spielende« (1983), »Freudenfeuer« (1985), »Unerhörte Nähe« (1988), »Liebesgedichte« (1993), »Epikurs Garten« (1995) und »Galileo und zwei Frauen« (1997) sowie den Roman »Ein Mann im Haus« (1991).

Peter Härtling, geboren 1933 in Chemnitz, lebt in Walldorf bei Frankfurt am Main. Er veröffentlichte Romane, Gedichte und Kinderbücher, unter anderem: »Niembsch oder Der Stillstand« (1964), »Janek« (1966), »Eine Frau« (1974), »Hölderlin« (1976), »Die dreifache Maria« (1982), »Das Windrad« (1983), »Waiblingers Augen« (1987), »Der Wanderer« (1988), »Die Gedichte 1953-1987« (1989) und »Herzwand« (1990).

Ludwig Harig, geboren 1927 in Sulzbach/Saarland, lebt dort. Er veröffentlichte unter anderem: »Sprechstunden« (1971), »Die saarländische Freude« (1977), »Rousseau« (1978), »Der kleine Brixius« (1980), »Trierer Spaziergänge« (1983), »Ordnung ist das ganze Leben« (1986), »Weh dem, der aus der Reihe tanzt« (1990), »Die Hortensien der Frau von Roselius« (1992), »Der Uhrwerker von Glarus« (1993) und »Wer mit den Wölfen heult, wird Wolf« (1996).

Harald Hartung, geboren 1932 in Herne, lehrt an der TU Berlin deutsche Sprache und Literatur. Er veröffentlichte die Darstellungen »Experimentelle Literatur und konkrete Poesie« (1975) und »Deutsche Lyrik seit 1965« (1985) sowie die Lyrikbände »Hase und Hegel« (1970), »Reichsbahngelände« (1974), »Das gewöhnliche Licht« (1976), »Augenzeit« (1978) und »Traum im Deutschen Museum« (1986).

Eckhard Heftrich, geboren 1928 in Stockach/Bodensee, ist Professor em. für Neuere Deutsche Literatur und Vergleichende Literaturwissenschaft an der Universität Münster. Er veröffentlichte unter anderem: »Nietzsches Philosophie« (1962), »Stefan George« (1968), »Novalis« (1969), »Zauberbergmusik. Über Thomas Mann – Bd. 1« (1975), »Lessings Aufklärung. Zu den theologisch-philosophischen Spätschriften« (1977), »Vom Verfall zur Apokalypse. Über Thomas Mann – Bd. 2« (1982) und »Musil« (1986) sowie »Geträumte Taten – Über Thomas Mann, Bd. 3« (1993).

Jochen Hieber, geboren 1951 in Aalen/Württemberg, lebt in Stornfels/Vogelsberg. Ab 1983 in der »Frankfurter Allgemeinen Zeitung«, zuerst in der Literaturredaktion, seit 1994 in der Wochenendbeilage »Bilder und Zeiten«. Er veröffentlichte unter anderem den Band »Wörterhelden, Landvermesser. Aufsätze und Kritiken« (1994).

Walter Hinck, geboren 1922 in Selsingen/Niedersachsen, ist Professor für Deutsche Literatur an der Universität Köln. Er veröffentlichte unter anderem: »Das moderne Drama in Deutschland« (1973), »Goethe – Mann des Theaters« (1982), »Theater der Hoffnung« (1988), »Die Wunde Deutschland. Heinrich Heines Dichtung« (1990) und »Magie und Tagtraum. Das Selbstbild des Dichters in der deutschen Lyrik« (1994).

Rolf Hochhuth, 1931 in Eschwege geboren, lebt als freier Schriftsteller bei Basel. Er veröffentlichte unter anderem die Dramen »Der Stellvertreter« (1963), »Soldaten« (1967), »Ärztinnen« (1980) und »Judith« (1984) sowie den Roman »Eine Liebe in Deutschland« (1978).

Jürgen Jacobs, geboren 1936 in Aachen, ist Professor für Neuere Deutsche Literatur an der Bergischen Universität in Wuppertal. Er veröffentlichte unter anderem Bücher zu Wieland (1969) und zum Bildungsroman (1972), ferner »Prosa der Aufklärung« (1976), »Der deutsche Schelmenroman« (1983), »Lessing« (1986) und »Don Quijote in der Aufklärung« (1992).

Ernst Jandl, geboren 1925 in Wien, lebt dort. Er veröffentlichte unter anderem die Lyrikbände »Andere Augen« (1956), »Laut und Luise« (1966), »der künstliche baum« (1970), »dingfest« (1973), »die bearbeitung der mütze« (1978), »der gelbe hund« (1980), »selbstporträt des schachspielers als trinkende uhr« (1983), »Ottos Mops hopst« (1988) und »Idyllen« (1989), das Theaterstück »Aus der Fremde« (1980) sowie die Poetikvorlesungen »Das Öffnen und Schließen des Mundes« (1985).

Hans Robert Jauss, geboren 1921 in Göppingen/Württemberg, gestorben 1997 in Konstanz. Er war Professor für Literaturwissenschaften an der Universität Konstanz, veröffentlichte unter anderem die Bücher »Literaturgeschichte als Provokation der Literaturwissenschaft« (1967), »Kleine Apologie der ästhetischen Erfahrung« (1972) und »Ästhetische Erfahrungen und literarische Hermeneutik« (1977).

Walter Jens, geboren 1923 in Hamburg, war Professor für Rhetorik an der Universität Tübingen. Er veröffentlichte Romane, Essays, Fernsehspiele und Theaterstücke, unter anderem: »Nein – Die Welt der Angeklagten« (1950), »Von deutscher Rede« (1966), »Republikanische Reden« (1976), »Eine deutsche Universität. 500 Jahre Tübinger Gelehrtenrepublik« (1977), »Ort der Handlung ist Deutschland« (1981), »Kanzel und Katheder« (1983) und »Juden und Christen in Deutschland« (1989).

Gerhard Kaiser, geboren 1927 in Tannroda/Thüringen, war Professor für Neue Deutsche Philologie und Literaturwissenschaft an der Universität Freiburg. Er veröffentlichte unter anderem: »Wandrer und Idylle« (1977), »Von Arkadien nach Elysium« (1978), »Gottfried Keller. Das gedichtete Leben« (2. Auflage 1987), »Augenblicke deutscher Lyrik« (4. Auflage 1991), »Geschichte der deutschen Lyrik von Goethe bis zur Gegenwart«, Band I: »Von Goethe bis Heine« (1988), »Mutter Natur und die Dampfmaschine« (1991).

Joachim Kaiser, geboren 1928 in Milken/Ostpreußen, ist Redakteur bei der »Süddeutschen Zeitung« und war von 1977 bis 1996 ordentlicher Professor an der Staatlichen Hochschule für Musik und Darstellende Kunst in Stuttgart. Hauptwerke: »Große Pianisten unserer Zeit« (1965), »Beethovens 32 Klaviersonaten und ihre Interpreten« (1975), »Wie ich sie sah ... und wie sie waren. Zwölf kleine Porträts« (1985), »Erlebte Literatur« (1988), »Leben mit Wagner« (1990) und »Vieles ist auf Erden zu thun« (1991).

Werner Keller, geboren 1930 in Calmbach, war Professor für Neuere Deutsche Literatur an der Universität Köln. Er veröffentlichte unter anderem: »Das Pathos in Schillers Jugendlyrik« (1964) und »Goethes dichterische Bildlichkeit« (1972).

Rainer Kirsch, geboren 1934 in Döbeln/Sachsen, lebt in Berlin. Er veröffentlichte unter anderem: »Kopien nach Originalen« (1974), »Auszog das Fürchten zu lernen« (1978), »Ordnung im Spiegel« (1985), »Sauna oder Die fernherwirkende Trübung« (1985), »Kunst in Mark Brandenburg« (1988), »Anna Katarina oder Die Nacht am Moorbusch« (1991).

Eckart Klessmann, geboren 1933 in Lemgo/Lippe, lebt in Mecklenburg. Er veröffentlichte Bücher über den Prinzen Louis Ferdinand von Preußen (1972), Caroline Schlegel-Schelling (1975) und E.T.A. Hoffmann (1988) sowie »Die Mendelssohns. Bilder aus einer deutschen Familie« (1990), »Christiane – Goethes Geliebte und Gefährtin« (1992) und »Ein Fest der Sinne« (1998).

Kurt Klinger, geboren 1928 in Linz, lebt in Wien. Er ist Herausgeber der Monatsschrift »Literatur und Kritik«, unter anderem veröffentlichte er die Gedichtbände »Auf dem Limes« (1980) und »Zeitsprung« (1987), die Erzählungen »Die vierte Wand« (1966) und »Erinnerung an Gärten« (1989) sowie den Essayband »Theater und Tabus« (1984).

Wolfgang Koeppen, geboren 1906 in Greifswald, starb 1996 in München. Er veröffentlichte die Romane »Eine unglückliche Liebe« (1934), »Tauben im Gras« (1951), »Das Treibhaus« (1953) und »Der Tod in Rom« (1954), die Erzählung »Jugend« (1976), den Aufsatzband »Die elenden Skribenten« (1981) sowie Reisebücher, unter anderem »Nach Rußland und anderswohin« (1958).

Helmut Koopmann, geboren 1933 in Bochum, ist seit 1974 Professor für Neuere Deutsche Literaturwissenschaft an der Universität Augsburg. Er veröffentlichte unter anderem: »Das junge Deutschland« (1970), »Das Drama der Aufklärung« (1978), »Der klassisch-moderne Roman in Deutschland. Thomas Mann – Döblin – Broch« (1983), »Schiller« (1988), das »Thomas-Mann-Handbuch« (1990) und »Thomas Mann: Buddenbrooks« (1995).

Erwin Koppen, geboren 1929 in Berlin, starb 1990 in Bonn. Er war Professor für Vergleichende Literaturwissenschaft an der Universität Bonn. Er veröffentlichte unter anderem: »Laclos' ›Liaisons dangereuses‹ in der Kritik« (1961) und »Dekadenter Wagnerismus« (1973).

Karl Krolow, geboren 1915 in Hannover, starb 1999 in Darmstadt. Er veröffentlichte unter anderem die Lyrikbände »Tage und Nächte« (1956), »Nichts weiter als Leben« (1970), »Zeitvergehen« (1972), »Der Einfachheit halber« (1977) und »Herbstsonett mit Hegel« (1981), die Prosabände »Im Gehen« (1980), »In Kupfer gestochen« (1987) sowie »Etwas brennt« (1994).

Günter Kunert, geboren 1929 in Berlin, lebt in Kaisborstel/Schleswig-Holstein. Hauptwerke: Die Gedichtsammlungen »Erinnerungen an einen Planeten« (1963), »Unterwegs nach Utopia« (1977), »Abtötungsverfahren« (1980), »Berlin bei Zeiten« (1987) und »Mein Golem« (1996) sowie die Prosabände »Die Beerdigung findet in aller Stille statt« (1968), »Verspätete Monologe«

(1981), »Im toten Winkel« (1992) und »Baum Stein Beton« (1995).

Hermann Kurzke, geboren 1943 in Berlin, lehrt Neuere Deutsche Literaturgeschichte an der Universität Mainz. Er veröffentlichte unter anderem: »Romantik und Konservatismus. Das ›politische‹ Werk Friedrich von Hardenbergs (Novalis) im Horizont seiner Wirkungsgeschichte« (1983), »Thomas Mann. Epoche – Werk – Wirkung« (1985) und »Hymnen und Lieder der Deutschen« (1990).

Wolfgang Leppmann, geboren 1922 in Berlin, ist seit 1960 Professor für Deutsche Literatur an der University of Oregon (USA). Hauptwerke: »Goethe und die Deutschen« (1962), »Pompeji, eine Stadt in Literatur und Leben« (1966), »J. J. Winckelmann« (1971), »Rilke – Leben und Werk« (1981), »Gerhart Hauptmann« (1986) und »Die Roaring Twenties« (1992).

Siegfried Lenz, geboren 1926 in Lyck/Ostpreußen, lebt seit 1945 in Hamburg. Er veröffentlichte unter anderem die Romane »Brot und Spiele« (1959), »Deutschstunde« (1968), »Das Vorbild« (1973), »Heimatmuseum« (1978), »Exerzierplatz« (1985) und »Die Klangprobe« (1990) sowie die Erzählbände »So zärtlich war Suleyken« (1955), »Jäger des Spotts« (1958), »Das Feuerschiff« (1960) und »Einstein überquert die Elbe bei Hamburg« (1975).

Martin Lüdke, geboren 1943 in Apolda/Thüringen, lebt in Baden-Baden und Frankfurt am Main. Er ist Leiter der Literaturredaktion im Südwestfunk Baden-Baden. Er veröffentlichte unter anderem: »Anmerkungen zu einer ›Logik des Zerfalls‹. Adorno/Beckett« (1981) sowie »Für den Spiegel geschrieben. Eine kleine Literaturgeschichte« (1991).

Golo Mann, geboren 1909 in München, starb 1994 in Kilchberg bei Zürich. Er schrieb unter anderem: »Friedrich von Gentz – Geschichte eines europäischen Staatsmannes« (1946), »Deutsche Geschichte des 19. und 20. Jahrhunderts« (1958), »Geschichte und Geschichten« (1962), »Wallenstein« (1971), »Erinnerungen und Gedanken. Eine Jugend in Deutschland« (1986) und »Wir alle sind was wir gelesen« (1989).

Peter von Matt, geboren 1937 in Luzern, ist Professor für Neuere Deutsche Literatur an der Universität Zürich. Er veröffentlichte Bücher über Grillparzer (1965) und E.T.A. Hoffmann (1971) sowie die Untersuchungen »Literaturwissenschaft und Psychoanalyse« (1972), »... fertig ist das Angesicht« (1984), »Liebesverrat« (1989), »Das Schicksal der Phantasie« (1994) und »Verkommene Söhne, mißratene Töchter« (1995).

Klaus-Dieter Metz, geboren 1942 in Bad Homburg, lebt dort. Er unterrichtet an der dortigen Kaiserin-Friedrich-Schule und ist als Museumspädagoge im Homburger Landgrafenschloß tätig. Er veröffentlichte unter anderem »Korrespondenzen. Der Brief in Gottfried Kellers Dichtung« (1984) und »Gottfried Keller. Die drei gerechten Kammacher. Interpretation« (1990).

Katharina Mommsen, geboren 1925 in Berlin, lehrt deutsche Literatur an der Stanford University in Kalifornien. Sie veröffentlichte unter anderem: »Goethe und 1001 Nacht« (1960), »Natur- und Fabelreich in Faust II« (1968), »Gesellschaftskritik bei Fontane und

Thomas Mann« (1973), »Kleists Kampf mit Goethe« (1974), »Hofmannsthal und Fontane« (1978), »Who is Goethe?« (1983), »Goethes Märchen« (1984), »Goethe und die arabische Welt« (1988).

Adolf Muschg, geboren 1934 in Zollikon bei Zürich, ist Professor für Germanistik an der Eidgenössischen Hochschule in Zürich. Er veröffentlichte u.a. die Romane »Im Sommer des Hasen« (1965), »Mitgespielt« (1969), »Albissers Grund« (1974), »Der rote Ritter. Eine Geschichte von Parzivâl« (1993), die Erzählungsbände »Fremdkörper« (1968), »Liebesgeschichten« (1972), »Leib und Leben« (1982), sowie »Nur ausziehen wollte sie sich nicht« (1995) und »Die Insel, die Kolumbus nicht gefunden hat« (1995). Ferner: »Wenn Auschwitz in der Schweiz liegt.« (1997) und »O mein Heimatland! 150 Versuche mit dem berühmten Schweizer Echo« (1998).

Peter Horst Neumann, geboren 1936 in Neiße/Oberschlesien, ist Professor für Neuere Deutsche Literatur an der Universität Erlangen. Er veröffentlichte unter anderem: »Jean Pauls ›Flegeljahre‹« (1968), »Der Preis der Mündigkeit. Über Lessings Dramen« (1977) und »Die Rettung der Poesie im Unsinn. Der Anarchist Günter Eich« (1981).

Helmut Nürnberger, geboren 1930 in Brüx/Böhmen, lehrt deutsche Literatur an der Pädagogischen Hochschule Flensburg und an der Universität Hamburg. Er ist Herausgeber der »Werke, Schriften und Briefe Theodor Fontanes« (1970) und veröffentlichte unter anderem die Monographien »Der frühe Fontane« (1967) und »Joseph Roth« (1981).

Klara Obermüller, geboren 1940, lebt in Zürich. Sie war Redakteurin bei der »Neuen Zürcher Zeitung« und der »Weltwoche«. Heute ist sie Redakteurin und Moderatorin im Schweizer Fernsehen. Sie hat neben Hörspielen und Jugendbüchern das Buch »Dem Leben recht geben. Gespräche mit Jean Rudolf von Salis« (1994) veröffentlicht.

Christoph Perels, geboren 1938, ist seit 1983 Direktor des Freien Deutschen Hochstifts in Frankfurt am Main. Er veröffentlichte unter anderem: »Studien zur Aufnahme und Kritik der Rokokolyrik zwischen 1740 und 1760« (1974), »Lyrik verlegen in dunkler Zeit. Heinrich Ellermanns Blätter für die Dichtung 1934-1944« (1984) und »Sturm und Drang« (1988).

Marcel Reich-Ranicki, geboren 1920 in Włocławek an der Weichsel, leitete von 1973 bis 1988 die Literatur-Redaktion der »Frankfurter Allgemeinen Zeitung«. Er veröffentlichte unter anderem: »Nachprüfung« (1977), »Thomas Mann und die Seinen« (1987), »Der doppelte Boden« (1992), »Die Anwälte der Literatur« (1994), »Martin Walser« (1994), »Vladimir Nabokov« (1995), »Ungeheuer oben. Über Bertolt Brecht« (1996), »Wolfgang Koeppen« (1996) und »Der Fall Heine« (1997).

Werner Ross, geboren 1912 in Uerdingen am Niederrhein, lebt in München. Er veröffentlichte unter anderem die Nietzsche-Biographie »Der ängstliche Adler« (1980), die Aufsatzsammlung »Die Feder führend« (1987), »Lou Andreas-Salomé« (1992), »Baudelaire und die Moderne« (1993), »Der wilde Nietzsche« (1994), »Venezianische Promenade« (1996) und »Bohemiens und Belle Epoque« (1997).

Peter Rühmkorf, geboren 1929 in Dortmund, lebt in Hamburg. Er veröffentlichte unter anderem: »Irdisches Vergnügen in g« (1959), »Kunststücke« (1961), »Die Jahre, die ihr kennt« (1972), »Walther von der Vogelweide, Klopstock und ich« (1975), »Haltbar bis Ende 1999« (1979), »agar agar zaurzaurim« (1981), »Der Hüter des Misthaufens« (1983), »Bleib erschütterbar und widersteh« (1984), »Einmalig wie wir alle« (1989) und »Dreizehn deutsche Dichter« (1989).

Horst Rüdiger, geboren 1908 in Geringswald, starb 1984 in Patschins. Er war Professor für Komparatistik an der Universität Bonn und veröffentlichte unter anderem: »Italien ganz privat« (1933) und »Winckelmann und Italien« (1956).

Renate Schostack, geboren 1938 in Pforzheim, ist seit 1969 Redakteurin der »Frankfurter Allgemeinen Zeitung«. Sie lebt jetzt in München. Sie veröffentlichte die Romane »Zwei Arten zu lieben« (1977) und »Niedere Gangarten« (1991), die Erzählungen »Hände weg von meinem Regenbogen« (1979), den Prosaband »Heiratsversuche oder die Einschiffung nach Cythera« (1985) sowie »Wer liebt, hat recht« (1994) und die Biographie »Hinter Wahnfrieds Mauern. Gertrud Wagner« (1998).

Matthias Schreiber, geboren 1943 in Berlin, war von 1982-1991 Feuilletonredakteur der »Frankfurter Allgemeinen Zeitung« und leitet jetzt das Kulturressort des »Spiegel«. Er veröffentlichte unter anderem die Gedichtbände »Maulschellenbaum« (1974) und »Gänseblume auf der Nord-Süd-Fahrt« (1984) sowie den Band »Kunst zwischen Askese und Exhibitionismus« (1974).

Gerhard Schulz, geboren 1928 in Löbau/Sachsen, ist emeritierter Professor für Deutsche Sprache und Literatur an der University of Melbourne. Er veröffentlichte unter anderem: »Novalis« (1969), »Arno Holz« (1974), »Die deutsche Literatur zwischen Französischer Revolution und Restauration« (2 Bde., 1983/1989) und »Romantik« (1996).

Egon Schwarz, geboren 1922 in Wien, lehrt Deutsche Literatur an der University of St. Louis (USA). Er veröffentlichte unter anderem: »Hofmannsthal und Calderon« (1962), »Joseph von Eichendorff« (1969), »Das verschluckte Schluchzen – Poesie und Politik bei Rainer Maria Rilke« (1972), »Keine Zeit für Eichendorff: Chronik unfreiwilliger Wanderjahre« (1979) und »Dichtung, Kritik, Geschichte: Essays zur Literatur 1900-1930« (1983).

Wulf Segebrecht, geboren 1935 in Neuruppin, ist Professor für Neue Deutsche Literaturwissenschaft an der Universität Bamberg. Er veröffentlichte zuletzt: »Was sollen Germanisten lesen? Ein Vorschlag« (1994), »Heterogenität und Integration. Studien zu Leben, Werk und Wirkung E.T.A. Hoffmanns« (1996) und das »Fundbuch der Gedichtinterpretationen« (1997).

Hilde Spiel, geboren 1911 in Wien, wo sie 1990 starb. Sie war von 1963 bis 1984 Wiener Kulturkorrespondentin der »Frankfurter Allgemeinen Zeitung«. Hauptwerke »Fanny Arnstein oder Die Emanzipation« (1962), »Glanz und Untergang. Wien 1866 bis 1938« (1987), »Die hellen und die finsteren Zeiten« (1989), »Welche Welt ist meine Welt« (1990) und »Die Dämonie der Gemütlichkeit« (1991).

Dolf Sternberger, geboren 1907 in Wiesbaden, starb 1989. Er war bis 1972 Professor der Politischen Wissenschaft an der Universität Heidelberg. Zu seinen Hauptwerken gehören die Bücher: »Panorama oder Ansichten vom 19. Jahrhundert« (1938), »Kriterien« (1965), »Heinrich Heine und die Abschaffung der Sünde« (1972), »Drei Wurzeln der Politik« (1978) und »Schriften« (1977-1991).

Jürgen Theobaldy, geboren 1944 in Straßburg, lebt in Bern. Er veröffentlichte unter anderem die Gedichtbände »Blaue Flecken« (1974), »Zweiter Klasse« (1976), »Die Sommertour« (1983) und »Der Nachtbildsammler« (1992) sowie den Roman »Sonntags Kino« (1978) und die Erzählungen »Das Festival im Hof« (1985). Zuletzt erschien »Mehrstimmiges Grün« (1992), Gedichte und Prosa.

Gert Ueding, geboren 1942 in Bunzlau, ist Professor für Allgemeine Rhetorik an der Universität Tübingen. Er veröffentlichte unter anderem »Schillers Rhetorik« (1971), »Glanzvolles Elend. Versuch über Kitsch und Kolportage« (1973), »Wilhelm Busch« (1977), »Klassik und Romantik« (1987), »Friedrich Schiller« (1990), »Jean Paul« (1993) und »Klassische Rhetorik« (1995).

Siegfried Unseld, geboren 1924 in Ulm, ist Verleger (Suhrkamp und Insel) in Frankfurt am Main. Er schrieb unter anderem die Bücher: »Begegnungen mit Hermann Hesse« (1975), »Peter Suhrkamp. Zur Biographie eines Verlegers« (1975), »Der Marienbader Korb« (1976), »Das Tagebuch Goethes und Rilkes ›Sieben Gedichte‹« (1978), »Der Autor und sein Verleger« (1978), »Hermann Hesse – Werk und Wirkungsgeschichte«

(1973/1985), »Goethe und seine Verleger« (1991), »Goethe, Das Leben, es ist gut. Hundert Gedichte« (1997), »Goethe und der Ginkgo« (1998), »Goethe, unser Zeitgenosse« (1999).

Peter Wapnewski, geboren 1922 in Kiel, ist Professor emeritus der Germanistik und Gründungsrektor des Wissenschaftskollegs zu Berlin. Er veröffentlichte vor allem mediävistische Arbeiten und überdies »Richard Wagner. Die Szene und ihre Meister« (1978), »Der traurige Gott. Richard Wagner in seinen Helden« (1978) sowie »Zumutungen; Essays zur Literatur des 20. Jahrhunderts« (1979). Außerdem »Zuschreibungen. Gesammelte Schriften (1994)« und »Weißt Du wie das wird...? Richard Wagner. Der Ring der Nibelungen« (1995).

Benno von Wiese, geboren 1903 in Frankfurt am Main, starb 1987 in München. Er lehrte Deutsche Literatur an der Universität Bonn. Er veröffentlichte unter anderem: »Der Mensch in der Dichtung« (1958), »Friedrich Schiller« (1959), »Zwischen Utopie und Wirklichkeit« (1963) und »Literatur für Leser« (1971) sowie die Autobiographie »Ich erzähle mein Leben« (1982).

Gabriele Wohmann, geboren 1932 in Darmstadt, lebt dort. Sie veröffentlichte neun Gedichtbände, zuletzt »Das könnte ich sein« (1989). Ihre neuesten Prosabücher sind die Erzählungsbände: »Das Salz, bitte!« (1992), »Wäre wunderbar. Am liebsten sofort« (1994), »Die Schönste im ganzen Land« (1995) und die Romane »Bitte nicht sterben« (1993) und »Aber das war noch nicht das Schlimmste« (1995).

Zu dieser Ausgabe

insel taschenbuch 1775: Goethe, Verweile doch. 111 Gedichte mit Interpretationen. Herausgegeben von Marcel Reich-Ranicki. Der Text folgt der 3. Auflage der 1992 im Insel Verlag erschienenen gebundenen Ausgabe. Umschlagabbildung: Ludwig Kaaz. Aussicht aus einem Fenster der Villa des Malers Grassi nach dem Plauenschen Grunde bei Dresden, 1807. Ausschnitt. Privatbesitz.

Johann Wolfgang Goethe
im Insel Verlag

Werke in sechs Bänden. Jubiläumsausgabe. Herausgegeben von Friedmar Apel, Hendrik Birus, Dieter Borchmeyer, Jans-Georg Dewitz, Wolf von Engelhardt, Stefan Greif, Herbert Jaumann, Andrea Ruhlig, Albrecht Schöne, Wilhelm Voßkamp, Manfred Wenzel und Waltraud Wiethölter. Redaktion: Hans-Georg Dewitz. Leinen

Der junge Goethe in seiner Zeit. Texte und Kontexte. Sämtliche Werke, Briefe, Tagebücher und Schriften bis 1775. Bilder, Handschriften, Zeugnisse und Werke der Zeitgenossen. Bildungsmuster der Epoche. Kommentare, Chronik, Register. In zwei Bänden und einer CD-ROM. Herausgegeben von Karl Eibl, Fotis Jannidis und Marianne Willems. Leinen

Einzelausgaben

Alle Freuden, die unendlichen. Liebesgedichte und Interpretationen. Herausgegeben von Marcel Reich-Ranicki. IB 1028

Dichtung und Wahrheit. Mit zeitgenössischen Illustrationen, ausgewählt von Jörn Göres. 2 Bde. Leder

Dichtung und Wahrheit. 3 Bde. in Kassette. Mit Bildmaterial. it 149-151

Dichtung und Wahrheit. Herausgegeben von Jörn Göres. Mit zeitgenössischen Illustrationen. In einem Band. it 2288

Elegie von Marienbad. Faksimile einer Urhandschrift. September 1823. Mit einem Kommentarband. Herausgegeben von Christoph Michel und Jürgen Behrens. Mit einem Geleitwort von Arthur Henkel. Leder

Erotische Gedichte. Gedichte, Skizzen und Fragmente. Herausgegeben von Andreas Ammer. it 1225

Faust. Gesamtausgabe. Leinen und Leder

Faust. Erster und zweiter Teil. Herausgegeben und mit einem Nachwort versehen von Jörn Göres. it 2283

Faust. Erster Teil. Nachwort von Jörn Göres. Illustrationen von Eugène Delacroix. it 50

Faust. Zweiter Teil. Mit Federzeichnungen von Max Beckmann. Mit einem Nachwort zum Text von Jörn Göres und zu den Zeichnungen von Friedhelm Fischer. it 100

Faust. Zweiter Teil. Faksimile der Erstausgabe. Leder

Urfaust. Faust. Ein Fragment. Faust. Eine Tragödie. Paralleldruck der drei Fassungen. 2 Bde. in Kassette. Herausgegeben von Werner Keller. it 625

Gedichte. Sämtliche Gedichte in zeitlicher Folge. Herausgegeben von Heinz Nicolai. it 1400 und it 2281

54/1/5.98

Johann Wolfgang Goethe
im Insel Verlag

Gedichte 1. Mit 31 Illustrationen von Ernst Barlach. IB 1144

Gedichte 2. Mit 15 Illustrationen von Max Liebermann. IB 1145

Gedichte 3. Mit 19 Illustrationen von Hans Meid. IB 1146

Gedichte 4. Mit 20 Illustrationen von Karl Walser. IB 1147

Gedichte in einem Band. Herausgegeben von Heinz Nicolai. Leinen

Gedichte in Handschriften. Fünfzig Gedichte Goethes. Ausgewählt und erläutert von Karl Eibl. it 2175

Goethe für Gestreßte. Ausgewählte Texte. Herausgegeben von Walter Hinck. it 1900

Goethes Gedanken über Musik. Eine Sammlung aus seinen Werken, Briefen, Gesprächen und Tagebüchern. Herausgegeben von Hedwig Walwei-Wiegelmann. Mit achtundvierzig Abbildungen, erläutert von Hartmut Schmidt. it 800

Goethes Liebesgedichte. Herausgegeben von Hans Gerhard Gräf. Mit einem Nachwort von Emil Staiger. Leinen, Leder und it 275

Goethes schönste Gedichte. Herausgegeben von Jochen Schmidt. IB 1013

Hermann und Dorothea. Mit Aufsätzen von August Wilhelm Schlegel, Wilhelm von Humboldt, Georg Wilhelm Friedrich Hegel und Hermann Hettner. Mit zehn Kupfern von Catel. it 225

Hier schicke ich einen Traum. Fünfzig Geschenk- und Stammbuchblätter gezeichnet von Johann Wolfgang Goethe. Faksimile im Lichtdruck. Herausgegeben und kommentiert von Gerhard Femmel. Kassette

»Ich bin so guter Dinge«. Goethe für Kinder. Ausgewählt von Peter Härtling. Illustriert von Hans Traxler. Halbleinen

Italienische Reise. Mit vierzig Zeichnungen des Autors. Herausgegeben und mit einem Nachwort versehen von Christoph Michel. it 175 und it 2289

Tagebuch der Italienischen Reise 1786. Notizen und Briefe aus Italien. Mit Skizzen und Zeichnungen des Autors. Herausgegeben und erläutert von Christoph Michel. it 176

Die Kunst des Lebens. Aus seinen Werken, Briefen und Gesprächen zusammengestellt von Katharina Mommsen unter Mitwirkung von Elke Richter. it 2300

Das Leben, es ist gut. 100 Gedichte. Ausgewählt von Siegfried Unseld. it 2000

Die Leiden des jungen Werther. Bibliothek deutscher Erst- und Frühausgaben in originalgetreuen Wiedergaben. Herausgegeben von Bernhard Zeller. Leder

54/2/5.98

Johann Wolfgang Goethe
im Insel Verlag

Die Leiden des jungen Werther. Mit einem Essay von Georg Lukács. Nachwort von Jörn Göres. Mit zeitgenössischen Illustrationen von Daniel Nikolaus Chodowiecki und anderen. Leinen, it 25 und it 2284

Lektüre für Augenblicke. Gedanken aus seinen Büchern, Briefen und Gesprächen. Auswahl und Nachwort von Gerhart Baumann. Pappband und it 1750

Märchen. Der neue Paris. Die neue Melusine. Das Märchen. Herausgegeben und erläutert von Katharina Mommsen. it 825 und it 2287

Der Mann von fünfzig Jahren. Mit einem Nachwort von Adolf Muschg. it 850

Maximen und Reflexionen. Text der Ausgabe von 1907 mit den Erläuterungen und der Einleitung Max Heckers. Nachwort von Isabella Kuhn. it 200

Mit Goethe durch den Garten. Ein Abc für Gartenfreunde, aufgeblättert von Claudia Schmölders. Mit Bildern von Hans Traxler. it 1211

Mit Goethe durch den Garten. Ein Abc für Gartenfreunde, aufgeblättert von Claudia Schmölders. it 1812

Novellen. Herausgegeben und mit einem Nachwort versehen von Katharina Mommsen. Mit Federzeichnungen von Max Liebermann. it 425

Pandora. Ein Festspiel. Illustriert von Johannes Grützke. Einmalige numerierte Auflage in tausend Exemplaren. Leinen im Schuber

Reineke Fuchs. Mit Stahlstichen nach Zeichnungen von Wilhelm Kaulbach. it 125

Das Römische Carneval. Mit den farbigen Figurinen von 1789. Mit einem Nachwort von Isabella Kuhn. IB 1155

Römische Elegien. Faksimile der Handschrift und Transkription. Mit einem Nachwort von Horst Rüdiger. IB 1010

Römische Elegien und Venezianische Epigramme. Herausgegeben von Regine Otto. it 1150

Sämtliche Balladen und Romanzen in zeitlicher Folge. Herausgegeben von Karl Eibl. it 1275

Skizzen zu einer Schilderung Winckelmanns. Mit einem Nachwort von Jochen Golz. Mit zahlreichen Abbildungen. IB 1149

Die Tafeln zur Farbenlehre und deren Erklärungen. Mit einem Nachwort von Jürgen Teller. Mit siebzehn Abbildungen. IB 1140

Venezianische Epigramme. Eigenhändige Niederschriften, Transkriptionen und Kommentar. Herausgegeben von Jochen Golz und Rosalinde Gothe. Leinen

54/3/5.98

Johann Wolfgang Goethe
im Insel Verlag

Vermischte Gedichte. Faksimile. Mit einem Kommentarband, herausgegeben von Karl-Heinz Hahn. 2 Bde. Pappband

Verweile doch. Gedichte mit Interpretationen. Herausgegeben von Marcel Reich-Ranicki. Leinen und it 1775

Die Wahlverwandtschaften. Ein Roman. Erläuterungen von Hans-J. Weitz. Mit einem Essay von Walter Benjamin. Leinen, Leder, it 1 und it 2285

West-östlicher Divan. Zwei Bände. I. Faksimile der Handschriften. II. Kommentar. Herausgegeben von Katharina Mommsen. Numerierte und auf 1000 Exemplare limitierte Auflage. Leinen im Schmuckschuber

West-östlicher Divan. Herausgegeben und erläutert von Hans-J. Weitz. Mit Essays zum ›Divan‹ von Hugo von Hofmannsthal, Oskar Loerke und Karl Krolow. Leinen, it 75 und it 2282

Wilhelm Meisters Lehrjahre. Herausgegeben von Erich Schmidt. Mit sechs Kupferstichen von Catel, sieben Musikbeispielen und Anmerkungen. Leinen, it 475 und it 2286

Wilhelm Meisters Wanderjahre oder die Entsagenden. Mit einem Nachwort von Adolf Muschg. Leinen, Leder und it 575

Übersetzungen

Rameaus Neffe. Ein Dialog von Denis Diderot. Übersetzt von Goethe. Zweisprachige Ausgabe. Mit Zeichnungen von Antoine Watteau und einem Nachwort von Horst Günther. it 1675

Briefe und Gespräche

Behalte mich ja lieb! Christianes und Goethes Ehebriefe. Auswahl und Nachwort von Sigrid Damm. Mit einem Frontispiz. IB 1190

Der Briefwechsel zwischen Schiller und Goethe. Herausgegeben von Emil Staiger. Leinen

Der Briefwechsel zwischen Schiller und Goethe. 2 Bde. Herausgegeben von Emil Staiger. Mit Illustrationen. Bildkommentar von Hans-Georg Dewitz. it 250

Geschichte meines Herzens. Briefe an Behrisch. Herausgegeben und mit einem Anhang versehen von Wilhelm Große. IB 1189

Goethes Briefe aus dem Elternhaus. Herausgegeben und mit drei Essays eingeleitet von Ernst Beutler. it 1850

Goethes Ehe in Briefen. Der Briefwechsel zwischen Goethe und Christiane Vulpius 1792-1816. Herausgegeben von Hans Gerhard Gräf. it 1625

54/4/5.98

Johann Wolfgang Goethe
im Insel Verlag

Lieber Engel, ich bin ganz dein. Goethes schönste Briefe an Frauen. Herausgegeben von Angelika Maass. Mit zahlreichen Abbildungen. it 2150

Sollst mir ewig Suleika heißen. Briefwechsel mit Marianne und Johann Jakob Willemer. Herausgegeben von Hans-J. Weitz. it 1475

Zu Goethe

Beutler, Ernst. Essays um Goethe. it 1575

Goethe. Sein Leben in Texten und Bildern. Vorwort von Adolf Muschg. Herausgegeben von Christoph Michel. Gestaltet von Willy Fleckhaus. Leinen, kartoniert und it 1000

Goethe. Seine äußere Erscheinung. Literarische und künstlerische Dokumente seiner Zeitgenossen. Zusammengetragen von Emil Schaeffer. Überprüft und ergänzt von Jörn Göres. it 2275

Bei Goethe zu Gast. Besuche in Weimar. Herausgegeben von Werner Völker. Mit zahlreichen Abbildungen. it 1725

Die Erotica und Priapea aus den Kunstsammlungen Johann Wolfgang Goethes. Herausgegeben und erläutert von Gerhard Femmel und Christoph Michel. Limitierte Ausgabe. Mit Abbildungen. Leinen

Die Erotica und Priapea aus den Kunstsammlungen Johann Wolfgang Goethes. Herausgegeben und erläutert von Gerhard Femmel und Christoph Michel. Mit 74, teilweise farbigen Abbildungen. Klappen-Broschur

Goethe aus der Nähe. Texte von Zeitgenossen. Ausgewählt und kommentiert von Eckart Kleßmann. it 1800

Goethe im zwanzigsten Jahrhundert. Spiegelungen und Deutungen. Herausgegeben von Hans Mayer. Leinen

Goethe in Leipzig 1765-1768. Bruchstücke einer Konfession, dokumentiert in Briefen und Selbstzeugnissen. Zusammengestellt von Christine Schaper. Mit 12 Holzstichen von Karl-Georg Hirsch. Pappband im Schuber.

Goethe und die Französische Revolution. Insel-Almanach auf das Jahr 1989. Herausgegeben und erläutert von Karl Otto Conrady. Kartoniert

Goethe und die Medizin. Selbstzeugnisse und Dokumente. Herausgegeben von Manfred Wenzel. Mit zahlreichen Abbildungen. it 1350

Goethe und die Religion. Aus Goethes Werken und Briefen zusammengestellt von Hans Joachim Simm. it 2200

Goethe, unser Zeitgenosse. Über Fremdes und Eigenes. Herausgegeben von Siegfried Unseld. it 1425 und it 2290

54/5/5.98

Johann Wolfgang Goethe
im Insel Verlag

Goethes Anschauen der Welt. Schriften und Maximen zur wissenschaftlichen Methode. Herausgegeben von Ekkehart Krippendorf. Gebunden

Hesses Dank an Goethe. Betrachtungen, Rezensionen, Briefe. Mit einem Nachwort von Siegfried Unseld. it 2250

Petra Maisak/Hans-Georg Dewitz: Das Goethe-Haus Frankfurt am Main. Mit einem Vorwort von Christoph Perels und farbigen Abbildungen. it 2225

Sigrid Damm: Christiane und Goethe. Eine Recherche. Mit 10 Abbildungen. Gebunden

Siegfried Unseld: Goethe und der Gingko. Ein Baum und ein Gedicht. Mit Abbildungen. Limitierte Vorzugsausgabe in 850 Exemplaren. Leder

– Goethe und der Gingko. Ein Baum und ein Gedicht. Mit Abbildungen. IB 1188

– Goethe und seine Verleger. it 2500

Zwanzig Handzeichnungen von 1810. Ein Zyklus. Herausgegeben von Margarete Oppel. 22 Blätter. Mit einem Kommentar von etwa 100 Seiten. Mappenwerk in Kassette

Kalender

Johann Wolfgang Goethe 1999. CalenDarium

Goethe-Kalender 1999. Mit dreizehn Handzeichnungen und Betrachtungen von Johann Wolfgang Goethe

Johann Wolfgang Goethe. 250. Geburtstag. Insel-Almanach auf das Jahr 1999. Herausgegeben von Hans-Joachim Simm. Mit einem Verzeichnis der lieferbaren Goethe-Veröffentlichungen des Insel Verlags und mit einer Übersicht über die Goethe-Editionen des Deutschen Klassiker Verlags. Kartoniert

54/6/5.98

Kunst und Musik
im insel taschenbuch

Oskar Bätschmann: Edouard Manet. Der Tod des Maximilian. Eine Kunst-Monographie. Mit Abbildungen und einer farbigen Klapptafel. it 1482

Besuche im Städel. Betrachtungen zu Bildern. Herausgegeben von Klaus Gallwitz. Mit biographischen Notizen von Dolf Sternberger. it 939

Gottfried Boehm: Paul Cézanne. Montagne Sainte-Victoire. Eine Kunst-Monographie. Mit Abbildungen und einer farbigen Klapptafel. it 826

Roland Bothner: Auguste Rodin. Die Bürger von Calais. Eine Kunst-Monographie. Mit Abbildungen und einer farbigen Klapptafel. it 1483

Cézanne. Leben und Werk in Texten und Bildern. Von Margret Boehm-Hunold. it 1140

George Clémenceau: Claude Monet. Betrachtungen und Erinnerungen eines Freundes. Mit farbigen Abbildungen und einem Nachwort von Gottfried Boehm. it 1152

Das Evangeliar Heinrichs des Löwen. Erläutert von Elisabeth Klemm. Mit farbigen Bildtafeln. it 1121

Die Familie Mendelssohn. 1729 bis 1847. Nach Briefen und Tagebüchern herausgegeben von Sebastian Hensel. it 1671

Esther Gallwitz: Kleiner Kräutergarten. Kräuter und Blumen bei den Alten Meistern im Städel. Mit farbigen Abbildungen. it 1420

Sebastian Goeppert / Herma Goeppert-Frank: Pablo Picasso. Minotauromachie. Mit zahlreichen Abbildungen und einer Klapptafel. it 1533

Goethes Gedanken über Musik. Eine Sammlung aus seinen Werken, Briefen, Gesprächen und Tagebüchern. Herausgegeben von Hedwig Walwei-Wiegelmann. Mit achtundvierzig Abbildungen, erläutert von Hartmut Schmidt. it 800

Vincent van Gogh: Briefe an seinen Bruder. Drei Bände in Kassette. Herausgegeben von Johanna Gesina van Gogh-Bongers. Deutsch von Leo Klein-Diepold und Carl Einstein. Mit farbigen Abbildungen. it 954

– Feuer der Seele. Gedanken zum Leben, zur Liebe und zur Kunst. Ausgewählt aus seinen Briefen und mit einem Nachwort versehen von Ursula Michels Wenz. it 1265

Van Gogh in seinen Briefen. Mit Abbildungen. it 177

Herman Grimm: Das Leben Michelangelos. it 1758

Gernot Gruber: Mozart. Leben und Werk in Texten und Bildern. Von Gernot Gruber. it 1695

157/1/12.96

Kunst und Musik
im insel taschenbuch

Christiaan L. Hart Nibbrig: Ästhetik des Todes. Mit zahlreichen Abbildungen. it 1697

Joachim Heusinger von Waldegg: Fernand Léger. La Ville. Eine Kunst-Monographie. Mit farbigen Abbildungen und einer farbigen Klapptafel. it 1705

Wolfgang Hildesheimer: Endlich allein. Collagen. Mit einer Einführung des Künstlers »Die Ästhetik der Collage«. it 898

Freia Hoffmann: Instrument und Körper. Die musizierende Frau in der bürgerlichen Kultur. it 1274

Richard Hoppe-Sailer: Paul Klee. Ad Parnassum. Eine Kunst-Monographie. Mit Abbildungen und einer farbigen Klapptafel. it 1485

Max Imdahl: Picassos Guernica. Eine Kunst-Monographie. Mit Abbildungen und einer Klapptafel. it 806

Heinz Jatho: Max Beckmann. Das Schauspieler-Triptychon. Eine Kunst-Monographie im insel taschenbuch. Mit Abbildungen und einer farbigen Klapptafel. it 1134

Harald Keller: Französische Impressionisten. Herausgegeben von Elisabeth Herget und Wilhelm Schlink. Mit farbigen Abbildungen. it 1515

– Die Kunstlandschaften Italiens. Toskana. Florenz. Umbrien. Rom. Lombardei. Emilia. Venedig. Zwei Bände in Kassette. Mit zahlreichen Abbildungen. it 1576

Hiltrud Kier: Architektur der 50er Jahre. Bauten des Gerling-Konzerns in Köln. Eine Kunst-Monographie. Mit Abbildungen und einer farbigen Klapptafel. it 1617

Gisela Kleine: Gabriele Münter und Wassily Kandinsky. Biographie eines Paares. Mit farbigen Abbildungen. it 1611

Eckart Kleßmann: Die Familie Mendelssohn. Mit zahlreichen Abbildungen. it 1523

Oskar Kokoschka. Leben und Werk in Daten und Bildern. Herausgegeben von Norbert Werner. it 909

Kunstführer durch Sachsen und Thüringen. Herausgegeben von Katharina Flügel. Mit farbigen Abbildungen. it 1327

Monique Lange: Edith Piaf. Die Geschichte der Piaf. Ihr Leben in Texten und Bildern. Aus dem Französischen von Hugo Beyer. Mit einer Discographie. it 516

Christa Lichtenstern: Henry Moore. Liegende. Zweiteilig Liegende I – Landschaft und Figur. Eine Kunstmonographie. Mit Abbildungen und einer farbigen Klapptafel. it 1612

Michael Lüthy: Andy Warhol. Thirty Are Better Than One. Eine Kunst-Monographie. Mit Abbildungen und einer farbigen Klapptafel. it 1759

157/2/12.96

Kunst und Musik
im insel taschenbuch

Julius Marusz: Porzellan. Betrachtungen aus der Geschichte der ältesten Manufakturen Europas. Mit zahlreichen Abbildungen. it 1760

Julius Meier-Graefe: Renoir. Mit farbigen Abbildungen und einem Nachwort von Andreas Beyer. it 1653

Friedhelm Mennekes: Arnulf Rainer. Weinkreuz. Eine Kunst-Monographie. Mit Abbildungen und einer farbigen Klapptafel. it 1569

Minnesinger. In Bildern der Manessischen Liederhandschrift. Mit Erläuterungen herausgegeben von Walter Koschorreck. Vierundzwanzig Abbildungen. it 88

Modernes Museum. Bilder, Objekte, Installationen im Museum für Moderne Kunst Frankfurt am Main. Von Michael Hierholzer. Mit einem Vorwort von Jean-Christophe Ammann und farbigen Abbildungen. it 1647

Friedrich de la Motte-Fouqué: Undine. Ein Märchen von Friedrich de la Motte-Fouqué. Musik von E.T.A. Hoffmann. Mit Bildern von Karl Friedrich Schinkel. Mit einem Essay von Ute Schmidt-Berger. it 1353

Wolfgang Amadeus Mozart: Briefe. Ausgewählt, eingeleitet und kommentiert von Wolfgang Hildesheimer. Mit zahlreichen Abbildungen. it 1696

Axel Müller: René Magritte. Die Beschaffenheit des Menschen I. Eine Kunst-Monographie im insel taschenbuch. Mit Abbildungen und einer farbigen Klapptafel. it 1202

Museumsbesuche. Schweizer Schriftsteller schreiben zu Bildern der Stiftung Oskar Reinhart. Vorwort von Paul Nizon. Mit farbigen Abbildungen. it 1539

Romola Nijinsky: Nijinsky. Der Gott des Tanzes. Biographie von Romola Nijinsky. Vorwort von Paul Claudel. Übersetzt von Hans Bütow. it 566

Manfred Reitz: Große Kunstfälschungen. Falsche Kunst und echte Fälscher unter die Lupe genommen. Mit zahlreichen Abbildungen. it 1534

Rainer Maria Rilke: Auguste Rodin. Mit 96 Abbildungen. it 766

– Briefe über Cézanne. Herausgegeben von Clara Rilke. Besorgt und mit einem Nachwort versehen von Heinrich Wiegand Petzet. Mit siebzehn farbigen Abbildungen. it 672

– Worpswede. Fritz Mackensen. Otto Modersohn. Fritz Overbeck. Hans am Ende. Heinrich Vogeler. Mit zahlreichen Abbildungen und Farbtafeln im Text. it 1011

157/3/12.96

Kunst und Musik
im insel taschenbuch

Thomas Röske: Ernst Ludwig Kirchner. Tanz zwischen den Frauen. Eine Kunst-Monographie. Mit Abbildungen und einer farbigen Klapptafel. it 1564

Thorsten Scheer/Anja Thomas-Netik: Piet Mondrian. Komposition in Rot, Gelb und Blau. Eine Kunst-Monographie. Mit Abbildungen und einer farbigen Klapptafel. it 1688

Wieland Schmied: Giorgio de Chirico. Die beunruhigenden Musen. Eine Kunst-Monographie. Mit Abbildungen und einer farbigen Klapptafel. it 1484

Christoph Schreier: Wassily Kandinsky. Bild mit schwarzem Bogen. Eine Kunst-Monographie von Christoph Schreier. Mit Abbildungen und einer farbigen Klapptafel. it 1355

Michael Schroeder: Kleine Wappenkunst. Mit farbigen Abbildungen. it 1281

Otfried Schütz: Henri Matisse. Die blauen Akte. Eine Kunst-Monographie. Mit Abbildungen und einer farbigen Klapptafel. it 1795

Birgit Schwarz: Otto Dix. Großstadt. Eine Kunst-Monographie. Mit Abbildungen und einer farbigen Klapptafel. it 1486

Katrin Simons: El Lissitzky. Proun 23 N oder Der Umstieg von der Malerei zur Gestaltung. Eine Kunst-Monographie. Mit Abbildungen und einer farbigen Klapptafel. it 1376

Dolf Sternberger: Über Jugendstil. Mit farbigen Abbildungen. it 274

Petra Waltke-Lampmann: Alexander Calder. Hellebardenträger. Monumentalität in filigraner Leichtigkeit. Eine Kunst-Monographie. Mit Abbildungen und einer farbigen Klapptafel. it 1680

Die Welt der Museen. Herausgegeben von Joachim Rönneper. it 1493

Gundolf Winter: Paul Gauguin. Jakobs Kampf mit dem Engel oder Vision nach der Predigt. Eine Kunst-Monographie. Herausgegeben von Gundolf Winter. Mit Abbildungen und einer farbigen Klapptafel. it 1387

ZEIT-Museum der 100 Bilder. Autoren und Künstler über ihr liebstes Kunstwerk. Herausgegeben von Fritz J. Raddatz. Mit farbigen Abbildungen. it 1213

157/4/12.96

Kulturgeschichte im insel taschenbuch

Ernst Batta: Römische Paläste und Villen. Annäherung an eine Stadt. Mit zahlreichen Abbildungen. it 1324

Jean Anthèlme Brillat-Savarin: Physiologie des Geschmacks oder Betrachtungen über das höhere Tafelvergnügen. Ausgewählt, übersetzt und eingeleitet von Emil Ludwig. Mit Holzschnitten der Ausgabe von 1864. it 423

Das Duell. Der tödliche Kampf um die Ehre. Herausgegeben von Uwe Schultz. it 1739

Die Familie. Eine Kulturgeschichte der Familie. Herausgegeben von Ingeborg Weber-Kellermann. Mit zahlreichen Abbildungen. it 1839

Die großen Seuchen. Von Pest bis Aids. Von Kari Köster-Lösche. it 1681

Victor Hehn: Olive, Wein und Feige. Kulturhistorische Skizzen. Herausgegeben von Klaus von See unter Mitwirkung von Gabriele Seidel-Leimbach. Mit farbigen Abbildungen. it 1427

Christoph Wilhelm Hufeland: Die Kunst, das menschliche Leben zu verlängern. it 1706

Wolfgang Kaempfer: Zeit des Menschen. Das Doppelspiel der Zeit im Spektrum der menschlichen Erfahrung. it 1855

Adolph Freiherr von Knigge: Über den Umgang mit Menschen. Herausgegeben von Gert Ueding. Mit Illustrationen von Chodowiecki. it 273

Julius Marusz: Porzellan. Betrachtungen aus der Geschichte der ältesten Manufakturen Europas. Mit zahlreichen Abbildungen. it 1760

Günther Ohloff: Irdische Düfte - himmlische Lust. Eine Kulturgeschichte der Düfte. Mit farbigen Abbildungen. it 1777

Pantoffelhelden und Stiefelknechte. Über poetisches Schuhwerk. Herausgegeben von Franz Josef Görtz. Mit zahlreichen Abbildungen. it 1699

Salzburg. Ein Städte-Lesebuch. Herausgegeben von Adolf Haslinger. Mit zahlreichen Abbildungen. it 1326

Michael Schroeder: Kleine Wappenkunst. Mit farbigen Abbildungen. it 1281

Was wir gespielt haben. Erinnerungen an die Kinderzeit. Herausgegeben von Ingeborg Weber-Kellermann und Regine Falkenberg. Mit zahlreichen Abbildungen. it 1371

Wege ins Eis. Nord- und Südpolfahrten. Literarische Entdeckungen von Friedhelm Marx. it 1683

Wiener Adressen. Ein kulturhistorischer Wegweiser von Dietmar Grieser. it 1203

Das Wiener Kaffeehaus. Herausgegeben von Kurt J. Heering. Mit zahlreichen Abbildungen. it 1318

166/1/12.96